20堂商业思维进阶课

20 ADVANCED COURSES OF BUSINESS THINKING

环球人物新媒体中心 编著

江西教育出版社
JIANGXI EDUCATION PUBLISHING HOUSE

图书在版编目（ＣＩＰ）数据

20堂商业思维进阶课 ／ 环球人物新媒体中心编著．
—— 南昌：江西教育出版社，2019.7
ISBN 978-7-5705-1089-4

Ⅰ．①2… Ⅱ．①环… Ⅲ．①商业经营－通俗读物
Ⅳ．①F713-49

中国版本图书馆CIP数据核字（2019）第082171号

20堂商业思维进阶课

20 TANG SHANGYE SIWEI JINJIEKE

环球人物新媒体中心　编著

江西教育出版社出版

（南昌市抚河北路291号　邮编：330008）

各地新华书店经销

三河市金元印装有限公司印刷

720mm×1000mm　16开本　23印张　字数360千字

2019年7月第1版　2019年7月第1次印刷

ISBN 978-7-5705-1089-4

定价：49.80元

赣教版图书如有印制质量问题，请向我社调换　　电话：0791-86705984

投稿邮箱：JXJYCBS@163.com　　电话：0791-86705643

网址：http://www.jxeph.com

赣版权登字 -02-2019-315

序　言

　　我们正处在一个充满成功模式的时代。那些最成功的商业模式，那些世界名企的成功基因，就像空气一样活跃在我们身边，只是很多时候我们没有意识到。

　　周末你在逛街，突然想喝咖啡。你走进星巴克，点了一杯拿铁，掏出苹果手机用支付宝买单，然后在洒满阳光的靠窗座位上开始刷微博、微信，看朋友圈。你看到朋友在聊特斯拉汽车的优缺点，在晒夏威夷希尔顿酒店的度假照，是不是感觉生活很有品质？你有没有想过，为什么"苹果""亚马逊"无所不在，Facebook、微博、微信会让你忘记时间？你有没有意识到，星巴克卖的不仅仅是咖啡，优衣库火的不仅仅是服装，而摩根银行对客户的挑剔是它品牌的一部分？

　　这每一个商业品牌的背后，都站着一位人生赢家，都有一个精彩的成功模式。这正是结集于这本书的20堂商业智慧课要告诉你的。

　　我们在这本书里，关注着生活中无孔不入的互联网、金融、实业、时尚四大行业，讲述着这些行业里20位商界大咖的故事。

他们是家喻户晓的硅谷英雄贝索斯、乔布斯、马斯克、扎克伯格，金融巨头摩根、查理·芒格、索罗斯，实业大亨希尔顿、斯隆，时尚先锋舒尔茨、香奈儿，等等。他们创造了亚马逊、苹果、特斯拉、PayPal、优衣库、希尔顿、星巴克等众多耳熟能详的品牌，很大程度上改变了我们的生活方式，塑造了当代世界的面貌。而在这些改变的背后，是他们的一套成功方法。

许多问题是不同领域的创业者和从业人员共同关心的。有的很具体，比如，亚马逊创始人贝索斯为什么选择图书作为创业的切入点？为什么巴菲特最佩服的人是查理·芒格？微软、惠普、苹果都是早期笔记本电脑的先驱，为什么苹果能引领风骚？为什么人们总是说，优衣库不仅仅是一家服装店？

也有的问题更宏观一些。比如，那些已经站在世界顶端的商界名流，他们怎样选择正确的赛道，有什么成功的方法，而我们又该怎样复制他们的成功思路。

针对四大行业进行点评的是业内资深的专家。闫跃龙先生是知名科技评论员，曾经担任京东市场总监、公关总监，对互联网产业的剖析非常精辟；曲强先生是中国人民大学国际货币研究所的研究员、所长助理，对金融巨头的分析丝丝入扣；北京大学领导力研究中心创始人杨思卓先生深入解剖实业大亨的人生秘诀；亚洲通讯社社长、旅日著名作家徐静波先生则深入解剖日本企业家的成功之道。

这些课程曾经在喜马拉雅FM以收费有声课的形式播出，是《环球人物》杂志出品的第一款收费音频节目，到目前播放数已接近200万。"听成功者的故事，圆自己的梦想。"这是一位听众朋友听完这些故事后的评价。现在，我们对课程的内容进行了大幅的增补和修订，将课程从适合聆听的版本改造为适合阅读的版本。无论您是否购买了课程的有声版，本书都会让您有新的收获与惊喜。

环球人物新媒体中心

2019 年 3 月 5 日

目　录

01 杰夫·贝索斯

杰夫·贝索斯：全球首富的创新魔力 – 002

面对起步：从"小一号"的理想开始 – 002

面对创新：打开通往"是"的大门 – 004

面对失败：关键是研究"为什么不行" – 005

面对强敌：做自己的未来之敌 – 007

赢得客户：把服务做到极致 – 009

控制成本：减少利润让客户得实惠 – 010

留住客户：不断提供增值服务 – 012

延伸阅读

怪咖贝索斯 – 014

专家点评

贝索斯的"用户中心主义" – 016

02 史蒂夫·乔布斯

史蒂夫·乔布斯：改变了世界的疯子 – 020

团队：让顶级的人才在一起合作 – 021

营销：把优质的形象灌输到顾客的思想中 – 023

失误：关键岗位用错了人 – 025

反击：用人才和产品再创奇迹 – 027

延伸阅读

乔布斯与盖茨 – 030

专家点评

留给这个世界的遗产就是"改变" – 033

03 埃隆·马斯克

钢铁侠马斯克：用疯狂开拓人生 – 036

思考方式：关注本质的问题 – 036

行动方式：看到风口趁人少赶快下手 – 037

做事态度：为事业奉献最投入的自我 – 039

面对成功：有颠覆的勇气 – 040

面对失败：跌倒了就再爬起来 – 042

自主意识：其他人做不到，那就靠自己 – 043

顽强斗志：再过几小时就要破产怎么办？死扛！ – 045

延伸阅读

谁培养出马斯克？ – 048

专家点评

马斯克赢在疯狂与情怀 – 051

04 马克·扎克伯格

马克·扎克伯格：双商修炼手册 – 054

自信：是一切成功的开始 – 055

奋斗：时刻在进行改善 – 057

进步：找行业大咖偷师学艺 – 058

人才：用竞争来聚拢 – 059

道歉：度过危机的最好手段 – 061

魅力：来自理想主义和情怀 – 063

延伸阅读

扎克伯格的撩妹技 – 066

专家点评

学习达人扎克伯格 – 069

05 约翰·洛克菲勒

约翰·洛克菲勒：石油大亨悟透金钱辩证法 – 072

创业混战：以人无我有站稳脚跟 – 073

高速扩张：用规模赢得胜机 – 075

持续发展：建起和谐的生态环境 – 077

大胆用人：建立有战斗力的团队 – 078

投身慈善：为企业找到崇高目标 – 080

延伸阅读

超级富豪的金钱观 – 082

专家点评

洛克菲勒的管理习惯 – 085

06 康拉德·希尔顿

康拉德·希尔顿：王朝缔造者 – 088

逆境苦战：把大家都变成合伙人 – 089

欲擒故纵：用小人之道对付小人 – 091

憎恨平庸：把平庸之子逼成接班人 – 093

追求双赢：与特朗普成为知己 – 095

延伸阅读

星光熠熠的希尔顿家族 – 098

专家点评

宾至如归的酒店王国 – 101

07 山姆·沃尔顿

山姆·沃尔顿：沃尔玛之父的零售真经 – 104

找到好货：精选最有销售潜力的商品 – 105

卖出好货：把销售手段用到极处 – 106

重用人才：培养销售型的高手 – 108

小镇战略：顾客至上第一步 – 109

省钱第一：做顾客的代理商 – 111

感同身受：把顾客至上做到极致 – 113

延伸阅读

先震惊自己，再震惊世界 – 115

专家点评

抠门只为客户 – 118

08 霍华德·休斯

霍华德·休斯：20 世纪最大的梦想家 – 122

投入电影：把爱好和事业结合起来 – 123

飞行冒险：把人生变成传奇 – 124

热爱技术：用创新维持垄断地位 – 126

没有家庭：事业缺少持久根基 – 127

失去健康：作死的一生太遗憾 – 130

过度放权：商业帝国被他人窃取 – 132

延伸阅读

与凯瑟琳·赫本的旷世情缘 – 134

专家点评

人生最大乐趣在追求的过程中 – 137

09 恩佐·法拉利

恩佐·法拉利：跃马永不止步 – 140

实力第一：把握自己的命运 – 141

打"持久战"：12 年实现"复仇" – 142

顺势而为：几十年保持长盛不衰 – 143

追求极速：法拉利的核心价值 – 145

阳刚之气：打造"男人的终极梦想" – 147

"饥饿营销"：把用户的购买欲望提到极致 – 149

延伸阅读

传统而圆滑的"变色龙" – 151

专家点评

永不止步的力量 – 154

10 小艾尔弗雷德·斯隆

小艾尔弗雷德·斯隆：最伟大的 CEO 的超越之道 – 158

看出弊端：走向成功的第一步 – 159

适度分权：既不放任也要放手 – 160

财务控制：把控全局的真正抓手 – 161

整合产品：打造有序的产品线 – 163

及时收缩：以理性对抗不理性 – 165

敢于出手：该冒风险决不退缩 – 167

延伸阅读

斯隆，优秀到没朋友 – 170

专家点评

"组织平衡"是斯隆的成功秘诀 – 172

11 阿曼西奥·奥特加

阿曼西奥·奥特加：小镇青年的逆袭 – 176

勤奋果敢：成功的两大基础 – 177

即时生产：快快快加抄抄抄 – 178

油渍模式：在最好的地方开店 – 179

固守家乡：有情怀也有算计 – 180

超前思维：身上有互联网精神 – 182

广告策略：不惜一切保持低调 – 184

延伸阅读

首富的教育经 – 187

专家点评

实用主义的胜利者 – 190

12 加布里埃·香奈儿

加布里埃·香奈儿：戏精女孩的无双传奇 – 194

不安于现状：探索适合自己的位置 – 195

经营自己：时尚圈的立足之本 – 196

经营人脉：充分发挥身边人的潜力 – 198

以退为进：保住翻盘的希望 – 199

以攻为守：熬赢最强的对手 – 200

以假当真：犯了狂妄而无知的错 – 201

以旧胜新：71 岁重新在巴黎崛起 – 203

延伸阅读

香奈儿背后的男人 – 206

专家点评

香奈儿，柔如水的坚韧女人 – 208

13 理查德·布兰森

理查德·布兰森：因为疯狂，所以成功 – 212

经验之一：不好玩儿，就别做 – 213

经验之二：好玩儿，就想做 – 215

经验之三：做事的方式天马行空 – 216

经验之四：不惧风险 – 219

经验之五：善待员工 – 221

经验之六：善于从失败中学习 – 222

延伸阅读

疯狂布兰森的幸福家庭 – 225

专家点评

布兰森：勇敢、灵活、人性化 – 228

14 霍华德·舒尔茨

霍华德·舒尔茨：将心注入，成就咖啡传奇 – 232

发现星巴克：从小清新中找到创业良机 – 233

给员工尊重：重视员工的感受 – 235

引高手加盟：别被比你聪明的人吓倒 – 237

向失败学习：度过最黑暗的一天 – 240

延伸阅读

星巴克的公关案例 – 243

专家点评

悟透了卖咖啡背后的人性 – 246

15 约翰·皮尔庞特·摩根

约翰·皮尔庞特·摩根：资本天下的强盗帝王 – 250

冷静：赚钱的时候不谈情怀 – 251

野蛮：赢了以后才有话语权 – 253

公平：成为大亨的基本修养 – 255

知政：成为金融帝王的关键一步 – 257

延伸阅读

冷酷而有情的超级富豪 – 261

专家点评

黄金时代造就的淘金英雄 – 265

16 查理·芒格

查理·芒格：勤奋的智者 – 268

赢得朋友：做一个让人舒服的人 – 268

赢得客户：靠"有料"帮朋友发财 – 271

人品靠谱：打造信任的底线 – 273

坚持学习：造就投资理性 – 274

集中投资：坚持买最好的企业 – 277

独立思考：著名的"说'不'大师" – 279

延伸阅读

是天才，也是怪才 – 281

专家点评

逆向独立思维的投资智慧 – 283

17 乔治·索罗斯

乔治·索罗斯：直击要害，放手一搏 – 286

超强定力：冷血战神的武器 – 287

全阵出击：敢于重仓不保守 – 289

劫后余生：胆量来自经历 – 290

不带感情：投资赢家的根本法则 – 291

全球视野：具备学者的头脑 – 293

善于交际：与金融界的领导者为伍 – 294

内心强大：战胜挫折的关键 – 296

延伸阅读

一个碰巧成了投资家的哲学家 – 298

专家点评

把活下去看得高于一切 – 301

18 孙正义

孙正义：一手烂牌也能打成首富 – 304

无可失去：做事有破釜沉舟的霸气 – 305

不走弯路：决策有靠谱的思考过程 – 306

口才了得：话术一套又一套 – 307

设定目标：人生有一个五十年规划 – 308

长期预测：看准长久的趋势 – 309

强化责任：高效的员工管理 – 312

乐善好施：以社会责任感赢得尊重 – 313

延伸阅读

日本第一智慧老爸 – 315

专家点评

有梦想的另类企业家 – 318

19 **稻盛和夫**

稻盛和夫：敬天爱人，大道至简 – 322

起点太低：改变自己的心态 – 323

面对绝望：极致渴望获得成功 – 324

遭遇障碍：竭尽全力思考 – 325

成功之道：乐观地构想，悲观地计划 – 326

团结员工：以实现全体员工幸福为目标 – 328

一无所有：用毫无私心打败对手 – 329

永续经营：靠阿米巴经营模式 – 331

延伸阅读

稻盛和夫学艺 – 334

专家点评

"零奉献"精神造就经营之神 – 336

20 **柳井正**

柳井正，失败大师的首富之路 – 340

担负责任：走出失败的动力 – 341

善于学习：走出失败的关键 – 342

强化沟通：让员工都"长脑子" – 344

打知名度：大胆做极致的宣传 – 346

传递信息：让观众自己做判断 – 348

形象塑造：处处都是宣传 – 349

延伸阅读

把自己省成首富 – 351

专家点评

独一无二的柳井正 – 353

20 ADVANCED
COURSES
OF BUSINESS
THINKING

01

杰夫·贝索斯

杰夫·贝索斯：全球首富的创新魔力

文 / 凌云

从任何一个角度说，亚马逊公司都是一个"可怕"的企业，创始人杰夫·贝索斯更是一个"可怕"的人。

2018 年，亚马逊公司的股价狂升 50%，是继苹果公司之后又一家市值突破万亿美元的公司。而贝索斯的身家在 2018 年秋天也达到了 1600 亿美元的惊人数字，将比尔·盖茨和沃伦·巴菲特甩在身后。当朋友们纷纷向贝索斯表示祝贺的时候，他说，这份报表反映的是三年前的预测。而现在，他正在努力实现 2021 年的目标。

这就是我们选择贝索斯来讲述第一堂创富课程的原因。他固然已经功成名就、富可敌国，但更吸引我们的是他披荆斩棘、九死一生的创富过程。如今，他可以胸有成竹地谈论自己如何引导创新、如何选择扩张方向，可以为亚马逊公司的未来绘制一张明确的路线图。或者用《福布斯》在一篇报道中所下的判断，他可以颠覆"他所选择的任何一个行业"。这种颠覆性来自他自我颠覆的经验，也来自他追求颠覆的激情。

面对起步：从"小一号"的理想开始

贝索斯谈论亚马逊公司的时候，总有一种似乎在谈论一个初创公司的感觉。他喜欢说两句话，第一是"市场的规模是无限的"，第二是"在不同的行业，市场是有限的"。仔细回味，这两句话里蕴含着贝索斯成功起步的秘密。

首先，如何创业？当创业看起来无从下手的时候，可以从"小一号"的理想开始，在一个较小的行业、有限的市场里做到最好；同时，这个"小理想"要有广阔的成长空间，有"无限规模"的可能性。

很多人都说，今天的中国，"正处在历史上最好的创业时刻"，每天都有数以千计的创业公司诞生，大众创业、万众创新变成了时代的主旋律。创业之初，很多人都会立下很宏大的愿景，可是真正行动起来，不是资源跟不上，就是能力还有欠缺。碰到这样的情况，不妨来学学贝索斯，从"小理想"开始。

20世纪90年代，贝索斯在一家对冲基金公司——德劭公司工作。这家公司的创始人叫戴维·萧，是哥伦比亚大学的计算机教授，也是利用计算机和互联网拓展金融业务的先锋级人物。早在1994年，他就和贝索斯以及其他几个小伙伴一起，讨论了几个商业计划，其中包括带有广告性质的免费电子邮件、在网上进行股票交易，等等。这些点子，后来都衍生出了成功的企业。而在当时，大家讨论得最热烈的，还是把所有商品一网打尽的万货商店。大家都认为，中间商是可以赢利的，而互联网公司，完全可以成为顾客和制造商之间最好的桥梁。

贝索斯十分认同这个理念。但是他觉得，一开始就做"万货商店"，这个想法不太现实。更可行的做法，其实是找一个小一点的门类，然后在这个门类里面提供海量的选择。这个门类的产品应该标准化程度很高，消费者不必在实体店试用，就可以直接在网上下单；体积要很小，便于运输；种类还要很多。这样，才能够胜过无法包罗万象的实体店，发挥互联网的优势。贝索斯开了一张单子，列出了包括软件、家具、服装在内的20类产品，最终，他把眼光定格在图书上——因为这是最标准化的产品，而且种类多达300万种，运输起来也很轻便。再加上很多高精尖的图书只有少数人买，这样盘算下来，网络书店几乎可以满足前面提到的所有要求。

有了这个"小理想"，探路就变得比较容易。针对自己的构想，贝索斯进行了一系列的调查。当时，其实已经有一些网上书店在经营了，比如"书库无限"，等等，但开店归开店，大家其实还不太知道，应该怎么在网上卖书。贝索斯接连下了好几张订单，结果，等他拿到手，书已经在运输途中变得破破烂烂了。

这种事情如果换作别人遇到，或许只会怨天尤人，估计当时只会一拍大腿："我要投诉！"但贝索斯不是，他静下心来慢慢琢磨，反而觉得，卖书这个点子其实可行，对手只是失败在没有把客户服务做好。他于是下定了决心要搞网络书店，并且要把客户服务当作制胜路径。

点子、路子都有了，就需要下决心。贝索斯当时刚看完石黑一雄的《长日将尽》，他对人生的意义充满感慨。他后来说，如何在关键时刻进行人生决断，有一个"后悔最小化模式"。他想象自己到 80 岁的时候，不会因为放弃华尔街的奖金而后悔，但是，他一定会因为错过了创业的机会而后悔。

这就是亚马逊公司帝国的开始——有远大的理想，然后，从小的突破口起步。

面对创新：打开通往"是"的大门

贝索斯是创业者，也是不断经历挫折、不断战胜失败的探索者，更是永无止境的创新者。美国哈里斯民意调查公司曾经为《财富》杂志做过一项调查，83% 的受访者称，他们对于贝索斯的领导和创新能力充满信心，超过了苹果 CEO 库克、微软 CEO 纳德拉、谷歌 CEO 皮查伊和脸谱 CEO 扎克伯格。

直到今天，亚马逊公司仍是一个充满着创业气息的巨无霸，贝索斯仍然在为新的冒险而激动。他在 2016 年写给股东的信中说，要"永远保持第一天的活力"。他把自己的办公楼主楼命名为"第一天"。他说，"我们仍然处于互联网的'第一天'"。

贝索斯努力地在整个亚马逊公司鼓励创新、鼓励尝试。亚马逊公司最重要的一个词是"是"。贝索斯正确解释了传统的企业等级制度："假设一位初级主管提出了一个他想尝试的新想法。他必须说服他的老板，他老板的老板，他老板的老板的老板的老板，等等——在这根链条中，任何一个'不'字都可能扼杀整个想法。这就是为什么灵活的初创公司能够如此容易地屠杀掉那些墨守成规的巨大恐龙：即使有 19 个风险投资家说'不'，只要第 20 个人说'是'，就足以将一个颠覆性的创意变成商业。"

贝索斯围绕着他所谓"通向 Yes 的多条道路"构建了亚马逊公司。其中最特别的是"双向之门":这些决策往往是基于渐进式的改进,如果被事实证明是不明智的,随时可以进行逆转。数百名高管都可以为一个创意亮绿灯,员工可以在公司内部自由进行挑选。"他知道,我们也知道,如果没有失败,你就无法发明或进行实验。"贝索斯的长期副手、亚马逊公司的消费者和零售业务负责人杰夫·威尔克表示,"我们会为此而庆祝。事实上,我们希望它们发生在任何地方、任何领域。杰夫·贝索斯不需要审查这些,我也不需要审查这些。"

当然,贝索斯对新业务也有一定的标准。他说过:"我们涉足一项新业务,它必须符合以下两条标准。在我们将股东的资金投入任何一项新业务前,我们必须相信,这项新业务能带来股东决定投资亚马逊公司时所期待的资本回报;我们还必须确信,这项业务今后能达到的规模,使其对我们整个公司来说都是举足轻重的。"只要符合这两条,他鼓励大家积极尝试。

面对失败:关键是研究"为什么不行"

有尝试就有失败,因为创业本身就是艰难的。麦克思研究院联合中国社科院发布的《2017年中国大学生就业报告》显示,即使在创业环境比较好的浙江等地,大学生创业的成功率也只有5%。所以,要创业,就一定要做好失败的准备。

贝索斯也是这样。刚开始创业的时候,他父母给了他10万美元作为投资,他很坦率地说,这些钱70%的可能要赔掉。到了1995年,他为了募集资金四处见投资商,每一次,他都会说:"我的公司70%的可能要失败了。"

贝索斯后来也确实遭遇到很多失败,不过,和那些失败后一蹶不振的人相比,他的高明之处就在于,他非常善于反省,总是在努力找出失败的原因,想明白自己"为什么不行"。

亚马逊公司起步之初,贝索斯搞了一个拍卖网,允许包括个人在内的第三方在这个平台上销售二手货。不过,这个新平台人气很差,第三方出售的货物压根儿就得不到顾客的关注。后来,亚马逊公司开发了一个软件,叫Crosslinks,翻译成中文,大概叫作"交叉链"。通过这个软件,第三方可以把自己的商品链接到相关的产品网页上。比如,卖鱼竿的第三方卖家,可以链接到卖钓鱼书的网页上。亚马逊公司还开发了一种算法,让不同的商品能够自动链接起来。不过,机器显然没有人脑那么聪明、灵活,甚至还惹出了不少麻烦。有一次,销售儿童小说《精工小刀》的网页,就被链接上了卖弹簧刀,甚至是卖纳粹军刀的卖家网页,这个事情就引来了儿童书商家愤怒的投诉。

面对这么多批评的声音,是不是就应该果断放弃 Crosslinks 呢?贝索斯把公司的高管团队叫到了自己的别墅,在地下室开了一整天会。大家对数据进行了翻来覆去的分析,最后发现 Crosslinks 虽然有缺点,但是它的确给第三方卖家带来了很大的流量。大家还比较了亚马逊公司和竞争对手 eBay 的特点。当顾客搜索海明威的小说《太阳照样升起》的时候,eBay 会列出一大堆的二手卖家,提供不同的价格。而亚马逊公司会先显示一个网页,对这本小说进行详细的介绍。相比之下,正是亚马逊公司的详细介绍吸引了顾客。

亚马逊公司用自己高质量的网页吸引流量,解决了人气问题;同时,通过链接第三方卖家,为顾客提供更多的价格选择。而因为这个第三方卖家必须和亚马逊的产品链接在一起,所以最后,亚马逊公司还是成了消费者网购的第一入口。贝索斯认为,这样的 Crosslinks 虽然有着明显的不足,但是它展示了如何做好第三方销售的关键,对亚马逊公司来说还是有十分重要的意义。

这一年秋天,亚马逊公司启动了经营二手书的 Marketplace。这个思路,和以前的 Crosslinks 基本一致,那就是:允许其他书商在亚马逊公司的图书网页上进行链接,这样,如果亚马逊公司的自营商品已经卖完,或者其他书商卖得更便宜,顾客就可以在他们那里进行购买,亚马逊公司则从中抽取佣金。这样,虽然亚马逊公司少做了一些生意,但是,只要消费者在网购的时候,他首先想到的是亚马逊公司这个渠道,他就控制住了龙头。最终,第三方卖家的价格竞争,并不会对亚马逊公司的业务构成实质性的冲击。

面对失败,贝索斯并没有轻易地否定自己,反而更加关注,这当中有没有隐藏着成功的种子?如果他在受到批评以后马上就放弃 Crosslinks,也就没有后来的 Marketplace 平台了。

面对强敌：做自己的未来之敌

中国的商业环境是高度竞争的。李开复曾经半开玩笑地说，如果一个犹太人开了一家加油站，那么其他犹太人就会在周围开超市、开餐馆。而如果一个中国人开了加油站，那么其他中国人就会在周围再开几个加油站。正是这种短兵相接的竞争环境，逼迫着每一个创业者都必须时刻想着你的竞争对手，不仅要看到今天的竞争，更要看到未来的竞争。

贝索斯就是这种人。他是靠卖书起家的，却早早就看到了电子出版物对传统纸媒的冲击。20 世纪 90 年代的时候他就说："我坚信，将来，绝大多数书籍将以电子形式出版。"这一天的到来，对传统图书的销售来说，绝对是一个致命的打击。

与其等着被别人打垮，不如及早从长远角度来考虑问题，让自己取代自己，最终成为某个领域的先行者。这也就是贝索斯的用户中心主义三大核心理念之一。

2004 年，亚马逊公司的年收入当中，还有四分之三都是来自书籍、唱片、电影影碟的销售。但是很快，苹果公司就凭借着数字音乐销售的优势，成为音乐销售的霸主。眼看着 iPod 对亚马逊公司的唱片销售产生了巨大的压力，贝索斯开始担心图书销售业务也会被抢走。他认为，要在数字时代继续当书商，就得有自己的电子书业务。

事实上，市场上当时已经有电子书在销售了。亚马逊公司也已经有了自己的电子书店，只不过，店里销售的图书都是 Adobe 或者是微软的格式，客户首先要把电子书下载到电脑上，或者是 PAD 上才能够阅读。再加上选择少、价格高，所以整体的销量并不高，亚马逊公司的高管当时正在琢磨要不要把这个电子书店关掉。

但是贝索斯觉得，电子书是图书销售的未来，这个先机一定要抓牢。当时，他很痴迷哈佛大学教授克里斯坦森的《创新者的窘境》这本书。书中提到，大公司的失败往往是因为他们不愿意接受有前途的新市场，担心新市场可能会破坏他们的传统业务。

贝索斯决心避开这个陷阱。他宣布，亚马逊公司要开发专用的、适合长时间阅读的电子书阅读器。这个决定让大家非常吃惊！开发硬件？亚马逊公司可从来没干过这事儿！但是贝索斯说干就干，他在硅谷组建了一支秘密团队，设立了一个 126 实验室，任务就是要开发出一种电子书阅读器，破坏亚马逊公司自己的图书销售业务。这就是后来的 kindle。"126"这个代号，表达了贝索斯的理想：1 代表字母 A，26 代表字母 Z，他要让读者能够在 kindle 上买到全部 26 个字母打头的所有图书的电子版。同时，他还对负责这个业务的凯塞尔说："你的目标，就是要让卖纸质书的人失业！"

为了让 Kindle 成为传统图书的真正强敌，贝索斯费尽了心机。他授权业务人员可以向出版商秘密展示 Kindle 的原型机，并且还下达了提供 10 万本电子书的指标，放话要把"挣扎着的出版商拖进 21 世纪"。他警告出版商，如果他们对数字化不积极，他们的图书就会失去在亚马逊购物网站搜索结果当中的好位置，也不会被推荐给顾客。亚马逊公司甚至越过了出版商，直接和作家、经纪人谈判。不难想象，这些做法，简直让当时的出版界一片混乱。

贝索斯也真的把电子书变成了亚马逊公司传统图书业务的劲敌。他相信消费者一定希望电子书能够比印刷版便宜，他就决定，把最畅销的最新的电子书全部定价为 9.99 美元。要知道，当时亚马逊公司从出版商那里拿到的电子书的批发价，和印刷版是一样的，每本大概是 15 美元，零售价大概是 30 美元。这样一来，每卖出一本电子书，亚马逊公司最少要亏 5 美元！但是贝索斯宁可亏钱。他认为，只有这样做，他才能够最终逼出版商降低电子书的批发价。

他也的确做到了。2007 年，Kindle 终于上市，并且一炮打响，很快就脱销了。因为亚马逊公司的低价售书破坏了"规矩"，一时间，出版界产生了强烈的反响，甚至还引发了一系列的诉讼。不过，亚马逊公司依旧是慢慢占据了上风。因为人们不得不承认，电子书的成本，的确是远远低于纸质书。

开实体店也是贝索斯与时俱进的自我否定和创新。20 年来不停地有人问他要不要开实体店，他一直是拒绝的。然而最终他推出了实体店。用他的说法，亚马逊公司的技术已经成熟，店内消费者能够以全新方式与其数字平台进行互动。亚马逊希望通过监测这一交互作用来发现新的机遇。2016 年，几十家展示亚马逊公司的电子产品的快闪店遍布美国各地。随后，亚马逊书店也出现了，陈列得到顾客高评分的书籍，并配上亚马逊网站的评价摘录。然后是 Amazon Go 概念便利店，顾客进门刷手机的代码后，可以带走任何商品，这些商品会通过亚马逊公司的账号出现在其购物车里，并自动支付。这种无人商店依赖的是亚马逊公司的云计算、物流技术等。贝索斯知道，实体店很可能也采用网络商店的某些技术，他要在这种升级版的实体店构成挑战之前抢得先机。

赢得客户：把服务做到极致

今天的创业者，都知道客户服务的重要性。"用服务赢得客户"成了企业经营的常识，但怎样真正做到以客户为出发点，用服务吸引客户？贝索斯的做法值得借鉴。

首先，心里真的要有客户。贝索斯说："我们要真心为顾客着想，要有长远的眼光，要不断有创新产品出现。"贝索斯自称是个痴迷客户的人。在商业谈判中，他曾经故意放一把空椅子在现场，说这代表的是顾客，意思是，不管双方做什么样的讨论，都要以顾客的利益为最高利益。他还有一句话值得每一个商界人士记住："顾客对我们很忠诚，直到别人为他们提供了更好的服务。而我欣赏这一点，对我们特别有激励作用。"

如何把客户服务做到极致？贝索斯的理念是宁失利润，不失客户。在《哈利·波特》第四部上市的时候，亚马逊公司决定给顾客 40% 的书价折扣和快递折扣，这样，读者就能在新书发布当天拿到书。因为亚马逊公司需要为此赔进去不少钱，公司的很多高层一直都心存疑虑，但最后，大家还是认可了贝索斯的做法，因为他们听到送货的司机说，很多客户都认为这是自己最快乐的一天。而且，在当时有关《哈利·波特》的大量报道中，有 700 多篇都提到了亚马逊公司，这就是所谓的口碑营销。正如贝索斯本人在 1997 年的致股东信中所说的，口碑营销是亚马逊公司"最有力的武器"。

贝索斯不能容忍对客户的服务存在任何瑕疵。2000 年的圣诞节，他把高管团队召集到名为"作战室"的会议室开会。当时，随着圣诞节销售旺季的到来，亚马逊公司的电话热线越来越难打通。贝索斯问客服部副总裁普莱斯，顾客要等待多久。普莱斯随口答道，不超过一分钟。"真的吗？我们拭目以待。"贝索斯说着，拿起会议室中间的电话，拨通了亚马逊公司的客服号码，按下免提，还把手表摘下来计时。

一分钟过去了，两分钟过去了，在场的每一个人都觉得难以忍受。普莱斯悄悄打手机通知部下，而贝索斯脸涨得通红，青筋直跳。四分半钟的时候，电话终于接通了，贝索斯只说了一句："我打电话就是为了核实一下情况。"然后"啪"的一下挂了电话，大骂普莱斯撒谎和无能。虽然普莱斯在这件事中也十分委屈，但很显然，正是贝索斯这样的做法，才有了亚马逊公司以客户为中心的文化。

当然了，客户服务不可能都靠贝索斯来"督战"，员工们必须打心眼儿里认同客户服务的重要性，才可能在工作中独当一面。亚马逊公司就有不少员工是贝索斯的"铁杆儿粉丝"，完完全全接受他的理念。而贝索斯对普莱斯的怒火，说到底，还是因为普莱斯没有真正把客户服务放在压倒一切的位置上。

控制成本：减少利润让客户得实惠

在中国的商业环境下，控制成本和打价格战都是无法回避的话题。但价格战要怎么打？关键还是怎么理解控制成本的目的。有人说，控制成本就是为了利润的最大化。一旦持有这种观念，通过缺斤少两、以次充好来打价格战，似乎就成了合情合理的选择。"一分价钱一分货"，似乎这就是硬道理。

但贝索斯的理念不同。他认为，控制成本的根本目的，还是让顾客得到更优惠的商品和服务，而节俭是实现成本控制的关键。他说："我们尽量不在和客户无关的地方花钱。勤俭节约可以让我们开动脑筋、自给自足，并且不断创新。"在他看来，节俭是他能够给顾客提供更优惠产品的关键。

贝索斯的这个理念，源自他的创业经历。创业之初，亚马逊公司的利润就很微薄，畅销书的售价比标价便宜40%，其他书还要便宜10%，基本上没什么钱可赚。亚马逊公司最早的店面是在贝索斯家的车库里，房间没有隔断，当中有个大黑炉子。他花了60美元，从一家名叫家得宝的美国建材商店里买回些黄色的门板当作桌子。他的第一个仓库是西雅图一个书店的地下室，大概200平方英尺，没有窗户，以前是一个乐队的排练场地。他的事业能够发展起来，靠的就是节俭。可以说，贝索斯的血管里流着的是货真价实的"节约型血液"。

另外，沃尔玛的经营之道对他影响也很大。在很长一段时间里，贝索斯一直认为自己是电子商务公司，而不是零售商，他也确实不太懂零售。他上的第一堂，也是最重要的零售课，来自沃尔玛。贝索斯曾经和沃尔玛谈判，希望由自己来运营沃尔玛的网站。沃尔玛的CEO斯科特邀请他去家中做客，却安排他入住了一家价格低廉的商务酒店，就连抵达当晚的晚餐，都是贝索斯自己在酒店附近的快餐店里解决的。贝索斯着实见识了沃尔玛的"抠门"作风。第二天见面时，斯科特告诉贝索斯，沃尔玛的营销费用里，只有40%用在打广告等推广活动中，其余的费用直接用到了降价上。这和许多企业将大量营销费用投入到广告中是不一样的。这让贝索斯领悟到两点：第一，价格战很重要；第二，打赢价格战不能靠降低商品质量，而要靠节俭。

所以，节俭已经成了亚马逊公司的门风，也是贝索斯的个人标志。直到现在，他对豪车、游艇之类还是没什么兴趣。曾经有一个高管向贝索斯建议，应该允许经常出差的管理人员乘坐商务舱，贝索斯大发雷霆，拍着桌子说："我们不要光想这些。这是最令我沮丧的主意！"这个高管吓得不敢吭声。

既然控制成本不是为了扩大利润，那么利润本身也就不是多多益善了。贝索斯由此发展出一套理论。他说，低成本、低利润是最好的防御手段，不仅让对手没有兴趣投入相关的研发，也让对手不敢轻易展开竞争。亚马逊公司开发了一种云计算服务，研发人员建议把价格定为每小时15美分，这样有机会转亏为盈。贝索斯却自作主张改为每小时10美分。这个价格完全是他一拍脑袋决定的。但他说，亚马逊公司在成本控制上有优势，能够在利润极低的情况下生存。微薄的利润可以阻止IBM、谷歌等企业进入这个市场。结果，他又对了：亚马逊公司成为云服务领域的领先企业。如今，美国大量创业公司都在使用它的服务。

留住客户：不断提供增值服务

对任何企业来说，客户流失都是一个难题。

怎么才能拉住客户？贝索斯向美国著名的仓储式购物中心好市多取过经。

有一次，他和好市多的 CEO 西格尔在星巴克聊天。西格尔说，好市多经营模式的核心是顾客忠诚度。好市多进货后，统一加价 14%，公司不做广告，主要利润来自会费。但会费只是一次性的付出，当顾客看到好市多 47 英寸的彩电只卖 200 美元，比其他地方都便宜，就会坚定做会员的决心。好市多又利用顾客忠诚度带来的经营规模，要求供货商提供更好、更便宜的货物，提高毛利。他说，顾客来好市多，就是因为这能给他们带来增值感。

这次谈话对贝索斯影响非常大。他马上召开高管会议，也决定以顾客需求为出发点，提供更多产品之外的增值服务。比如推出天天低价策略，将图书和音像制品降价 20%～30%。他说，公司有两种：一种是想方设法赚钱，另一种是想方设法让顾客省钱。而亚马逊公司是第二种。后来，他还取消了所有电视广告，此后 7 年都没有涉足广告，并裁减了大量营销部人员。他这么做，是为了把省下来的广告开支用来提高客户体验。

贝索斯不断思考，对亚马逊公司的客户来说，除了商品便宜之外，还有什么能提高他们的增值感？应该就是送货服务。当时，他的财务副主管格里利说，航空公司经常为不在乎出行时间的乘客提供价格更优惠的机票，亚马逊公司也可以这样做，为不在乎时间的顾客提供免费送货。这样，可以利用卡车多余的空位来送货。贝索斯很高兴，他很快就推出了超级免费送货服务，只要购货满 99 美元就可以享受。随着运量的增大，亚马逊公司得到了更多的运费优惠，门槛也逐步下降到 25 美元。

航空公司有廉价机票，也更注重服务商务舱。贝索斯认为，"商务舱"模式化也可以借用。其实这种模式在中国的电商企业中也被多次用到。比如阿里超级会员可以享受多种高端服务，而其消费能力也很强，平均每周消费 7.2 单，每笔单价 141 元，远超普通会员的 30 多元。对此，亚马逊公司推出了 Prime 优先服务，针对那些注重快速送货、对价格不敏感的顾客。消费者加入 Prime 俱乐部后，可以享受两天送达的特快服务。当时，负责这个业务的团队提出了三种价格选择，分别是：每年 49 美元、79 美元和 99 美元，贝索斯最后选了中间价位 79 美元。他认为，价格太高会吓走顾客，太低又会让顾客轻易退出，而这个项目的关键是要改变人们的消费习惯，让顾客成为会员以后只在亚马逊网购。

Prime 服务起初是亏钱的。当时的计算是，如果快递成本是 8 美元，顾客下单 20 次的运输成本就远超过 79 美元的会费。但是贝索斯坚持这样做。因为他认为，这样可以大大提升顾客的消费体验，让他们下更多的单、买更多的货，这就是在亚马逊购物的增值感。而销量的增加反过来会让亚马逊公司从快递公司那里拿到一个更优惠的运费价格，并从供货商那里拿到更优惠的商品。

事实证明，这两点后来亚马逊公司都做到了。贝索斯锁定了更多的忠实客户，改变了美国人的消费习惯。最终，他真正实现了开设万货商店的理想。

从更现实的角度启动创业之旅，在创业过程中总结失败的原因，以远见和创新，围绕用户中心主义，以服务赢得客户，以增值感留住客户。贝索斯的成功密码，其实也简单。

贝索斯的一位朋友说："杰夫从一开始就以长远的眼光来经营亚马逊公司。"很多企业在创业之初会设立一些宏大的目标，但是不清晰。而贝索斯的目标很明确，就是要利用互联网来建立一个万货商店，从卖书到卖百货，再到卖各种服务。正是这种清晰明确的定位，让其他人很容易理解他的目标是什么，所以才有很多志同道合的人和他走到一起，并不断前进。

怪咖贝索斯

文 / 凌云

　　贝索斯是一个天才，也是一个怪人。他的天才让他找出了一套行之有效的方法，也就是"客户中心主义"，成功地走出创业的第一步，找到创业的路径，抓住客户并且留住客户，成功地为客户提供增值感。

　　如果说成功的企业家都是科学和艺术的结合，那么贝索斯的怪就是他艺术的一面。他的怪，可以用八个字来形容：充满矛盾，对立统一。很多似乎是截然相反的特点，在他身上都和平共处了，看起来还不别扭。

　　比如，大笑和暴怒。贝索斯的笑惊天动地、赫赫有名，有时候没来由的就哈哈大笑，笑得屋子里的墙都在发抖。有人听了他的笑，欢天喜地，说这是孩子般天真的大笑，能够瞬间拉近你和他的距离，让你为他的感性而折服。也有人听得满腹狐疑，不知道他为啥笑，一下子就被他笑糊涂了。还有人说，这就是贝索斯的一种谈判策略，他需要时间思考或者需要把对方思路打断的时候，他就狂笑一通，把人笑晕。

　　但是爱笑的人也爱怒。贝索斯的怒，有地动山摇的大吼大叫，更多时候是刁钻恶毒的挖苦讽刺，在帝国主义虚伪的职场礼仪里长大的老美往往招架不住。比如他这样笑着说："抱歉，你今天吃傻瓜药了吗？"有时还这样说："你要是再让我听到这个点子，我就自杀。"你要是实在跟不上他的思路，他会教导你："在这个问题上，需要的是人类的才智。"这个发音的重点一定要强调"人类"，这还是他心情好的时候。心情不愉快的时候，他一下子就噎得你话都没法接："你为什么要浪费我的时间？"他的名言是"这是我听到过的最愚蠢的事"。更狠的是"无声胜有声"的做法：他给下属的邮件里只有一个问号，就能把下属吓得屁滚尿流。

　　不过，因为贝索斯的怒往往都是有道理的，是因为下属出了错，或者因为他太聪明，别人跟不上思路，所以人们还是可以容忍他。如果是个又愚蠢又专横的人学贝索斯这一套，那大概就没人买账了。何况贝索斯也在努力改变，据说还请了个私人教练教自己控制脾气。

再比如，接地气的风格和要上天的理想。贝索斯是个很喜欢自己动手的人，这也是美国最典型的风格，喜欢 DIY。据说，他 3 岁的时候就用螺丝刀把自己的婴儿床拆了，因为他想在大床上睡觉。后来，他每年夏天都到外祖父的农场去，那个地方特别偏僻，东西坏了找不到人来修，只能自己动手。他也就跟着学会了修理风车、阉割公牛等各种农活儿，并且对这种动手能力非常自豪。后来他创办亚马逊公司以后，这种风格就转变为整个公司上下节俭的风格。比如亚马逊公司是没有免费午餐的，也没有公交车月票，连应急的手电筒也得员工自己准备，甚至自动贩卖机的灯泡也被摘掉，就为了省电。而贝索斯每天都和家人一起吃饭，吃完后还自己洗碗。这可能也是亚马逊公司的服务很接地气的根源。

但是另一方面，贝索斯又不是那种光会把算盘打得震天响的庸俗小商人。他真正是个要上天的人。他从小迷恋《星际迷航》，喜欢和小伙伴扮演剧中角色，成名后还真的在剧中客串过。他 5 岁时，看到阿姆斯特朗登上月球的电视节目转播，激动不已。他曾经对老师说，人类的未来并不在地球上。他把亚马逊公司的一部分利润投入到自己的太空项目——蓝色起源公司里。2017 年，蓝色起源成功试射了可以重复使用的太空旅行飞船。这个内部很宽敞的飞船有六个座位，贝索斯的计划是在一两年内实现商业化运营。在改变了人们的消费方式之后，他很有可能改变普通人与太空的距离。

贝索斯是个厉害的人，但又蛮善良。说到厉害的一面，他对员工要求很严格，甚至很苛刻，让员工彼此竞争，还告诉求职者："在这里工作并不容易，你可能可以做到长时间地工作、努力地工作或者聪明地工作，但在亚马逊公司，这三样你不能只做到两样。"在市场上收购兼并其他企业的时候，他也毫不留情。但是另一方面，他有时也颇有人情味，曾经驾驶私人飞机去接回在工作中被外国扣押的《华盛顿邮报》记者。他曾经说，聪明是一种天赋，而善良是一种选择。天赋得来容易，但选择不容易。他的厉害和凶狠，说到底都是为了把企业办得更好，让消费者得益。所以，大家还是喜欢他。

有时候，天才和怪人只有一步之遥，异想天开的脑洞，也可能就是阿里巴巴的山洞。怪咖贝索斯，人生很精彩。

贝索斯的"用户中心主义"

知名科技评论员　闫跃龙

如果用一个关键词来概况贝索斯和他的亚马逊公司，那就是"用户中心主义"。

每一个加入亚马逊公司的新员工都会在第一时间收到一个叫"亚马逊公司领导原则"的短信。在这个短信的最显要的位置，写着亚马逊公司第一位的领导准则，就是以用户为中心。亚马逊公司开产品立项会时，在会议室时常会放一个空着的椅子，这个就提醒大家，有一个最重要的人没有在会议现场，这个最重要的人就是用户，就是消费者。产品经理们被挑战最多的问题，也往往是新的产品怎么能够提升客户对于公司的信任。

贝索斯还有一个公开的电子邮件的地址。他不仅会阅读众多的顾客投诉，还把这些邮件转发给相关的亚马逊公司的员工，只加上一个字符，那就是一个问号。

用户中心主义包含了三大理念：第一，是以用户为出发点向上追溯；第二，是开展创造和革命，争取成为先行者；第三，是站在长远角度考虑问题。

贝索斯说过，他的理想是让亚马逊公司成为"地球上最以用户为中心的公司"。为了这样的一个理想，贝索斯非常注重三点：产品要充实、有便利性、低价格。

从贝索斯的经历，我们很容易看到他坚持的用户中心观，其中有"三个不怕"：第一，不怕得罪员工——客户说的每一件事都很重要；第二，不怕得罪供应商——消费者与我同在；第三，不怕得罪用户——如果我们推荐错了，就送给用户得了。

其实，还有一个不怕，那就是贝索斯不怕华尔街的质疑。亚马逊公司是一个很奇特的公司，它曾经在近20年的时间里不怎么赚钱，很多时候还有比较大的亏损，但是这不妨碍亚马逊公司的股价选创新高。这到底是为什么呢？因为从上市的第一天开始，贝索斯就给资本市场讲了一个关于长远的故事，他告诉所有的投资人：未来所有的一切都要围绕长远的价值展开。这个长期的持续的投资，都是为了用户。

20 ADVANCED
COURSES
OF BUSINESS
THINKING

02

史蒂夫·乔布斯

史蒂夫·乔布斯：改变了世界的疯子

文 / 刘心印

我们正处在一个被史蒂夫·乔布斯改变了的世界中。"让一件事物变得美好"，是乔布斯一生所追求并身体力行的事情。

不久前，乔布斯参与过的最后一款手机 iPhone 5 正式停产。这意味着在物理意义上，乔布斯的时代过去了。但是，乔布斯的精神意义远未过时。他让所有同时代的 IT 精英都黯然失色，即便是和他相爱相杀三十多年的比尔·盖茨，和他比起来都只是一个模仿者。为什么他能够成为创造力、想象力、持续创新的终极标志？为什么他能够彻底改变个人电脑、动画电影、音乐、移动电话、平板电脑和数字出版六个产业？

在斯坦福大学的毕业典礼上，乔布斯留下了这样充满哲理的话："你不可能从眼下预见将来，只有回望时，才会发现一个一个事件之间的关联。所以，你不得不相信，这些点迟早会连接到一起。你必须相信某些东西——直觉、宿命、生活、业力，无论什么。"他的妹妹曾经这样评价他：史蒂夫从事了自己热爱的工作，非常努力，每天如此。他反对心不在焉，从不会因努力工作而苦恼。他的最高价值并非新奇，而是美观。他是一个创新者，对某些事情却非常忠诚。他不喜欢流行趋势和噱头，喜欢与自己年龄相仿的人。他一生都在做"越来越美"的东西，即使这些东西最初看起来很丑。

回望乔布斯的时代，他通过发布会、产品包装和设计，成功地将优质的品牌形象灌输到了顾客的思想中，但他本人显然不是上帝的完美作品。他失去过信任，失

去过公司，但又在10年后重掌大权，强势回归，挽救了濒临绝境的苹果，并最终
改变了世界。是什么让他如此不凡？

团队：让顶级的人才在一起合作

乔布斯绝不是人人都可以模仿的模范老板。事实上，在做老板这件事上，大概
没有人愿意模仿他，即便愿意，也做不到像他那么招人讨厌。大多数时候，他就像
被恶魔附体了一样，让身边的人狂怒和绝望。每个和他共事过的人，都可以讲出他
的许多恶行。假设人的智商和情商是总量平衡的，那么乔布斯有惊人的高智商，同
时也有令人憎恶的低情商。

在乔布斯非黑即白的思维方式中，人只分两种，一种是天才，一种是白痴。
MAC的设计师比尔·阿特金森曾经说："在史蒂夫手下工作太难了，因为'神'与'白
痴'之间的两极分化太严重了。如果你是神，你就高高在上，存在于神坛上，绝不
能犯错误。而那些被认为是白痴的人，他们其实也是辛勤工作的杰出工程师，但他
们就会觉得自己永远都得不到赏识，永远也无法摆脱白痴的身份。"

那么，乔布斯是如何按照自己的标准，组建一支只有"天才"没有"白痴"的
团队的呢？

乔布斯并不认为自己对员工很苛刻。他说："如果谁把什么事情搞砸了，我会
当面跟他说。诚实是我的责任。我知道我在说什么，而且事实证明，通常我是对的。
那是我试图创建的文化。我们彼此之间诚实到残酷的地步，任何人都可以跟我说，
他们认为我就是一堆狗屎，我也可以这样说他们。我们有过一些激烈的争吵，互相
吼叫，但那可以说是我最美好的一段时光。"

苹果公司的员工们都知道乔布斯有一种超能力，被称为现实扭曲力场。这个颇
具极客色彩的描述来自电视剧《星际迷航》中最著名的一集——《宇宙动物园》。
在那一集中，外星人通过极致的精神力量建造了新世界。乔布斯显然也具备这种神
奇的能力。MAC团队的一名软件设计师巴德·特里布尔说："乔布斯是不能接受违

背自己意愿的事情发生的。有他在的时候，现实都是可塑的。他能让任何人相信几乎任何事情。"

那么，现实扭曲力场是怎么工作的呢？特里布尔举例说："如果你告诉乔布斯一个新想法，他通常会告诉你，他认为这个想法很愚蠢。但之后，如果他真的喜欢上了这个想法，一个星期后，他会找你，然后把你的想法再提出来，好像是他自己想出来的一样。"

这还不是最令人崩溃的，因为乔布斯同时还是哄骗、安抚、劝说、奉承、威胁他人的大师。他有种特异功能，能准确地知道别人的弱点是什么，并且让人觉得自己很渺小。从 1981 年开始，苹果公司的 MAC 团队每年都会将一个奖项颁发给最能勇敢面对乔布斯的人。这个奖在一定程度上是个玩笑，但也有认真的成分。乔布斯知道这个奖，并且十分喜欢。第一年，这个奖被授予了乔安娜·霍夫曼，她来自一个东欧难民家庭，脾气火暴、意志坚定。有一天，她发现乔布斯以一种完全扭曲事实的方式，更改了她的市场规划。她愤怒地冲向乔布斯的办公室，并对他的助理说："我要拿把刀插进他的心脏。"最终，公司的其他员工跑过来制止了乔安娜，而乔布斯在听她说完后，也做出了让步。

乔布斯无疑是顶级的人才，他曾经说，人们经常误以为顶级的人才喜欢单打独斗，不愿意与人合作。但事实是，顶级的人才只是不能容忍平庸的作品、不喜欢和二流人才合作而已，觉得那样会浪费自己的时间和才华。

乔布斯不喜欢 PPT，认为如果你需要用 PPT 才能讲清事情，只能说明你还没有真的想清楚。在重要岗位的招聘问题上，他会要求应聘者见公司的各部门主要负责人，而不仅仅是应聘部门的部门经理，然后大家集中讨论。这样做的目的，是防止公司充斥二流人才，"笨蛋大爆炸"。

正是在乔布斯这样的带领下，很多人都发现，他们竟然做到了自己原以为做不到的事情！得过"勇敢面对乔布斯奖"的黛比·科尔曼就回忆说："他会在开会的时候大喊，'你这个蠢货，你从来没有把事情做对过'。类似的事情好像每个小时都会发生，但是，我还是认为，能够和他并肩作战，我真是世界上最幸运的人。"

营销：把优质的形象灌输到顾客的思想中

在乔布斯的人生中，有一个非常重要的人物，在很多时候几乎扮演了父亲的角色，这个人就是迈克·马库拉。正是他，帮助乔布斯完成了从怪异极客青年到顶级营销大师的转变，并提出了著名的"苹果营销哲学"。

乔布斯和马库拉相识在 1976 年。当时，21 岁的乔布斯已经和好朋友沃兹尼亚克在自家车库里鼓捣出了 Apple Ⅰ，创建了苹果公司，并且成功实现赢利。但是，Apple Ⅰ没有电源、没有外壳、没有显示器，也没有键盘，只是功能强大的组装好的主板，它甚至不像是一个成年人设计的产品。

在一次电脑展上看到其他公司的产品后，乔布斯决定，要制造第一台整合所有部件的电脑——Apple Ⅱ。他的目标客户不再是少数喜欢自己组装电脑、知道如何购买变压器和键盘的业余爱好者，而是希望电脑拿到手就可以运行的人，而这个群体的数量，是业余爱好者的一千倍。终其一生，乔布斯都致力生产面向普通大众的产品。

不过，生产整套 Apple Ⅱ需要大量的资金投入，循着钱的方向，乔布斯找到了马库拉。马库拉精于定价策略、销售网络、市场营销和财务，曾先后供职于仙童公司和英特尔。英特尔上市之后，他凭着股票期权赚了几百万。与乔布斯认识的时候，他才 33 岁，却已经处于退休状态。

在自家车库中，乔布斯刚见到马库拉没多久，就喜欢上了他，马库拉也敏锐地发现乔布斯有着无限的潜力，尽管当时他还留着长发，并且因为不经常洗澡而散发着难闻的体味。

在马库拉的帮助下，他们一起撰写了商业计划书。马库拉做了一个大胆的预测：电脑将进入寻常百姓家，两年之后，苹果就将成为一家财富 500 强公司，这是一个产业的萌芽，十年一遇的机会。虽然苹果公司最终用了 7 年时间才跻身财富 500 强，但马库拉预言的市场前景最终被证实了。

马库拉最终成为拥有苹果公司三分之一股权的合伙人,作为回报,他为公司提供了25万美元的信用贷款。除了资金,马库拉还提供了更为重要的东西,那就是"苹果营销哲学"。这一营销哲学强调了三点:第一点是共鸣,就是紧密结合顾客的感受;第二点是专注,指的是"为了做好决定要做的事情,就必须拒绝所有不重要的机会";第三点是灌输,他说:"人们确实会以貌取物,我们也许有最好的产品、最高的质量、最实用的软件,但是,如果我们用一种潦草马虎的方式来展示,顾客就会认为我们的产品也是潦草马虎的。如果我们以创新的、专业的方式展示产品,那么优质的形象也就被灌输到顾客的思想中了。"

乔布斯的职业生涯,可以说完全贯彻了马库拉提出的这三点。苹果公司的产品发布会独具特色,并且打着深刻的乔布斯个人的烙印。之后,中国出现过很多拙劣的模仿者,大多沦为大众的笑谈。乔布斯的黑色高领衫和牛仔裤简直成了互联网科技界的爆款,但他们穿的都是仿款。乔布斯的黑色高领衫是请设计师三宅一生专门设计的,一是为了日常方便穿着,二是传达一种标志性的风格。他的经典打扮是蓝色的Levi's牛仔裤、灰色的New Balance运动鞋和三宅一生设计的黑色套头衫。穿衣服其实是一个人的风格、心态的体现,人是什么范儿的,穿出来的衣服就是什么范儿的。乔布斯身上最强烈的就是极简主义的范儿,抛弃那些无关紧要的东西,专注于最重要的东西,苹果产品就体现这种理念。而三宅一生的作品用料精致,但是设计简洁,很符合乔布斯的理念。

另外,衣服在乔布斯心目中并不是一个特别重要的东西,简单就好。他在20世纪80年代到日本参观索尼公司,发现大家都穿制服,索尼董事长盛田昭夫告诉他,这样可以增强企业的凝聚力。后来他决定给苹果员工也做制服,并且找了索尼制服的设计师三宅一生。但是大家都反对,所以这个事情没有推行下去。但乔布斯还是觉得自己的这个想法很棒,这样一方面不用考虑每天穿什么,另外也可以形成自己的风格。所以他请三宅一生给他设计一件套头衫。结果三宅一生给他做了100件,他就一直这样穿下去了。所以他是以一种很放松的心态对待衣服,同时又很仔细地选择了高品质的衣服,选定以后就不再费心去改变。如果其他人没有这种心境,只是刻意模仿他,当然传递出的就是刻意模仿的一股山寨气息了。2011年,乔布斯去世以后,三宅一生就把这一款套头衫下线了。后来也有类似的产品推出,售价200

多美元，但不完全一样，设计师也不同。这也是一个有意思的细节。乔布斯的风格，只属于乔布斯。

乔布斯还精通演讲艺术，他似乎天生具有蛊惑人心的能力，有人甚至说他的演讲可以刺激听众大脑中多巴胺的分泌。他尤为重视舞台上戏剧性的揭幕，并对事前保密的要求十分严格。乔布斯对每一次发布会都会精心准备，每一页幻灯片都要改上六七次，并且做出三种风格，对自己的用词也是反复推敲。发布会的展示方式也是，贫乏的舞台、几个道具，背后却是真正的精密复杂，体现了苹果产品的简约。

乔布斯还格外重视产品的包装。虽然其他人都认为，那是顾客打开就会抛弃的东西，但乔布斯说："在你打开 iPhone 或者 iPad 的包装盒时，我们希望那种美妙的触觉体验可以使你在心中定下产品的基调。"

设计是一个产品的灵魂。这一点，也是乔布斯所坚持的。对大多数公司来说，设计是被工程技术引领的。先由工程师们制定产品的规格和要求，再交由设计师设计模型和外壳。但是，在苹果公司，这个过程截然不同。乔布斯是先确定了 Mac 电脑的外壳之后，才交给工程师们制造合适的主板和元件。苹果公司始终奉行的设计原则是"至繁归于至简"，这一独特的设计原则，随着苹果产品广为流传，让苹果变得与众不同。

失误：关键岗位用错了人

没有人可以不经历失败，一直成功。尤其是那些少年得志的创业者，更要小心随时可能到来的失败。而乔布斯在经历人生第一次重大挫折时，显然全无准备。乔布斯善于发现并激励人才，不过，他也有看走眼的时候，甚至引狼入室。而在关键岗位上用错人，其后果往往是致命的。

由于乔布斯异乎寻常的控制欲、攻击性和情绪化，在创业之初，他一度成为苹果公司最大的麻烦，经常把其他人弄崩溃。1977 年，马库拉专门找到 32 岁的斯科特当苹果公司的总裁。他的主要任务，就是管住 22 岁的乔布斯。

但很快，斯科特和乔布斯的矛盾就爆发了。问题出在员工编号的分配上，斯科特认为，应该把"1"号给天才程序员沃兹尼亚克，给乔布斯"2"号，理由是，沃兹尼亚克是 Apple Ⅰ 和 Apple Ⅱ 的发明者、乔布斯的发小，两人一起在车库中创建了苹果公司。为此，乔布斯大发脾气甚至痛哭流涕，在遭到拒绝后，他要求并最终得到了"0"号。

1981 年，斯科特由于性格反复无常和身体上的病痛，被迫离开了苹果公司。马库拉接管工作，成为一个不怎么管事的临时总裁，乔布斯再次处于完全不受约束的状态下。没过多久，马库拉就发现这样不行，乔布斯也知道，自己这时候还不具备管理公司的能力。

通过猎头公司，他们最终找到了当时最红的销售奇才、百事可乐部门总裁约翰·斯卡利。初次见面后，斯卡利和乔布斯对彼此的印象都不错，但要不要离开自己刚刚取得的巨大成功，投身到一个全新的行业，斯卡利始终难以做出决定。乔布斯于是开始展开魅力攻势，他们不仅谈销售，还谈雕塑艺术和音乐，乔布斯不遗余力地赞美斯卡利，斯卡利也陷入了幻想，觉得他们实在很像。两人的"蜜月期"就这样开始了。

在纽约，乔布斯公寓的大阳台上，最为激动人心的时刻终于到来了。乔布斯低着头，看着自己的脚，在一段沉重的、尴尬的沉默之后，他问斯卡利："你是想卖一辈子糖水呢，还是想抓住机会改变世界？"斯卡利感觉就像有人朝他的肚子狠狠地打了一拳。多年以后，他回忆说："乔布斯有一种非凡的能力，永远都能得到自己想要的东西，能够很好地判断一个人，并且知道，该说什么来赢得那个人的心。"

1983 年 5 月，斯卡利正式成为苹果公司的总裁。几个月后，斯卡利和乔布斯的"蜜月"结束了，乔布斯开始意识到两人的三观完全不一致，并且，斯卡利经常会提拔乔布斯眼中的笨蛋。不过，乔布斯仍然利用斯卡利认为二人很相似的错觉来操纵斯卡利，并且越来越轻视他。

他们的第一次重大分歧是在给 Mac 电脑定价时。乔布斯认为应该定为 1995 美元，斯卡利则认为营销成本必须像其他成本一样计入售价，因此售价应该提高 500 美元。乔布斯对此很愤然，他说："我想让它成为一次革命，而不是努力榨取利润。"但最终，斯卡利获胜了。25 年后，提起这件事，乔布斯仍然十分气愤。他认为这是当年 Mac 销量下滑的主要原因，致使微软得以占领市场。

斯卡利的失误就在于狭隘地追求短期利润，结果丢失了市场份额，并最终失去了利润。这件事让乔布斯意识到他正在失去对自己的产品和公司的掌控，而这就如同把猛虎逼近角落一样危险。

尽管 Mac 电脑在最初上市时广受好评，但销量并不尽如人意，只达到了预测销量的 10%。乔布斯的脾气也越来越差，经常侮辱他眼中的笨蛋。中层主管们开始对抗他这种人身攻击式的管理方式。

1985 年 3 月，乔布斯和斯卡利摊牌的时刻到来了。一天，斯卡利带着人力资源总监进入乔布斯的办公室，要求他离开 Mac 部门的管理岗位。乔布斯先是指责斯卡利对电脑一无所知，接着哭了起来。他说："我不相信你会这么做，如果你这么做了，会毁掉公司的。"

不幸的是，乔布斯的预言再次成真了。经过半年的拉锯战，1985 年 9 月，乔布斯辞去了董事长职务，更令乔布斯伤心的是，在这件事上，马库拉背叛了他，站到了斯卡利一边。伤心之余，乔布斯只用了 5 个月时间，就将手中价值超过 1 亿美元的苹果股票抛售一空，只留下了 1 股，这样，只要他愿意，就能参加股东会议。

反击：用人才和产品再创奇迹

乔布斯如何反击？他的办法就是留住人才、清晰的产品线，再创苹果奇迹。

乔布斯带着 5 名员工离开了自己创建的公司，而此时，沃兹尼亚克也早就离开了公司，自立门户。这听起来像是一个悲伤的、创业者输给资本的故事，但这并不是乔布斯喜欢的故事。很快，他投资 700 万美元建立了新的公司 NeXT。这一次，他终于可以完全不受约束地追求完美，可结果是，由于他对细节的苛求，直到 4 年后，NeXT 电脑才开始销售，而且每个月的销量只有 400 台。乔布斯的新公司成了完美的烧钱机器。

但意外的，乔布斯在一个新的领域取得了巨大成功。1986 年，他投资 1000 万美元，购买了卢卡斯影业电脑部门 70% 的股份，成立了新公司皮克斯。乔布斯回忆说："我意识到，他们在艺术与技术的融合领域走在了其他人前面，而这个领域一直是我的兴趣所在。"

皮克斯公司后来的成功，只需要提几部动画片的名字就可以了：《玩具总动员》《赛车总动员》《海底总动员》《怪物公司》。这一次，乔布斯充分尊重了皮克斯团队的创建者拉塞特。他很少干预公司的创作和管理，只负责处理他在行的部分，比如和迪士尼谈判、让公司上市，等等。在《玩具总动员》取得历史性成功后，乔布斯的身家达到 10 亿美元，而这，为乔布斯赢来了翻盘的资本。

与此同时，斯卡利领导的苹果公司的市场占有率持续下降，危机四伏。1993 年，在赶走乔布斯 8 年后，斯卡利黯然离场。乔布斯说："斯卡利引进不合适的人和不合适的价值观，把苹果给毁了。他们只在乎如何赚钱，不在乎如何制造出色的产品。"

1995 年，乔布斯和好朋友、甲骨文公司董事长拉里·埃利森一起度假。埃利森说，他可以安排 30 亿美元融资，买下苹果，而乔布斯作为 CEO 可以立即获得 25% 的股份，他们将一起重现辉煌。但乔布斯拒绝了，理由是："我不是那种能做恶意收购的人，但如果他们请我回去，那就不一样了。"

乔布斯并没有等很久。1996 年年底，乔布斯找到了一种重回苹果的方法：让苹果收购 NeXT，这样，他就可以重新进入董事会，离 CEO 也就不远了。1997 年，苹果公司出资 4 亿美元收购了 NeXT，得到了他们迫切需要而自己没有能力开发的操作系统。乔布斯也回到了苹果公司，夺回了他的王朝。

此时的苹果，正面临销售剧减、科技战略错乱、品牌价值流失等一系列问题，而乔布斯被认为是唯一能拯救苹果的人。几乎是不假思索的，董事会赶走了当时的 CEO 阿梅里奥，将权力重新奉到乔布斯手上，而这一天，距离乔布斯离开苹果，已经过去了整整 12 年。

留住一流的人才，始终是乔布斯认为最重要的事。重掌大权后，他做的第一件事就是给苹果公司高层员工的股票期权重新定价，以防止员工流失。起初，董事会反对这一做法，但乔布斯马上以离职相威胁。第二天，董事会被迫通知乔布斯，他们同意了他的计划，却不喜欢被乔布斯拿枪顶着脑袋。乔布斯对董事会并不感激。他马上要求解散这个他并不敬佩的董事会，让大多数人辞职，其中就包括他曾经的恩师马库拉。

　　董事会解散后，乔布斯开始考虑，如何才能重新塑造苹果的品牌形象。他找来了老搭档，Chiat/Day 公司的李·克劳。他们曾经合作推出 Mac 震撼人心的广告"1984"，让苹果革命者的叛逆形象深入人心。这一次，李·克劳带来了另一个无与伦比的创意，"Think Different"，翻译过来就是"非同凡想"。

　　乔布斯第一次看到这个创意时，忍不住哭了。在他看来，苹果所代表的，是那些跳出固有模式进行思考的人，那些想用计算机帮助自己改变世界的人，那些像自己一样的人。乔布斯和广告团队共同撰写了新的广告语：致疯狂的人。广告的最后一句是：只有那些疯狂到以为自己能够改变世界的人，才能真正改变世界。

　　关于苹果，还有一个激烈的争论，就是是否应该更积极地把操作系统授权给其他电脑商，就像微软授权 Windows 一样。乔布斯坚决反对这种做法。他反对兼容机并不仅仅是出于经济的考虑，他的核心原则之一就是硬件和软件应该紧密结合。他喜欢控制生活中的方方面面，而对计算机来说，唯一的方式就是制造全套设备，全面控制用户体验。因此，乔布斯一回到苹果，就把兼容机消灭了。

　　紧接着，乔布斯对公司的产品线进行评估，发现产品繁多，而且每个产品都有若干个版本，他于是果断砍掉了其中的 70%。在一次大型产品战略会议上，他在白板上画了一条横线、一条竖线，四个方向的坐标分别是"消费级""专业级""台式""便携"，然后在每个格里写上他要的产品，认为这就足够了。董事会一开始并不接受这个做法，但乔布斯说："我能成功。"

　　iMac、iPhone、iPod、iPad、苹果商店，乔布斯像哆啦 A 梦一样拿出了一件件无与伦比的产品。乔布斯说："我讨厌一种人，他们把自己称为'企业家'，真正想做的却是创造一家企业，然后把它卖掉或上市，他们就可以将其变现，一走了之。他们不愿意费力气打造一家真正的公司，而这正是商业领域里最艰难的工作。只有做到这一点，你才能真正有所贡献，才能为前人留下的遗产添砖加瓦。你要打造一家再过一两代人仍然屹立不倒的公司，而不仅仅是为了赚钱，这正是我对苹果的期望。"

乔布斯与盖茨

文 / 刘心印

乔布斯是旷世奇才，但也并不是独一无二的。有一个人就经常被人们拿来和他比较，这个人就是比尔·盖茨。他们都出生于 1955 年，都中途辍学，精力充沛。他们是个人电脑领域的双子星，都某种程度地改变和影响了我们的生活。

但是，他们之间的不同之处显然更多。乔布斯更像一个疯子，他时而热情似火，时而冷酷无情，经常当众哭泣；他一度沉迷于迷幻药，并认为那是自己最为重要的人生经验之一；他常年严格吃素和禁食，有时因为吃胡萝卜过多，皮肤呈现橘黄色；他年轻的时候不爱洗澡，第一份工作时，因为同事不愿意忍受他的体味儿，经常独自在夜间上班；他很难与人合作，对完美的追求到了变态的程度，因此家里买个冰箱需要讨论两周，买个沙发要挑选 8 年；他被亲生父母遗弃，又曾遗弃自己的亲生女儿；他在医院治疗癌症期间，尽管处于麻醉状态不能说话，还在挑剔氧气罩的外观设计，让护士换了 5 个……他疯狂的事迹实在太多了。

和他相比，盖茨简直就是个乖孩子，甚至好得有点乏味。他出身中产阶级家庭，从来就不是一个反主流文化的人；他读私立中学，为学校编写排课程序，并在这个程序的帮助下，得以和心仪的女孩子上同样的课程；他决定从哈佛辍学，也是为了创建自己的软件公司。

盖茨经常嘲笑乔布斯不懂编程，而他懂。他更务实、更有原则且拥有很强的分析处理能力。乔布斯则瞧不起盖茨，他更相信直觉、更浪漫，并且在技术实用化、设计愉悦感和界面友好方面有着更高的天分。

盖茨认为，乔布斯"作为一个人，有着奇特的缺陷"。他反感乔布斯的无礼，认为他"不是觉得你狗屁不如，就是在试图引诱怂恿你"。而乔布斯则觉得盖茨太狭隘。乔布斯曾说："如果比尔年轻的时候服过迷幻药或是进行一种禅修，那他整个人的心胸就会更加开阔。"

个性和性格上的差异，终究使这两个人走上了对立面，并引发了数字时代的根本分立。乔布斯是个完美主义者，渴望掌控一切，并且很享受艺术家这种不妥协、不让步的性情。他和苹果公司将硬件、软件和内容无缝整合，铸成一体，这种数字化战略堪称典范。盖茨则是商业和技术领域里精明务实、深谋远虑的分析师，他更愿意将微软的操作系统和软件授权给各种不同的制造商使用。

他们都曾认为对方的那一套行不通，并在公开和私下里无数次互怼，用尽刻薄的语言。

不过，在两人相识30年后，盖茨对乔布斯产生了有所保留的敬意。盖茨说："他真的对技术了解不多，但他有一种惊人的天赋，知道什么东西能成功。"但反过来，乔布斯从来没有充分肯定过盖茨的长处。他一直说："比尔基本上缺乏想象力，也从没创造过什么东西，这就是为什么我觉得他更适合像现在这样做慈善，而不是留在技术领域。他只是无耻盗用别人的想法。"

乔布斯比盖茨成名早，前者功成名就时，后者还只是个跟班：1984年，苹果公司的年销售额达15亿美元，而微软只有1亿美元。这一时期，两人有过短暂的合作，微软为Mac开发Excel。

盖茨一度很喜欢频繁地造访苹果公司，这让他有机会观察乔布斯和雇员们古怪的交流方式以及乔布斯的执着。施乐公司推出施乐之星电脑时，盖茨见识到了乔布斯的现实扭曲力场。一个周五，苹果和微软团队共进晚餐，乔布斯问盖茨，施乐之星卖了多少。盖茨回答说600台。第二天，乔布斯全然忘了盖茨刚刚告诉大家施乐之星售出了600台，当着盖茨和整个团队的面，说施乐之星卖了300台。盖茨后来回忆说："他的团队成员们开始看着我，好像在说：'你要不要告诉乔布斯他在瞎扯淡？'当然，我没　那浑水。"

从与微软打交道的第一天开始，乔布斯就在担心微软会盗用Mac电脑的图形用户界面并开发自己的版本。他的担忧不无道理。盖茨相信，图形界面是未来的方向，他觉得，微软完全有权像苹果一样，仿照施乐PARC所开发的东西，开发自己的图形界面。

1983 年 11 月，盖茨宣布微软计划为 IBM 个人电脑开发 Windows 操作系统，Windows 操作系统采用图形界面，有窗口、图标和可以指向并点击的鼠标。盖茨在纽约赫尔姆斯利大饭店主持了一次乔布斯风格的产品发布会，乔布斯对此很愤怒。但他知道自己无计可施，因为微软的确有权这么做。尽管如此，他还是叫人把盖茨找来。

他们的会面地点在乔布斯的会议室。盖茨发觉自己被十名苹果员工包围着，他们迫切想看到乔布斯和他对质。乔布斯没有辜负围观员工的期望，他叫喊道："你在盗用我们的东西！我信任你，你却在偷我们的东西！"盖茨呢，只是冷静地坐着，直视乔布斯的眼睛，然后用刺耳的声音反驳道："好了，史蒂夫，我觉得我们可以换一种方式来看待这个问题。我觉得现在的情况更接近于这样——我们都有个有钱的邻居，叫施乐，我闯进他们家准备偷电视机的时候，发现你已经把它盗走了。"后来，这段话成了一个经典的反驳。

2011 年，乔布斯因癌症病休期间，盖茨通过两人共同的朋友引荐，去乔布斯家中探望他。在谈话的尾声，盖茨称赞乔布斯创造了那些令人难以置信的东西。他说："我曾相信那种开放的、横向的模式会胜出，但你证明了一体化、垂直的模式同样出色。"乔布斯也承认，盖茨的模式同样取得了成功。两人经过 30 多年的斗争似乎终于和解了。

不过，在那次会面之后，盖茨补充说："一体化的模式之所以成功，是因为有乔布斯在掌舵。而这并不意味着它将在未来的多个回合中获胜。"

北京时间 2011 年 10 月 5 日，乔布斯因癌症去世了。没有了乔布斯的苹果，是否印证了盖茨的预言，要留给人们自己来判断。

留给这个世界的遗产就是"改变"

知名科技评论员　闫跃龙

北京时间 2011 年 10 月 5 日，和癌症抗争数年的乔布斯与世长辞，享年 56 岁。

"活着就是为改变世界！"乔布斯的这句话成为 2011 年尽人皆知的名言，他本人也被奉为创造力和想象力的化身。乔布斯留给这个世界的遗产就是"改变"，他在很多方面改变了世界，颠覆了行业。

乔布斯在个人电脑领域带来的最大改变是图形操作界面和鼠标。经过乔布斯及苹果、比尔·盖茨及微软的努力，鼠标和图形操作系统在全世界推广开来，扫清了计算机普及到个人的最后障碍。

收购皮克斯工作室看似是乔布斯的"闲笔"，但其实也与他"改变世界"的梦想密切相关。在参观了皮克斯工作室之后，他就认为，这里的工程师和艺术家们掌握了一种关键能力：用计算机改变电影。《玩具总动员》的成功使得动画这一方式流行开来。

如果说 iPod 不过是一款更美的 MP3 播放器，那随之而来的 iTunes 音乐商店则是颠覆音乐产业、奠定电子商务新模式的革命性产品。iPhone 推出后，这一模式又演化为 App Store 模式。此后，整个内容产业的生产、分销模式完全被改变。

乔布斯在发布 iPhone 时说，苹果要发布三款新产品：一款能用来便捷地上网，一款能用图形化的界面听音乐，一款重新发明的手机；然后他说，这三款产品被苹果做到了一起，这就是 iPhone。在 iPhone 和 iPad 之前，勉强有"移动互联网"的概念，但在这两个"i"字头产品进入市场后，移动互联网才真正焕发出潜力。

乔布斯和一个神秘的关键词连接在一起，它就是"现实扭曲力场"。这个词来自《星际迷航》电影，特指外星人通过精神力量建造了新世界。这是一种能让任何人做任何事的能力。很多人根本不能抗拒乔布斯的磁场，会不由自主地跟随他走向应许之地。"'现实扭曲力场'这个短语既是一种称赞，也是一种警示。陷入史蒂夫的扭曲力场中是一件很危险的事情，但也正是这种力场让他可以真正地改变现实。"

20 ADVANCED COURSES OF BUSINESS THINKING

03

埃隆·马斯克

钢铁侠马斯克：用疯狂开拓人生

文 / 王晶晶

毫无疑问，埃隆·马斯克的人生与平静无缘。

2018 年是他遭遇波折的一年。在 2 月成功测试猎鹰重型火箭之后，特斯拉经历了数月的动荡，并受到大众市场车型 Model 3 生产问题、公路和工厂安全问题的困扰。美国证券交易委员会向马斯克提出了涉嫌证券欺诈的罪名指控，随后他同意辞去特斯拉董事长一职，并支付 2000 万美元的罚款。特斯拉董事会提名公司的首席运营官邓霍姆任董事长。

这一幕，让人们不禁想起了乔布斯。当年，乔布斯也曾经离开苹果公司，但苹果始终不能摆脱乔布斯留下的独特气质。特斯拉也是如此。它自诞生以来，就有着马斯克鲜明的个人气质，这也成就了特斯拉作为电动汽车行业老大的地位。马斯克在外界压力下放弃了董事长的头衔，但他作为特斯拉灵魂人物的角色，或许并不是那么容易被取代。

思考方式：关注本质的问题

商界流行一句话："乔布斯曾开创时代，埃隆·马斯克正改变未来。"但未来是什么样子，没有人可以说出。就如同人们不可能料到马斯克的成功路线一样。他是一个连续创业者，互联网起家，然后造出了电动汽车特斯拉，再以一己之力造火箭。

他每进入一个领域，都能推出震撼世人的产品，完成天翻地覆的变化。

这条路线充满了各种变数，唯一能预测的就是不可预测。1995 年，马斯克与弟弟一起创办在线地图和目录服务 Zip2，然后以 2200 万美元卖掉。随后就换了跑道，将大部分资金投入 X.com，最终造就了 PayPal 支付服务，多赚了 1.65 亿美元。之后，马斯克再度换跑道，或者说是开了多条跑道：做电动汽车的特斯拉，造火箭的 SpaceX，新能源企业 SolarCity，开发脑机接口的 Neuralink，隧道公司 The Boring Company，还有超级高铁。在马斯克看来，"拯救人类"是他的使命。

2018 年年初，他旗下的太空探索公司 SpaceX 成功发射了现役运力最强的火箭重型猎鹰，并完成一级火箭回收。就在几年前，商业公司自行发射火箭还是不可能的事，马斯克则将这种不可能变成了可能。

马斯克无论去哪儿，总是在读书。他对阅读非常痴迷，而他读的书总是与未来和成功有关。他在丰业银行实习期间的老板说，马斯克痴迷于各种宏大的想法，处理某个问题时总是倾向于回到基本原则。他花很多时间谈论物理学、生命的意义以及宇宙的本质。

即使很小的时候，马斯克也喜欢凑到房间里最成功的人身边，站在那里倾听，然后问非常尖锐的问题。他当年实习期间的上司说，马斯克总是表现得非常好奇，这是创业者的特质。他总是在探究，为什么会这样？它是如何工作的？为什么它需要这样工作？为什么不能以另一种方式工作？而 Zip2 的前首席执行官索尔金说，马斯克始终在考虑所有事情，这些事情需要在未来 10 分钟内开始去做，但可能要 10 年后才能完成。

这种指向本质的思考方式，让马斯克成功迈出了第一步。

行动方式：看到风口趁人少赶快下手

有一句话叫作"人生而平等"。在创业上，这是一句真理。那么多的人，生活在同一个世界、同一个时代、同一个层次，从某种意义上来说，大家的起点都是一样的。至少在最开始，都是平等的。可为什么别的人成功了，你没有！很简单，因为从第一步你就落后了——别人抓住了一瞬间的时机，并付诸行动。你没有，所以你只能望洋兴叹。

马斯克的第一步，就是这样。

大学毕业后，有经济学和物理学双学位的马斯克可以去华尔街，也可以搞技术研究。刚开始他选了后者，打算去斯坦福大学攻读博士，研制能用于电动汽车的先进电容器。

但没几天，马斯克就退学了，开了自己的公司。

这要归功于一场正在流行的趋势。在马斯克读大学期间，万维网向公众开放，雅虎这样的门户网站和网景这样的浏览器已经出现。马斯克一直在思考成立一家公司，用互联网做一些事情。他利用暑假在硅谷找了几份实习生的工作，白天、晚上都安排得满满的。他喜欢遍地都是机会的硅谷，甚至劝说弟弟金巴尔也搬过来，一起征服网络世界。感受越深刻，他内心退学的想法就越坚定，因为"无法忍受只是看着互联网时代过去而置身事外"。

早期的互联网，信息五花八门。有一天，一个推销员到马斯克正在打工的办公室，试图向人们推销网络分类的点子，并说这是厚重的传统黄页的补充。这个推销员对于互联网的本质以及如何利用网络分类的表述很不得要领，却引发了马斯克的思考。他找到金巴尔，和他谈起了帮助企业上网的想法。

1995 年，兄弟俩用父亲资助的 2.8 万美元着手建立了一家信息网站 Zip2。他们说服餐馆、服装店和理发店之类的小企业，将自己的业务信息展示在网上，让公众通过互联网知道他们的存在。网站会给这些企业创建一个可搜索的目录，并生成相应的地图。马斯克用美国人离不开的比萨店来解释这个概念，他说每个人都应该知道离自己最近的比萨店的位置，并且应该能够获取到那里的详细信息。在今天的人看来，这就是点评网站和线上地图的合体。

老实说，马斯克自己也不知道成功的把握有多大。在后来的访谈中，他说自己已经做好了失败的准备。他甚至和之前指导自己的教授深谈了一次，说要去办一家互联网公司，但 90% 以上的可能会失败。如果失败了，是否介意他再回来上学？教授很支持他，说当然可以，没问题。于是马斯克勇往直前地去了。

人，真的谁比谁聪明不了多少。能想到这个点子的，不只是马斯克。同在 1995 年，中国有个人叫马云，也是看准了互联网这艘船，一脚踏了上来。他创办的也是一个黄页——中国黄页。马云后来总结自己的成功，就是"盲人骑虎，稀里糊涂"，只是比别人早而已。如果马斯克晃晃荡荡读完博士再开始创业，这个点子早就不知被更新换代到什么地步了——美国最大的点评网站 Yelp，正式起步于 20 世纪初。所以，就像两位马老大一样，早一步看到一个行业的潜力，就早一步下手吧。万一实现了呢？

做事态度：为事业奉献最投入的自我

俗话说得好，说起来容易做起来难。放到创业上，迈出第一步也还容易，但成功太难。互联网风生水起的时候，和马斯克一样选择硅谷的年轻人也不是没有。为什么马斯克的 Zip2 能被风投看重并投资，最后以 3.07 亿美元的价格收购，其他人却一败涂地而后默默无闻？马斯克比别人多了什么？

产品分析、市场比较这些复杂的都先不提，最直观也最有决定力量的，其实只是一些小细节而已，比如态度。马斯克展现在投资人眼里的，就是一份最投入的自我。

当马斯克和弟弟一起创业时，没有买任何房产作为工作的地方，他们租了一间小办公室，6 米多长、9 米多宽，购置了简单的家具。办公室位于一座小楼的 3 层，没有电梯，马桶经常坏掉。一位早期员工曾回忆，这是"一个令人恶心的工作场所"。

作为一家互联网公司，为了能接入高速的网络，马斯克和另一位创业者达成了协议。对方运营着一家互联网服务公司，办公地址就在他们楼下。于是，马斯克在办公室门旁的石膏板上钻了一个洞，沿着楼梯将电缆接到了服务商那里。

马斯克负责写出后台的原始代码，弟弟金巴尔则负责挨家挨户推销。最初办公室只有一台电脑，白天需要用电脑运营网页，编码只能在晚上进行。Zip2 成立前 3 个月，马斯克和弟弟就住在办公室里。他们有一个小衣柜能放换洗的衣物，只能去基督教青年会洗澡，一日三餐都在楼下脏乱差的小店吃。

在办完经营许可及购买设备等之后，马斯克和弟弟手中的钱更要精打细算。公司架子已经搭起，要扩充人马了。营销人员好说，优秀又肯拿低薪的计算机工程师可不好找。他们租了一个两居室的公寓，以提供免费住宿为诱惑，终于招来了一个年轻的韩国工程师前来实习。

马斯克中邪了似的写代码，几乎不离开办公室，通常就在办公室的睡袋里席地而睡，有时甚至连睡袋都没有。他早年的同伴回忆，马斯克可能每周两三天会睡在他的办公桌下，地上是铺在水泥地上的工业地毯，没有枕头，没有睡袋。Zip2 的第一批员工到岗时，马斯克作为老板提了一个奇怪的要求：谁第一个到公司，就走到睡袋边把他踢醒。还有人说，他睡在一张豆袋椅上，但不想睡着。睡眠不是他努力工作的回报，而是妨碍他工作的因素。

马斯克很看重把那些天花乱坠的说法变成实实在在的产品。他说过这样的话：再好的 PPT，效果都比不上一件可以演示的真实产品。为了让那个时候的人们理解网络到底是怎么回事，他做了一个真实计算机大小的箱子，把它扣在软件上，在箱子底下加了轮子。每当潜在投资人造访时，马斯克会为他们演示，把庞大的机器外壳打开，露出软件本身，就像软件在一台微型超级数据库里运行一样。

马斯克对投资人说过一句话："我有武士精神，宁愿切腹，也不要失败。"风险投资人把这些都看在眼里——这个年轻人愿意赌上身家性命去做事情。

1996 年，真正的风投来了，莫尔达维夫投了他们，Zip2 获得了巨大成功。

面对成功：有颠覆的勇气

如果说之前这几步，对很多成功的创业者来说并不稀奇，那么接下来的这一点，才真正让马斯克超出了同时代的许多人，成为这个时代这个行业的翘楚。那就是当你获得确确实实的成功时，更要拥有颠覆的勇气。

1999 年，马斯克卖出 Zip2。初次创业让他获得 2200 万美元，他拿出 1200 万去创立新企业，纳完税后只给自己留了 400 万。二次创业，他选择的是成立在线金融和邮件支付服务公司 X.com。

有一位叫作朱莉·阿肯布兰特的女士，后来跟随马斯克多年。这位女士对马斯克有个很到位的评价：他总是基于对现实的不同理解来开展工作。马斯克创立 X.com 就是用他的不同理解颠覆银行业。

马斯克认为，创新就是不跟随潮流，不浪费时间在比别人好百分之十上，而是百分之百地颠覆以往。这才是最好的创新方法。

基于这种思考，马斯克决定用网络颠覆银行业。他为自己组建了一支全明星团队：每个人都来自名校和顶级公司。几个创始人都认定，互联网时代，去银行办事要跟柜员打交道已经过时了。他们像剥洋葱一样，把网络银行的监管等难题一层层剥开。

在这个过程里，核心团队内部也有过战略摩擦。有人认为马斯克向媒体发表的关于反思整个银行系统的言论不切实际，愚蠢至极。因为当时公司才刚起步，说举步维艰也不为过，马斯克所说的东西，都是镜花水月。但马斯克坚持认为，他们要做的事情，决定了他们所处的不是一般的商业环境，必须摒弃常规的商业思维。

内部纷争解决了，可外部阻止 X.com 创建的法律还有很多，但马斯克一点都不在乎，他去找朱莉，然后说："我们必须多雇一些人了。"

随着越来越多的工程师的加盟，公司的前景越来越清晰，他们终于找到了一个解决之道：和一家银行达成战略合作伙伴关系，拿到了共同基金许可证和银行牌照。X.com 的小型软件团队，不但有联邦存款保险公司为账户提供担保，还有 3 个共同基金供投资人选择。马斯克自掏腰包，拿出 10 万美元供工程师进行性能测试。1999 年，感恩节前夜，X.com 正式向公众开放。

在马斯克的指导下，X.com 尝试了一些在当时看来很激进的银行理念。客户只要注册，就能收到 20 美元的现金卡；如果将该服务成功推荐给朋友，还能额外收到 10 美元的优惠卡。马斯克还取消了各种零星的手续费和透支罚款。X.com 开发了一个个人间支付方式，只需要在网站里输入对方的电子邮箱地址，就可以转账给他们。这个想法的目的就是和发展缓慢的银行体系相互竞争，要知道，当时银行的大型电脑主机系统完成一个支付需要花费好几天的时间。有了这种颠覆性的创新，在公司成立之初的几个月，就有 20 万人接受了邮件支付，并在 X.com 上注册了账户。

到这里，马斯克完成了他的 1.0 时代。这是他从无到有的草创时期，新手创业者在他身上至少能学到三点：选好行业；身在行业中时，做好自己；放弃现有决定重新开始时，心怀勇气。

面对失败：跌倒了就再爬起来

从 0 分到 90 分容易，从 90 分到 100 分难。马斯克如何从一个单纯的创业小子，进化成硅谷的精神偶像，甚至被认为是接过乔布斯衣钵的人，这就不是纯粹的商业智慧和经营智慧了，他的坚韧精神也值得一提。

简单地说，如果在同一个地方跌倒了，那就再爬起来。

别看马斯克如今大业有成、志得意满，其实他的创业也是一路苦难。马斯克的几次创业，既是一个疯狂实现梦想、不断震撼世人的过程，也是一个屡屡被现实打脸，落了牙齿和血吞的过程。创业很难，坚持很酷。

马斯克是个有毅力的人。Zip2 有许多山地自行车爱好者，经常在山上骑行。马斯克有一次也去骑自行车。那是一次漫长的攀登，山路非常陡峭，天气炎热。马斯克不像其他人那样熟悉地形，也没有骑山地自行车的丰富经验，但他从不半途而废。大家都在山顶等他，甚至都以为他回家了，然后看到他转过弯来，几乎全身青肿。

马斯克的头两次创业，都吃过不会带团队的亏。与其说是卖了公司一夜暴富，不如说是被排挤出来，黯然离场。但是他不会放弃。

初次创业时，马斯克和弟弟都没有什么管理模式和决策模式。做商业决定时，他们经常在办公室的中央大打出手，因为彼此都不具备说服对方接受自己的能力。有一次马斯克被打得很惨，甚至得去医院打破伤风针。每当兄弟俩互殴的时候，员工们都无所适从，不知道该帮谁好。

可以想象，此时风险投资人眼中的马斯克，估计只是个技术宅，于是投下 300 万美元后，就把马斯克弄成了首席技术官，另派他人担任 CEO。马斯克为这一待遇愤愤不平，懊悔做了魔鬼交易，让他丧失了对公司的控制权。于是，在第二次创业时，他尤其注意，自己一下子投了 1200 万美元，不再向任何人妥协。他表现出咄咄逼人的气势和自以为是的性格，当然还有比其他人更高的才气和更大的努力。员工们工作 20 小时，他就工作 23 小时。

马斯克自觉有了底气。在出现技术分歧和商业分歧时，无论是一开始就在一起的伙伴，还是靠合并敌手变队友的伙伴，马斯克都是一个态度：按我说的来，要走你就走。最终却更加引发了员工的不满，公司内部支离破碎，引发了硅谷历史上有名的一次"政变"——马斯克前脚登上飞往澳大利亚度蜜月的飞机，他手下的员工们后脚集体向公司董事会请愿，要求推翻马斯克。当飞机落地时，马斯克的 CEO 职位已经被 PayPal 的另一位创始人彼得·蒂尔取代了。

几年后反思时，马斯克认识到他本可以用更好的方式来处理员工之间的事情。他说了这么一番心声：

"我从来没有担任过运动队或者其他任何团队队长之类的职务，甚至手下连一个人也没有，我必须思考影响团队运作的因素是什么。第一个假设是，其他人的行为举止会表现得和你一样。但事实并非如此，即使他们想表现得和你一样，他们也缺乏你大脑中的认知和信息。所以，如果我知道一些特定的事情，然后告诉我的替代者，但只和他沟通一半的信息，就不要指望替代者会得出同样的结论。你必须把你自己放在另一个位置，'好吧，如果我处在这个位置，基于他们的认知：他们会怎么想？'"

在失败中，马斯克慢慢学会了洞察人心，这甚至比预测技术发展更重要。

自主意识：其他人做不到，那就靠自己

马斯克被排挤出 PayPal 时，正是而立之年。他带着老婆从帕洛阿尔托迁往洛杉矶。那里既有盛名显赫的好莱坞，又是美国军事航空业的重要基地。马斯克接触了很多顶尖的航空业人士，奔向太空之路逐渐清晰。在他看来，火箭飞船和火星移民是比设计互联网服务更加伟大的使命。

当时马斯克的身家有 1.8 亿美元，他拿出钱自杀式地踏进航空领域。但其实一开始，他并不打算自己造火箭的。

马斯克的朋友们不知道该如何形容他当时的精神状态。早在 PayPal 时期，他们已经明显感受到了马斯克在态度和思想上的变化。某个周末，PayPal 高管齐聚拉斯维加斯，祝贺公司最近亮丽的销售业绩，"而马斯克却在旁边读一本已经模糊不清的苏联火箭制造手册。这本书已经发霉了，好像是在 ebay 上购买的"。

PayPal 被收购，他开始向朋友们谈论自己的下一个目标是太空，并询问朋友，如果自己花费 1500 万美元把一群老鼠送上火星会不会很疯狂？朋友问，那群老鼠还回来吗？马斯克很认真地回答，能回来，那些老鼠不仅要在地球和火星之间往返，还要在这段长时间的太空旅行中繁衍后代。朋友开玩笑说，那需要很多很多奶酪才能让这么多老鼠活着回来，并买了一大块奶酪饼来揶揄他。

马斯克全然不介意朋友拿奶酪跟他开玩笑。思考得越多，他越坚定自己的想法。他甚至去了一趟俄罗斯，打算为老鼠们买火箭。可是以马斯克提出的成本，根本没法买到合适的火箭。

在从莫斯科回来的飞机上，马斯克突然跟同伴提出要自己造火箭，同伴看到他列出的成本核算表都愣住了，不知道这个有钱人是从哪里找来这么多内行数据的。消息传到太空领域，大家都是一声叹息："好吧，他本来只需要花千万美元送老鼠上太空，现在却要花上亿美元，然后像他的前辈们那样什么也做不出来！"

不被看好的马斯克有自己坚持的理由，这个理由很有"侠之大者，为国为民"的味道。

他感觉大众好像已经丧失了对未来的雄心和希望。互联网带来的繁荣景象和由此带来的便利让人们生活在某种虚幻感觉里：好像我们的世界一直走在科技高速发展的光明道路上。

但实际情况是，经历了蒸汽机、火车、飞机、火箭这样的伟大发明之后，人类已经几十年没有过什么革命性突破了。20 世纪 60 年代末，人类首次完成登月之后，一度被认为普通人也担负得起的星际旅行，到现在也没有成为现实。就像彼得·蒂尔感慨的："我们想要一辆会飞的汽车，最后却得到了 140 个字符。"在这个时候，马斯克恰恰从最火热的互联网转换到造火箭上。

特斯拉也是一样。2014 年 9 月，中国的几位年轻企业家有机会见到了马斯克。其中有一位提了这么一个问题："你决定做特斯拉的时候，电动车还没有今天这么火，哪些因素让你判断这是个机会？"马斯克的回答是："我从来没觉得电动车是个'好机会'。我其实一直觉得做特斯拉的失败率比成功率大得多。"马斯克只是觉得，如果汽车一直消耗石油，污染会严重，石油会耗尽，抢夺石油的战争会不断。电动车是应该去做的事情，而他不想苦等别人来实现。

顽强斗志：再过几小时就要破产怎么办？死扛！

自从马斯克决定造火箭又掌舵特斯拉，双管齐下地烧钱，现实带给他的就是一次又一次的失败。2005 年 11 月，第一次，火箭发射点火都没成功；2006 年 3 月，第二次，成功点火了，但 25 秒后失控坠落；2007 年 3 月 15 日是第三次，前 5 分钟都很好，然后，火箭爆炸了。

亿万富翁马斯克的那点钱，对航空事业来说，不值得一提。资料显示：1957年到 1966 年，单单美国就尝试发射过 400 多枚火箭，其中大约 100 枚坠毁并爆炸了，政府对此投入了数十亿美元的资金。这就是个无底洞，可马斯克硬是咬着牙填了下去。

2007 年年底到 2008 年年底，可能是马斯克创业生涯中最曲折的一年。美国太空探索技术公司等着烧钱进行下一次发射；特斯拉已融资 5 次，投入超过 1 个亿，却在设计上频频出问题，基本上要从头开始。媒体转变了风向，处处针对马斯克，硅谷著名的八卦博客爆出很多猛料，把他形容成滥用他人资产的职业操盘手。他的家庭生活也出现了危机，妻子贾斯汀患上抑郁症，马斯克分身乏术，根本无暇顾及她，两人离婚。贾斯汀是个小说家，此前总在博客上写丈夫的生活，如今却每写一篇，就能引发一场针对马斯克的公关危机。马斯克多年经营的事业和形象，一起轰然倒塌。

浏览美国太空探索技术公司和特斯拉的财务状况时，马斯克发现只能选择一家公司。就像苏菲的抉择，他不知道该在两个孩子中选哪个。正当他苦苦思索、犹疑不定时，金融危机开始了，美国的经济环境急剧恶化，马斯克的财务状况雪上加霜。

2008 年 9 月，美国太空探索技术公司终于成功发射了世界上第一枚私人制造的火箭"猎鹰 1 号"。这并未给马斯克带来太大的喜悦，因为财务危机已不容小觑，他需要为支付员工薪水而苦苦挣扎。2008 年年底，他的钱全用完了。原本身家近两亿美元的富豪，变成了穷光蛋。

第二任妻子莱莉见证了马斯克的"沦落"。马斯克开始乘坐廉价航班，四处向亲友举债。弟弟金巴尔在金融危机中几乎破产，卖掉自己所剩无几的财产支持哥哥。朋友们这个 200 万，那个 50 万，连员工都掏出身家给公司贴钱。特斯拉甚至向客户收取了预付款，但很快这些资金也用完了。

马斯克转向风投，但往往越是这种时候，风投越喜欢兴风作浪，往往会把创始人驱逐，重组资产，再把公司变卖。马斯克采取了一种虚张声势的办法。当时美国太空探索技术公司已获得 NASA 青睐。马斯克告诉风投，自己要为特斯拉从美国太空探索技术公司借一笔钱出来，完成 4000 万美元的融资。你们愿意投还是不投？这轮融资终于在圣诞节前完成，迟几个小时，特斯拉可能就要宣布破产了。

几乎是在同一时间，美国太空探索技术公司接到了来自 NASA 的巨大喜讯。他们成了国际空间站的供应商，收到了 16 亿美元的款项，作为为国际空间站提供 12 次运输的费用。马斯克绝地重生。他跑到街上，为女儿补买圣诞礼物。只有一家小杂货店还开着，他在那儿能找到的最好的东西就是塑料猴子。

2008 年是马斯克的转运年。美国太空探索技术公司活过来了，特斯拉也获得了成功。到 2015 年阿什利·万斯这本《硅谷钢铁侠》出版时，马斯克的身家已经达到 122 亿美元。除了美国太空探索技术公司，他还拥有太阳城和特斯拉这两家全世界最赚钱的清洁技术企业。

马斯克接受的是一种完全以结果为导向的文化。他喜欢说："我不在乎你怎么得到结果，只要得到结果就行。"他的员工说，日程安排上，马斯克总是非常严格，每件工作都要在很短时间内完成。他从不提出成本要求，但时间要求特别严格。时间是金钱。大家都必须工作得更努力，加班时间更长。工程师们曾经看到他晚上 9 点的时候在办公室里走来走去，很生气，因为没有足够的工程师。这种死扛的精神，有时确实可以改变结果。

　　越了解马斯克，你会觉得越难把他和同类人相比。他和乔布斯、盖茨都不一样。但他无疑有机会成为有史以来最伟大的商人和创新者之一。他后期的创业更多地表现了世界观，而非商业机会。早年与乔布斯和比尔·盖茨都合作过的投资家兼特斯拉董事史蒂夫·尤尔韦松说："在没有英雄的年代，马斯克就是英雄。他的胜利，是意志的胜利。我认为每一个有梦的人，都有权利拥有他的梦的密码。马斯克和乔布斯一样，眼里容不得三四流货色，不过他比乔布斯温和些，比盖茨优雅些。"

　　到2025年，特斯拉将拥有五六种车型，太阳城将成为公共事业方面的领军企业，美国太空探索技术公司每个星期都会发射，并着手火星之行。如果这些都能实现的话，马斯克将给人类带来新希望，恢复他们对技术改变生活的信仰。

　　别人做雕虫小技，我就去突破硬科技；别人关注小确幸，我就关注大情怀。只要最后能实现梦想，我不怕前面哪怕每一天都是失败。这就是马斯克的赢家秘密。

谁培养出马斯克?

文 / 王晶晶

怎样的家庭才能教育出马斯克这样一位奇才?

在美国,许多人把马斯克看成是现实版的钢铁侠。从外形看,他挺符合银幕上的钢铁侠形象:身材高大、长相俊朗,很会享受,有点放荡不羁。从性格上看,那就更符合了——他执着于技术发明,尤其是那些可以改变地球命运、拯救全人类的发明。

电影《钢铁侠》里,主人公托尼·史塔克前进的动力是因为父母的不幸去世。现实中,马斯克的父母没那么惨,但马斯克的特立独行也和家庭教育有点关系。

他有一个强悍的外祖父,叫约书亚。约书亚出生于美国、长在加拿大,一生从事过农夫、建筑工、牛仔表演者、按摩医生等诸多工作。当他开着日进斗金的按摩诊所,事业到了巅峰时,却毅然卖掉所有产业,离开繁荣稳定的加拿大,去了陌生且动荡的南非。在南非,这位外祖父所过的生活,如同儿时那些枕边故事里的主人公。他带着儿孙深入丛林和沙漠,寻找失落的古城;他驾着组装的私人飞机,飞越几万里;他喜欢探险,总是离开家去远方。72岁高龄时,他在驾驶飞机时出了事故,才结束了疯狂的一生。

马斯克还有一个酷炫狂转美炸天的母亲,叫作梅耶。梅耶15岁拍第一则广告,进过南非小姐选美决赛。同样是靠脸吃饭,有的人青春过去了也就那么回事。梅耶不同,21岁嫁人,丈夫是南非上流社会的白人工程师。她放着仆人伺候的女主人不当,一边生娃,一边继续当模特,连生3个娃,身材都还超级棒。她喜欢研究怎么吃不会胖,于是干脆读了个营养学硕士学位,还开了家咨询公司。到老了,还在碧昂斯的MV里演角色,给维珍航空拍广告,出席各种时尚大型party,68岁为杂志拍裸照!

梅耶不仅培养出马斯克这个怪咖，其他一儿一女也都特立独行又成就非凡。二儿子金巴尔正在打造绿色农业，幼女托斯卡是一名电影制片人。

其实梅耶还有一个双胞胎姐妹凯耶，凯耶有3个儿子。两家住得很近，孩子们从小玩在一起，都淘气得很有技术含量。他们曾计划在学校附近开条商业街，年纪最大的马斯克负责出谋划策，其他小的负责签租约、订合同，他们险些干成了。一直到相关管理方发现他们太小，要求有成人出面做担保。马斯克的弟弟回忆，当管理方找到姨丈那里时，姨丈险些崩溃了。

兄弟齐心，其利断金。马斯克的事业中，其实都有他们的影子。弟弟金巴尔帮他创办过Zip2，表弟拉斯也曾加盟Zip2，另外两位表弟林登和彼得帮马斯克创办了太阳城。我们总说一个成功男人背后总有一个女人，马斯克背后却是一帮弟弟。他自己的婚姻充满波折，结了离，离了复婚，复了再离。和兄弟们倒是稳稳当当，成了公认的"美国第一科技家庭"。

马斯克这样狂转酷霸爱炫耀的土豪，什么样的女人才能征服他？关于这个问题，只能说，可能心在火星的马斯克，已经看不上地球女人了吧。

他的第一任妻子，是大学学妹，叫贾斯汀，才貌双全，文笔好，一心想当作家，还是跆拳道黑带。两人相恋8年，结婚8年，经历了创业、丧子，一起养育5个孩子。只可惜，在家相夫教子、只能在博客上靠写写丈夫的日常生活，过点作家瘾、做点作家梦的贾斯汀，实在是跟不上马斯克的节奏。在这段婚姻中，马斯克有句名言："我是主宰者。"他像个挑剔的老板一样在生活中给贾斯汀挑刺，贾斯汀反驳："我不是你的员工。"马斯克则回答："你要是我的员工，我早把你炒鱿鱼了。"后来，他果然炒了妻子的鱿鱼。

和第一任妻子离婚6周后，马斯克宣布了新恋情。对方是个20岁出头的英国女演员妲露拉·莱莉。按说两人也一起患难过，经历了类似贾跃亭现在的局面，可惜，马斯克对她的热情还没有前妻高，两人离婚又复婚，复婚又离婚，总的婚姻生活加起来不到6年。

随后，马斯克消停了一年，又公布了新恋情。这一次还是演员——德普的前妻艾梅柏·希尔德。不过这次恋情更短命，4个月就结束了。目前也没听说有啥新消息。

电影《钢铁侠》里，天才又任性的史塔克有一个得力的女助手，能忍得了他的脾气，还能给他无微不至的关怀和全方位的事业帮助。现实生活中的马斯克，其实也有这样的一个红颜知己。两人合作超过 10 年，很有默契。但是！据阿什利·万斯透露，狂人马斯克连这样的女助手最后都炒鱿鱼了。

马斯克说他要在火星退休，能征服他的女人，一定是火星人了。

马斯克赢在疯狂与情怀

知名科技评论员　闫跃龙

马斯克是我的偶像。

从来没有一个人如此疯狂，如此有梦想，而且很大程度上不是为了赚钱，而是为了全人类。听上去太不可思议了！

他在 28 岁的时候，就以 3 亿美元卖掉了创办的 Zip2 公司，31 岁时以 15 亿美元卖掉了与彼得·蒂尔联合创办的 PayPal 公司，然后他拿着自己全部的财产投入到疯狂的实业大冒险中。

他创立了特斯拉，颠覆了传统汽车业，开创了一个电动汽车的新时代；他创立了 SpaceX（美国太空探索技术公司），实现了可回收、可复用的火箭发射，让人类可以用更低的成本迈向太空；他创立了太阳城，目前已经成为最大的消费者商用太阳能电池板安装供应商。

这些还不是最疯狂的，马斯克的 SpaceX 要将人类送入火星，还能用于地球上的长距离旅行，其新型火箭 BFR 可以在一个小时内到达地球上的任何一个地方，从纽约飞到上海只需要 39 分钟；他还有一个超级高铁的构想，超级高铁在几乎真空的地下隧道运行，依靠磁悬浮动力推动，时速超过 610 千米；他还创办了脑机接口公司 Neuralink，用意念控制一切。

是的，马斯克所做的，早已经超越了互联网的范畴，和大多数互联网公司格格不入。当大多数互联网公司都在做雕虫小技时，马斯克却是在进行突破性的硬科技革命。而且，马斯克所做的，竟然是有着大情怀，是为了全人类的命运。

在美国，马斯克绝对是一个另类，他做的事情历经坎坷，无比艰辛，在过去和现在都是如此。

我们最需要向马斯克学习的，除了为了全人类命运的大情怀和为了梦想的百折不挠，还有"第一原理"的思维方式。即凡事都先从本质开始思考，然后从本质一层层往回反推。在这样的思维方式下，你会非常理性，不会因为暂时的困难而失去信心，也不会好高骛远而做出徒劳的努力。这种透过本质反推的思维方式，就像站在未来看现在。

马斯克被很多人认为已经接过了乔布斯的衣钵，成为全球科技创新的新偶像。这个疯狂的梦想家，值得我们每个人学习。

马克·扎克伯格

扎克伯格：双商修炼手册

文 / 余驰疆

对马克·扎克伯格，大家都不陌生。他是新时代年轻人的创业标杆，全球最富有的人之一，坐拥667亿美元身家。他19岁开始创业，24岁坐拥百亿美元，26岁获选《时代周刊》年度人物，在商界成为神一样的存在。他的脸谱网（Facebook）用户量超过22亿，不仅连接着世界，还能左右美国总统选举、欧洲公投，在全球互联网、舆论场有着举足轻重的地位。

扎克伯格住在加州新月公园距斯坦福大学不远的一栋百年历史白色板房里，小区被繁茂的橡树环绕。价值700万美元的这栋房子离大路有段距离，隐藏在篱笆、墙和茂盛的树木后。为了保护自己的隐私，他花了4400万美元买下他周围的房子。他买房后的第二年在后院举行婚礼，后院有花园、池塘和凉亭。他有两个孩子，在夏威夷买了庞大的庄园，在蒙大拿州买了滑雪场，在旧金山买了四层住宅，但全家平日还是住在这里。开车10分钟，他就可以到达脸谱公司总部。

扎克伯格是天才，但也有许多短板。比如他性格害羞，刚出道时一演讲就哆嗦；比如他个性十足，年轻时口出狂言得罪许多同事、同行；他也会犯错、失误，打造过一堆费钱又短命的App。然而，扎克伯格之所以成为扎克伯格，就在于他总是敢于面对这些人生的软肋，然后不断地学习、进化，让软肋变为成功的盔甲。如今的他，自信、淡定、博学，智商、情商都达到了顶尖水平。

从哈佛辍学生到八面玲珑的硅谷巨富，扎克伯格被称为比尔·盖茨和史蒂夫·乔布斯的合体，既有着清晰的商业嗅觉、高超的电脑技术，又有着杰出的美学素养，深谙消费心理。他有着一颗敢于冒险的勇敢之心，同时刻苦地自我修炼，谦虚地向他人学习，这构成扎克伯格成功的基本要素。同时，他也用他的智商和情商，带领脸谱网走向行业巨无霸之路。可以说，扎克伯格的人生故事，精髓就在于一句话：每天都进步一点点。

自信：是一切成功的开始

年少得志的人往往年少轻狂，许多年纪轻轻就名利双收的创业家都有这样的特质，扎克伯格也是如此。一直以来，人们对他的印象就是特立独行、个性十足，这也是他创业初期最显著的标签。具有独特想法并且始终坚持自我的人，更容易成功。

扎克伯格就是这少数人。脸谱总部在门洛帕克的黑客路1号，那里是个独立世界，有全方位的免费服务，包括干洗、理发、音乐课和丰富的食物。公司像一个人造小镇，沿着主要街道有商店、餐馆和办公室。在这里，他就是国王，高管们对他非常赞赏，员工也喜欢他。在这个世界里，他有着充分的自信。

扎克伯格从小就对电脑非常着迷，12岁就开发了一款即时通信服务的程序。进入哈佛大学后，他又打造了好几款有趣的应用软件，比如一款名叫 CourseMatch 的程序，它可以根据其他学生的选课逻辑给用户提供选课参考。而当时他设计的最火的产品，是一个名叫 Facemash 的网站，人们可以通过投票选出校园里最"辣"的脸，后来这个网站因为过于火爆导致哈佛的服务器瘫痪而被关闭。并且有学生反映，他们的照片在未经授权下被使用，扎克伯格被迫在校报道歉。

不过，也正是因为这次小挫折，让扎克伯格意识到了网络社交的前景。2004年，他创办了脸谱网，意思就是大学里的点名册。一开始，这个网站只服务哈佛学生，大家可以在上面注册、交友、发布心情等，后来迅速蔓延至全美高校，大二的扎克伯格干脆辍学，搬去硅谷全职经营脸谱网。

2004年，是科技大佬们集体爆发的一年。那一年，付费音乐浮出水面，乔布斯用 iPod 系列引爆了全球 MP3 市场；孙正义持续投资马云，淘宝网开始将 eBay 赶出中国市场；拉里·埃里森收购仁科公司，从此在数据库软件行业一家独大；而拉里·佩奇和谢尔盖·布林更是带着谷歌公司乘风破浪，缔造了当时科技领域规模最大的 IPO……创新、转型、收购，成为 2004 年科技界的关键词。

而在这样凶险的行业环境里，扎克伯格算是超级幸运儿，因为脸谱网创办没几个月，就有不少公司拿着现金来收购，其中不乏谷歌这样的大公司，而且开出的价钱都比市场预估的高。这要是一般人可能谈判几轮后就卖了，可扎克伯格宁可被资金短缺的问题困扰，也绝不降低自己心中的报价。他拒绝了谷歌，拒绝了 myspace，拒绝了新闻集团和美国全国广播公司。他拒绝的底气，一方面是自信，另一方面则是因为有着明确的长期规划。扎克伯格非常清楚脸谱网会拥有怎样的未来。2006 年，雅虎准备用 10 亿美元收购脸谱网，其他股东非常心动，唯独扎克伯格坚持己见，绝对不卖。

当时，面对股东们的疑问，扎克伯格是这样回答的："我只关注公司的长期建设，考虑其他会让人心绪不宁。而那些成功的公司，那些能施加最好影响力并能在竞争中胜出的公司，都在发展的时间线上有长期的愿景。"当时的扎克伯格有一种本事，能让他身边的人相信现在的事业还仅仅是开始。脸谱网最有名的口号之一是："旅途才完成了 1%。"这就是扎克伯格能永远创新的动力。

扎克伯格的姐姐说，这种领导者的霸气，就是成功的第一步。刚加入脸谱网时，她和弟弟讨论工资的事，她想要一个月 1800 美元的工资，但扎克伯格却把她的要求撕了，给她写上了较低的工资，以及不错的股权。扎克伯格对姐姐说："你不会后悔的。"

有时候真理往往掌握在少数人手中，而领导者有时需要的就是对抗大众的自信和勇气。扎克伯格总是执着地保持对公司以及对公司方向的控制权。他见过其他公司创始人在股东大会和收购浪潮中失去了控制，最终失去了方向，他不想重蹈覆辙。他不想让短期投资者的片面观点影响公司的未来。

这一点，扎克伯格很像杰夫·贝索斯。贝索斯曾在连续多年的亏损和投资人的不信任中承受了巨大压力，但他始终坚定地守护着自己的经营理念，最终亚马逊公司在 1997 年公开上市，贝索斯让那些认为公司不能赢利的人后悔不已；2012 年，亚马逊公司的股票价格已超出公开募股时价格的 100 倍还多，贝索斯又让那些认为公司不能赚到足够多钱的人后悔不已。扎克伯格知道，脸谱网也很可能会经历同亚马逊公司一样的起伏，执行长远理念的路从来不是一条简单笔直的阳关大道。如今，扎克伯格的自信得到了最好的印证。

奋斗：时刻在进行改善

脸谱网的员工都说，扎克的连帽衫下隐藏的是一个非常自信的领导者，他干练、坚毅、勤奋，并且像海绵吸水一样吸收知识。如果脸谱网是个国家，那它将是世界第一人口大国，22亿的月活用户占了全球人口的三分之一。这是美国企业史上破天荒的用户群。掌握了大量用户信息，广告商可以精确定位人群，所以脸谱网的广告收入超过所有美国报纸的总和。而他强力掌控公司，除了任董事长和CEO，还控制大约60%的股东投票，因为他握有投票权十倍于普通股的优先股。

扎克伯格问的问题比他做的表述更多，总是问"为什么"，他清楚地知道自己的专长和不足。据说他随身携带一本笔记本，上面写着"欲变世界，先变自身"，可以说，扎克伯格正是在塑造自身的过程中，塑造了脸谱网，在改变自身的同时，改变了他的商业帝国，进而改变了我们的世界。

他喜欢赢的感觉。有一次，他和朋友的女儿一起在公务机上玩拼字游戏，当时这个读高中的女孩赢了。第二场比赛之前，扎克伯格写了个简单的计算机程序，可以在字典中自动搜索词汇，提高自己赢的概率。当飞机降落时，他的程序小幅领先。

扎克伯格每年都会给自己定一个小目标，称为年度挑战。在这挑战的过程中，扎克伯格克服了自身能力上、性格上的短板，逐渐成为更优秀的人。比如他创业之初因为傲慢行径受到争议，对面试者不尊重被批评，所以2009年，他的挑战是每天打领带上班，从而显示对公司的尊重，他说："我的领带象征这一年的严肃性和重要性。我会每天打上它来提醒大家。" 2013年，他给自己定下目标，每天认识一个公司以外的新朋友，因为他知道自己性格腼腆害羞，不容易融入商业社会。一年下来，他已经能和奥巴马喝茶聊天了。学中文、看书、跑步，这些都成了扎克伯格的年度挑战，而且他都坚持了下来。

完成计划这件事，普通人主要靠监督，牛人主要靠自律，这就是平凡与卓越的差距。比如扎克伯格学中文，绝对是自虐级别的。他要求中国同事全部用中文汇报工作，直到他能听懂为止，每周还要在公司里搞一次小规模的中文讨论会。显然，扎克伯格的语言训练非常有效，2007 年第一次 F8 大会时，他的演讲还是沉闷、生硬得让人昏昏欲睡，到了 2015 年，他已经能用中文在清华开鸡汤课了。这样强大的学习能力，让人不服不行。脸谱网的销售部人力主管马克·贝尼奥夫评价扎克伯格，说他不仅对公司有着让人难以置信的远见，而且对自己也是如此。

进步：找行业大咖偷师学艺

在脸谱网创业之初，扎克伯格的导师是肖恩·帕克。帕克是互联网行业中最有眼光的投资者之一，也是脸谱网的首任 CEO。他劝说扎克伯格从哈佛退学，帮助扎克伯格起草法律文件，还拉来了 PayPal 创始人彼得·蒂尔的投资。在帕克身上，扎克伯格学到了对公司具有控制权的重要性。因此，即便后来帕克因为毒品问题被赶出脸谱网，扎克伯格还是保留了他的股权。

在帕克之后，扎克伯格求教的导师就是大名鼎鼎的雪莉·桑德伯格。在加入脸谱网之前，桑德伯格是谷歌公司负责全球网上销售和运营的副总裁，为广告商建立并管理网上销售渠道，同时兼顾世界范围内顾客产品的运营。而在这之前，她还曾在克林顿政府中担任过美国财政部幕僚长；更早的时候，她是世界银行的一名经济学家。

为了寻求和这样一个大牛人合作，扎克伯格每周都去找她吃饭交流，最终靠详细的计划和真诚的沟通打动了桑德伯格，两人就此成了黄金搭档。在桑德伯格身上，扎克伯格学会了如何与员工打交道、如何建立业务。同时，桑德伯格还按照扎克伯格的期望重新制定了脸谱网广告投放的方式，吸引了不少主要的广告商，实现了脸谱网的全球拓展。

在这里，我们能看出扎克伯格的智慧与情商，是他一手促成了脸谱网里最坚固的互补关系。扎克伯格深知自己是一位社交方面笨拙的年轻工程师，从哈佛辍学，没有任何组建公司的经验；而桑德伯格年逾四十，取得过很高的成就，获得过哈佛大学文凭，在社交方面圆滑，人际关系了得，在行业中拥有广泛的人脉。一个主内，一个主外，这场和谐的二重奏成了脸谱网的运营基石，也让扎克伯格受益匪浅。

当然，除了桑德伯格，扎克伯格的导师团里还有更大牌的人物。比如，扎克伯格曾主动去结交乔布斯，在脸谱网成立初期，两人常常在下午一同散步，后来脸谱网召开 F8 大会，就是扎克伯格效仿乔布斯的做法。在乔布斯身上，扎克伯格学习到的精髓就是极简主义，从里到外都是如此。扎克伯格衣柜里有几十件（条）一样的灰 T 恤、牛仔裤，这种数年如一日的打扮简直就是乔布斯的翻版。

在产品设计上也是如此，扎克伯格最爱做的就是减法。多年来，扎克伯格一直坚守全球使用统一版本的脸谱网页面，谨慎地使用广告，就是为了维护他的极简美学。除了乔布斯，扎克伯格还经常向比尔·盖茨请教企业哲学和管理问题，向巴菲特咨询上市建议和慈善事宜。

人才：用竞争来聚拢

拥有 2 万多名员工的脸谱网是硅谷最大的企业之一，而这 2 万多人的平均年龄大概是 28 岁，比谷歌和苹果还要低两三岁。而要统领这么多 80 后甚至 90 后，扎克伯格需要的也不是一般的管理智慧。他有一套自己的人才管理法。

脸谱网是扎克伯格一手打造的。他亲自挑选副手，建立公司制度，连标志色蓝色也反映了他的个人特点。他是红绿色盲，蓝色是他看得最清楚的颜色。他从来没有在其他任何地方工作，没有丰富的经验，只有本人的经历。这让他格外注意倾听外部世界真实的声音。2013 年新年，他下决心要每天认识一个公司以外的人。2017年，他进行了一次"倾听之旅"，走了全美 30 多个州，希望更好地了解世界。陪他去的奥巴马前竞选经理普劳夫说，政客进行这种活动时，一个小时里会自己说 50

分钟，留 10 分钟提问，扎克伯格却是说 5 分钟，然后就是回答问题。

扎克伯格渴望了解人、接触人，他知道优秀管理的基础是要有优秀的员工，因此，他非常注重人才的网罗，甚至可以说是不计代价地"挖人"。扎克伯格曾经收购了 40 多家有着特色产品和服务的小型公司，最主要的目的就是把这些公司里的顶级人才全部聚拢在脸谱网的业务上。

而对于这些人才，扎克伯格的核心要求就是务实。他常说，比完美更重要的是完成。不同于可口可乐和福特这样以销售为王的公司，脸谱网的重心一直放在发展和培养优秀产品经理和工程师上。扎克伯格大学时就在宿舍举办了名为"黑客马拉松"的编程比赛，当时的冠军成了他的第一名实习生。这个比赛的传统一直延续到了今天，在脸谱网，每个月都会有数百名实习生和软件工程师聚集在办公室，参加一场可能长达几十个小时的比赛。赛场门口贴着大大的贴纸，上面写着黑客的英文单词，大家随便找个地方就开始编程。大楼里放着摇滚乐，电脑边摆着啤酒和薯片，参赛者累了就现场休息，喝点水、吃点东西继续开脑洞。他们需要在几十个小时内拿出作品，然后由扎克伯格和其他高管评判，择优录取。而被选中的新功能、新项目会迅速添加到 Facebook 的产品中。

这就是扎克伯格的务实主义，与其空口说大话，不如实际做出东西来，哪怕潦草，哪怕不完美，也好过一张企划案。因此，在脸谱网，每年都会有数十个新应用诞生然后死掉，将近八成的首次创新都失败了，这中间的人力、物力消耗巨大可想而知，但扎克伯格就是愿意用这种方式去激励员工创新。也正是在这样的创新环境下，脸谱网的员工发明了信息流广告，将广告融合在页面状态更新中，同时配上有趣的标题和内容，大大提高了用户对广告的阅读兴趣。信息流广告能给脸谱网每天带来 4000 万美元收入，如今中国的微博也采用了类似的广告手法。

除了刺激创新，扎克伯格举办黑客大赛还有一个重要目的，那就是给每一位员工创造最公平的竞争环境。在大赛里，无论你是技术总监，还是刚加入的实习生，只要创意够吸引人，就有机会成为项目的领导者。而在这样的高压下，员工的创造能力、领导能力、统筹能力高下立现。普林斯顿、麻省理工的许多实习生在大赛中脱颖而出，迅速走上核心岗位。这一招的确是妙，它让公司内部时刻洋溢着公平竞争的氛围，员工的进取心也与日俱增。

当然了，扎克伯格也绝对不是那种只会看着员工比赛、创造的人，他自己也在以身作则地工作在第一线。2012 年，他给自己定下的年度挑战就是每天写代码，这大概就是我们所说的不忘初心了。

道歉：度过危机的最好手段

扎克伯格在创业之初，可真不能叫作好领导。那时候的他，吊儿郎当，粗线条，堪称问题领导，见投资人时迟到，PPT 做得乱七八糟。这些都已经小儿科了。YouTube 联合创始人陈士骏曾面试过脸谱网，他回忆当时的扎克伯格简直就是目中无人，他竟然一边面试一边玩手机。

这样的性格最终引起了不小的问题。2005 年，扎克伯格收到好几份收购合约，脸谱网即将出售的传言四处传播，公司内部气氛紧张。但年轻的扎克伯格好像并不在意，也不急着对自己的想法和计划做出解释。就在形势严峻之时，公司的人力总监罗宾·里德建议扎克伯格去听一些关于 CEO 管理的课程。一向特立独行的扎克伯格把这个建议听进去了，随后几周，他开始和高管教练见面，每周召集公司全体会议，分享他的想法和见地。他对自己的团队说："我下面所说的话可能让你们感觉不舒服，但是我确实还在一边工作，一边学习如何管理。"面对公司内部的人心浮动，扎克伯格采用的应对方式就是坦诚加沟通。他说："千万不要回避自己的错误和责任。"

扎克伯格虽然对脸谱网有绝对的控制权，他的行事风格也有些"独断"，但他也是个敢于认错的领导者。他每周开一次员工大会，会上每位员工都可以向他提问。脸谱网上市后股价狂跌，扎克伯格在食堂组织员工会议，直面员工的质疑；2014 年，他一拍脑袋花了 190 亿美元买下 WhatsApp（瓦次艾普），全公司哗然，这一次，他又在食堂向全公司员工解释了自己的决定。

说起来，脸谱网的主食堂可真是个神奇的地方。食堂的美食很出名，西餐、中餐、日料、墨西哥菜俱全。食堂每天都会在网上公布菜单，大家还能在上面提意见，非常人性化。这里能举办黑客大赛，也能讨论商业方案，还能组织道歉大会。更为奇特的是，食堂还是谏言场所，许多脸谱网的高管都会在食堂和扎克伯格吃饭时提出意见，而扎克伯格也会在这种轻松的氛围里接受意见。他不止一次在食堂道歉，说自己搞砸了，对不起大家的辛苦，但结果往往证明他的决定是正确的。正是他在一次次众人反对中高价收购 WhatsApp（瓦次艾普）、Instagram（照片墙）等社交软件，脸谱网帝国才越来越大。如今，在全球前五的社交应用中，脸谱网独占四席。

既然坚信自己的决定是正确的，为什么还要频频向员工道歉呢？事实上，扎克伯格这样做，就是为了保证公司文化的健康，他让员工批评、质疑自己，他向员工道歉、解释，就是为了让员工对公司有责任感，产生主人翁意识。正因如此，脸谱网的内部沟通一直很活跃且顺畅。与大多数管理者的洗脑相比，扎克伯格的这一招可谓是高明至极。因此，脸谱网的员工比很多一线大公司的员工都要拼命得多。

扎克伯格的道歉不仅对内，也对外。遇到争议，他有三招足以制敌，那就是快、准、狠。先是快。脸谱网遇到舆论风波，扎克伯格绝对会第一时间澄清，就算来不及接受采访，也得立马在自己账号上发表态度，该担责任的担责任，该划清界限就绝不含糊。比如，脸谱网董事会成员马克·安德森发表了歧视印度的言论，扎克伯格第一时间就在个人账号上发表分家宣言，表示股东想法不代表公司想法，处理之迅猛也算是大企业里的绝佳榜样了。

"快"之后就是准。每次扎克伯格公司出了事，危机公关的原则是：不需要说很多话，但必须在最正确的地方说最重要的事。扎克伯格几乎不怎么接受电视采访，但是真碰上事儿了，就一定是不鸣则已，一鸣惊人。比如，他在用户信息泄露事件发生后，很快接受了美国 CNN 的独家采访，第一句话就是向大家道歉，然后展开深刻的检讨与自我批评，塑造了一个负责任的形象。

最后就是狠。对谁狠呢？对自己狠。扎克伯格是有点情怀的有志青年，心气儿难免高。可到了危机公关时，他的腰可比谁都软。比如有段时间，脸谱网深陷"新闻偏见门"，就是媒体爆出脸谱网对新闻趋势榜可自由裁量，从而让很多新闻消失在网络中。这个争议出来后，扎克伯格一面用快、准稳定了民心，一面又去联系、接待到硅谷问罪的美国 17 位保守派意见领袖，陪吃、陪聊。那能屈能伸的本事的确让人叹服。

当然，扎克伯格平时的群众基础也不错。2013 年，他成立 FWD 游说组织，支持移民改革，帮助自己的海外员工办绿卡；2016 年，他又宣布自己不再是无神论者，在宗教上迎合美国主流价值观；2017 年，他聘请希拉里的顾问帮自己在慈善领域出谋划策。这套路，与比尔·盖茨、乔布斯那批埋头做产品挣钱的前辈完全不一样。

2017 年 5 月起，扎克伯格开始走访全美基层，一会儿去法院听庭审，一会儿到大学参观，一会儿又跟普通工人聊天。脸谱网的团队会以分钟为单位，实时网络监测扎克伯格的公众形象和接受度，包括人们是否喜欢扎克伯格、为什么喜欢、是否信任他、是否听说过他，等等。这些数据帮助他打造更讨喜的 style。

扎克伯格还有一个创造性管理理念，那就是"有组织，无纪律"管理。其实在脸谱网内部，很多制度都是非正式的，也就是说，脸谱网里对员工的纪律、制度要求还是比较松散的。那么是什么凝聚起所有人呢？答案就是组织化。可以说，脸谱网内部就是个巨大的开放型组织，所有人都能共享最核心的数据。每一位新加入的成员，在上班第一天就会收到一个数据地址，通过这个地址，就能随时看到公司的月计划、日计划，甚至还有全球各个地区的细节数据，这就让每个员工对公司的运行有了很直接 1 的了解，让他们有很强的参与感和归属感。同时，扎克伯格还要求员工必须抽出 20% 的工作时间待在一起，不是去忙各自的业务，而是在一起聊天、讨论。他说："我让他们待在一块儿，不是强迫他们非得成为朋友，但可以让他们学会如何更舒适地相处，从而让交流更顺畅，这样就能提高工作的效率。"

扎克伯格的管理智慧的确值得好好研究、学习。毕竟，他在哈佛学的可是心理学！

魅力：来自理想主义和情怀

这个世界上有钱的人很多，但像扎克伯格这样有着强大个人魅力的有钱人却不多。为什么他会成为年轻人的楷模？那是因为他身上有着不被物质影响的激情。也正是这种特质，让扎克伯格与早期其他社交网络创始人形成了鲜明反差。在早期，类似于脸谱网的社交网络都是随意注册的，而扎克伯格始终坚持实名制。他认为实名制才是有效社交的基础，同时还有利于抵抗网络暴力。这让脸谱网的进入门槛更高，同时也让它的隐私维护成本大大增加，然而事实证明，扎克伯格这种对真实的追求是正确的。不去盲目追求扩张、盈利，而是把注意力放在用户的本质需求上，这成了脸谱网最终成为社交之王的基础。

在生活中，金钱也从来不是扎克伯格首要考虑的问题，他长期租住在一间小公寓里，在地板上放一张垫子当床。他开一款讴歌 TSX 车，到现在都没有高档衣服，还是喜欢穿 T 恤和卫衣。别人问他为什么总是穿同一件衣服，他说："这是为了不浪费挑选衣服的时间，注意力即金钱。"

扎克伯格把他的注意力放在了创新、学习以及公益上。仅 2012 年，扎克伯格就向硅谷社区基金会捐赠 4.98 亿美元，主要用于教育和医疗等，捐款金额仅次于巴菲特，排名当年全美慈善榜第二位；而 2013 年扎克伯格以 9.7 亿美元的捐赠金额荣登全美慈善榜榜首。2015 年，扎克伯格的大女儿出生，他随即宣布捐出自己在脸谱网 99% 的股份，用于慈善事业、发展人类潜能和促进平等。他的二女儿出生，他又和妻子普莉希拉·陈一起，捐出 200 亿美元用于人类疾病的研究。

人一旦为了赚钱而赚钱，就会忽略到生活中的许多温暖。扎克伯格一直提醒自己，一定要弄清楚自己工作的目的，是让世界更好，让社会更好。在他心中，家人、朋友永远要比工作重要。每当妻子打电话过来，无论他在做什么，都会及时回复。他一定会把妻子作为第一关注对象。他认为，如果自己的注意力是能给别人的最值钱的东西，那么最应该得到它的就是家人。而正是这种温暖和柔情，让扎克伯格与普通企业家区分开来，也让他更能懂得自己的用户需要怎样的社交产品。

读一读 2015 年扎克伯格写给他大女儿的信，字里行间我们都能看到一个梦想家的影子。在信里，他说到了自己作为互联网领军人物的责任，他想为医疗、教育事业做贡献的决心，美好、未来、公平、少数人的权利成了他最常提到的词汇。而这封信，也让他又狠狠圈了不少粉丝。所以说，能赚到钱的人能成为成功的企业家，但只有不为了赚钱而赚钱的人才能成为伟大的企业家。

扎克伯格成功的理由有五个 P：激情（passion）、目的（purpose）、人（people）、产品（product）以及伙伴（partnerships）。正是因为扎克伯格充满激情、目的明确、以人为本、不断创新，同时团结队伍，才缔造了全球最大的社交网络。从 19 岁创办脸谱网到现在，这一路走来，扎克伯格始终专注自己的初心，在他的常用词典中，透明度、信任、联系、分享成为关键；他也专注自身的学习，锲而不舍地让自己成为更优秀的人；更重要的是，他专注于企业的长期发展，不为眼前的蝇头小利动摇。他常说："我只关注公司的长期建设，考虑其他会让人心绪不宁。"

　　这份专注，让扎克伯格年少得志，也让他将成功延续至今。我们有理由相信，34 岁的他，还会创造更多奇迹，还有更多的机会去制造影响、改变世界。

扎克伯格的撩妹技

文 / 余驰疆

　　扎克伯格对家庭，尤其对妻子非常重视。对这个一手搭建起横跨全球社交王国的年轻人来说，这一条是他成功之路上绝对不可忽视的一块重要的拼图。所以，今天我们要专门拿出八卦一下，数数他在爱情战场上的光荣战绩。从扎克伯格身上，我们可以看到如何和自己最亲密的人相处，不仅决定了你的幸福指数，也决定了你的成功指数。

　　扎克伯格的老婆普莉希拉·陈是出了名的女强人，既是女博士又是女医生，虽然不是倾国倾城，但绝对是聪慧过人。要和这样的女人谈恋爱，可不仅得动心，还得动脑。扎克伯格究竟动了哪些脑筋、用了哪些策略，才赢得哈佛才女的芳心？

　　扎克伯格恋爱宝典第一招，爱工作更爱老婆，猛赚钱不如"妻管严"。扎克伯格疼老婆，在IT界绝对是出了名的。这里要表扬一下扎克伯格挑老婆的眼光，既不是外貌协会，也不是势利眼，而是专挑实力坚强的女子。普莉希拉出身难民家庭，她的父亲是旅居越南的华裔，在难民营生活了一段日子后，在波士顿开了一间小餐馆。他们一家的家风就是努力努力再努力，工作工作再工作，陈爸爸一天在餐馆工作18个小时。

　　这样的出身让普莉希拉从小就很独立，她13岁时就已经清楚自己要什么，经常询问老师如何才能考上哈佛，并为此付出了不懈的努力。在哈佛，她简直是德、智、体、美、劳全面发展，最终靠人格魅力吸引了当时还是潜力股的扎克伯格。

　　当年在哈佛的派对上，扎克伯格对普莉希拉一见钟情，从此各种甜蜜招数层出不穷。在扎克伯格的手机里，普莉希拉是最特殊的记录，老婆来电话了必须接，无论是在开会还是谈生意，都得接起来。两个人约会也有法则，每周必须至少约会一次，单独相处的时间不得少于100分钟，约会地点还不能是家里，也不能在网上，至少得到附近的公园散步、划船、打球或者下棋。有这十几年的幸福生活，扎克伯格靠的就是这听老婆话的核心原则。

扎克伯格恋爱宝典第二招，就是全力支持老婆工作，让老婆拥有自己的事业。一般豪门太太都是在家吃香喝辣，但普莉希拉不一样。从哈佛毕业后，她先是去圣何塞当老师，之后重新回到校园深造，到加利福尼亚大学医学院攻读博士，毕业后就进入旧金山综合医院，成了一名医生。

其实，早在普莉希拉2007年从哈佛毕业时，扎克伯格就为她在脸谱网预留了位置。但是普莉希拉为了追求自己的教育梦想，一口拒绝了男友的邀请。大概也就是这女儿当自强的个性，才能吸引向来与众不同的扎克伯格吧。

可以说，扎克伯格的太太一直是一个社会活动家、慈善家，也一直鼓励扎克伯格投身公益。当然，小扎也是非常听话的，让捐钱就捐钱，让出席活动就出席活动，每次夫妻俩一起出现在镜头前，扎克伯格都是一脸深情地看着太太，特别恩爱。

扎克伯格恋爱宝典第三招，时不时来点小情趣，理工男也会玩浪漫。别看扎克伯格总是一脸萌样，他玩起浪漫来也是一套一套的。老婆怀孕了，就找全世界最著名的摄影师莱博维茨拍孕期照，拍完了还得发上脸谱网自己点赞；女儿出生了，就捐出自己99%的股份，成立了世界上最大的慈善基金会，会名就是chen & Zuckerberg；就算是回母校演讲，他也得提老婆，说自己这辈子在哈佛最美好的记忆，就是认识了普莉希拉。谁说理工男一定粗心嘴笨？扎克伯格就是最好的反驳案例。

扎克伯格恋爱宝典终极必杀技，对老婆好，对老婆的家人更好。大家都知道扎克伯格很爱学中文，只是许多人以为他学中文是为了老婆，其实更重要的是为了老婆的奶奶，因为普莉希拉的奶奶只会说中文。为了能和奶奶顺利交流，扎克伯格花了整整一年学中文，这爱屋及乌的劲儿也是让人叹服。上次他带老婆来中国，已经能轻松地去故宫用中文买票了，这有爱加成的学习速度，果然不一般。

如果你既不那么好学，也没那么多钱玩浪漫，不如学学扎克伯格的成本最低的一招吧。那就是写信。据说扎克伯格谈恋爱时也喜欢写写情书什么的，这一招对女生是致命的，事实证明，这种朴素的诚意更能打动芳心。扎克伯格这招不仅对老婆用，也对自己的客户用。他不止一次给脸谱网用户写公开信，就在前不久脸谱网庆祝 14 周年，他还发了一条状态，向用户告白心路历程，又励志又催泪，称得上是开年最佳文案了。

当然了，扎克伯格最著名的信，还是写给俩女儿的。2015 年大女儿出生他写信，二女儿出生也写信，每封信都网络刷屏。二女儿出生后，扎克伯格还特地请了 8 周长假，用来照顾妻女，享受家庭的温暖。

陪伴就是最长情的告白。谈恋爱主要还是得用心，连亿万富豪都得这样哄老婆，各位单身男同胞也要好好学学。

学习达人扎克伯格

知名科技评论员　闫跃龙

很多人是从电影《社交网络》中认识扎克伯格的，Facebook 的雏形是哈佛校园里一个上不了台面的选美网站，而在电影中，扎克伯格也被塑造为一个盗窃女生照片、搞垮校园网的玩世不恭的极客少年。

在现实中，扎克伯格看起来就是一个普通的大男孩，他生于 1984 年，19 岁创办 Facebook 成为 CEO。

他总是穿着一件灰色 T 恤，据说这样可以省去每天早上挑衣服的时间。扎克伯格的生活一点都不"富豪"：和妻子坐在街边吃 30 元的麦当劳，一辆很便宜的日本车开了好多年，讨论事情都在自家客厅……

有时候，扎克伯格会给人一种错觉，是不是他创办 Facebook 这个全球最大的社交网站，是因为运气好？

如果你这样想，那就大错特错了！扎克伯格最值得我们学习的，是学习、学习、学习。重要的事情说三遍。

扎克伯格每年都会给自己制定一项年度"挑战"。他 2009 年的挑战是每天坚持打领带；2010 年是学中文；2011 年的挑战是只吃自己亲手屠宰的动物；2012 年的挑战是坚持每天写代码，因为他希望能与员工变得更亲近，以及从细节处了解 Facebook；2013 年，他则坚持每天认识一个不同的人；2014 年，每天写一封感谢信；2015 年，每两周读一本新书；2016 年，找出一个钢铁侠那样的智能管家；2017 年，走遍美国 50 个州。

每一年，扎克伯格都制定年度挑战，就是在不断地走出舒适区，不断学习。在这种不断学习和不断克服挑战中，也让自己从一个每天穿着阿迪达斯拖鞋的大学辍学生成为横跨社交和移动两拨热潮的全球顶级企业家，而他现在只有 34 岁。

扎克伯格总爱在各种场合的对话、演讲和采访中重复一句话，那就是：Facebook 有一项简单而又崇高的使命，"让每个人都有分享的权利，让世界变得更加开放、互联"。

在 Facebook 内部，如果有一个项目不能用这句经典名言来解释，那么它就要出局。

这个名言也反映在 Facebook 未来十年的战略上，扎克伯格说未来十年 Facebook 要做三件事：人工智能、虚拟现实、连接世界，一切都是向着"开放、互联"的愿景。

扎克伯格，一个没钱、没背景的普通大学生，能够成为全球最年轻的亿万富翁，对于中国当下的年轻人来说，绝对是又一个励志故事。他的经历让我们相信，只要你努力，不断地学习，靠技术和创新也可以逆袭，奔向成功。

20 ADVANCED
COURSES
OF BUSINESS
THINKING

05

约翰·洛克菲勒

约翰·洛克菲勒：石油大亨悟透金钱辩证法

文 / 凌云

提到洛克菲勒的名字，我们都很熟悉。别的不说，纽约的洛克菲勒广场是一个地标建筑群，那里一年一度的圣诞树点灯仪式，是美国人迎接新年的假日季正式开始的标志。2018 年的圣诞树来自纽约沃基尔镇，是一棵约为 22.8 米高、树龄 75 岁的挪威云杉。这棵圣诞树上按惯例要挂上数万圣诞灯饰，并在顶部装上重 900 磅的施华洛世奇水晶。主楼有 70 层，高 260 米，楼顶有著名的 360 度观景台，可以看到曼哈顿全景。而曾经作为美国经济繁荣的象征又影响了 21 世纪世界政治格局的纽约世贸大楼，也是在洛克菲勒家族的推动下建造的。

这个家族的开创者是约翰·戴维森·洛克菲勒，美国人习惯称他 J.D. 洛克菲勒，我们称他约翰。他依靠标准石油公司起家，开创了美国的石油产业，他的后人又控制了大通曼哈顿银行，在华尔街呼风唤雨，成为绵延一个多世纪的豪门巨富。而和他一起创业的哥哥威廉·洛克菲勒这一支，后代则与花旗银行结下很深的渊源。直到今天，这个家族的任何动作都有可能成为新闻，人们对这个家族还是充满兴趣。比如，2018 年 3 月，家族第三代族长戴维·洛克菲勒（我们称他戴维）在纽约的一处宅邸出售，卖了 3300 万美元，比开价 2200 万美元高了 50%。

洛克菲勒又是全球闻名的慈善家族。约翰是美国也是全世界最早的大慈善家之一，建立了洛克菲勒医学研究院、洛克菲勒基金会和大众教育委员会等许多机构，捐助建立了芝加哥大学，一生捐献了 5.4 亿美元，折合今天的货币大概超过百亿美元。值得一提的是，洛克菲勒家族还有长寿的基因，约翰生于 1839 年，1937 年去世，活了 98 岁，而他的孙子戴维在 2017 年以 101 岁的高龄去世，是家族里第一个活过百岁的。这个家族可谓福寿双全。

由于洛克菲勒家族都非常低调，约翰甚至不允许家族后辈写自传。只有戴维撰写过一本回忆录。他被称为最像祖父约翰的人，基辛格、曼德拉、安南等名流都为他的回忆录点赞。当然，所谓花无百日红，这个当年的美国最富有家族，随着时间的推移，财富也在摊薄。到如今，这个家族健在的成员还有不到 200 人，净资产大约 100 亿美元，和许多富豪新贵相比已经难称耀眼。在戴维之后，家族也没有再出现在商界、政界及公众中都有极大影响力的代表人物。但这一切并不影响洛克菲勒的传奇魅力。他作为现代石油产业的开创者，其经营之道究竟有什么可圈可点的地方，其领导力体现在什么地方，一直是一个不朽的话题。而在戴维这位洛克菲勒家族传承者的眼中，祖父约翰的人生传奇也同样体现了他的商业智慧。

创业混战：以人无我有站稳脚跟

人们经常说，约翰·洛克菲勒创建的标准石油公司垄断了美国的石油业，建立了全世界第一个托拉斯，他也成为美国最富的人，甚至就是石油业的化身。这些都不错，因为他就是和石油业一起成长起来的。

在创业之初，还没有建立市场秩序，各路英豪还在一片混战的时候，需要的就是精心琢磨，干一行研究一行，做到人无我有，为消费者提供更好的产品，才能站稳脚跟。

约翰非常能钻研业务，这一直是他的长处。他曾经在一家机械厂流水线上打工，工厂在为陆军制造机车手提袋，他的工作是把带着铜铆钉的带子缠在铁环上。第一天，他的手就被锤子砸青了。如果换了别人，可能会很生气，或者会抱怨这个工作太糟糕了，最多也就是向老板要点赔偿。但约翰却向老板提出留下来研究一个用受伤的手继续工作的方法。后来，他终于琢磨出一个木头橛子，用它把铆钉固定住以后，就可以用一只手轻松地工作了。第二天，老板看到这个发明，夸奖了他。他的工作速度提高了一倍，也因此而得到了更多的机会。这就是人无我有：有一个更好的工作方法。

1859 年，宾夕法尼亚州开出了美国第一口油井，石油开采迅速在美国兴起。克利夫兰很快成为炼油业的中心。因为炼油工艺相对比较简单，肉商、面包师甚至制造蜡烛台的商人都纷纷转投石油业，当地在 1862 年有 12 家炼油厂，3 年以后就增加到 52 家。约翰当时已经和伙伴克拉克有了自己的公司。他觉得炼油是一个很好的商机，也开始投身其中。但是他没有炼油的经验，就拉了一位叫安德鲁斯的化学家一起兴办炼油厂。

大家都在炼油，质量参差不齐。为了在和别的厂家的竞争中胜出，约翰就把重心用在炼油质量上。他曾经收购了一个名为利马的油田，产量很高，但是它的原油含硫量比较高，炼出来的煤油很臭。约翰却坚持要将它买下来，甚至在面对公司其他高层的反对时，表示愿意自掏腰包承担风险。后来，在安德鲁斯等化学家的努力下，他解决了含硫过高的问题，降低了炼油成本，使这个油田源源不断地带来利润。这又是人无我有——有一种更好的技术，带来了更优质的产品。

1870 年，约翰和他的弟弟威廉以及安德鲁斯等人创建了标准石油公司。他说，这是为了联合技术和资金，采取更经济高效的经营方式。而他之所以把企业定名为标准石油，意思就是要建立起石油业的高标准。而在他的生意做大以后，人无我有还是他的一个竞争法宝。

人无我有的优势不一定局限在产品本身，包括物流等配套的服务方面，也可以想办法做到人无我有。当时，克利夫兰的许多炼油厂在需要运输的时候才和铁路公司打交道，平时就把铁路公司甩在一边，铁路生意因此很不稳定，运价也比较高。其他人没有想到铁路可以成为炼油厂的竞争优势，但约翰想到了。他和当地的两家铁路公司都签订了秘密协议，以提高运量换来运价优惠。后来，他的竞争对手说这是不公平的竞争。约翰辩解说，虽然铁路公司会公布标准运费，但实际上从不按这个价格收费，都会给优惠，至于优惠多少则要讨价还价了。

当时，标准石油公司为铁路公司创造很多方便，比如大批量出货、提供装卸车设备、定期运货、自己负担保险，等等，为铁路节省了运营成本，所以得到铁路公司的特殊关照，生意也越做越大。约翰和铁路的关系，又是人无我有。

今天在中国，许多行业领先的企业往往也是拥有某种同行所没有的优势。比如顺丰，就有自己强大的运输能力，不仅有自己的飞机，甚至还要建自己的机场；京东的仓储能力在业内也是一流的，这都是"人无我有"。甚至市场的培育，也要靠"人无我有"的意识。企业的规模和市场的规模并不一定是合拍的。当企业发展超前于现有市场的规模时，可能同行都在等待甚至放慢发展速度，而你能够主动去培育市场，就会获得别人没有的机遇。

在标准石油公司经营的早期，石油产品主要是用于点灯的煤油，但很多地方的消费者还不习惯使用煤油灯。约翰说，我们要先生产煤油灯，再让人们用煤油。标准石油公司以低价出售了大量的煤油灯和灯芯，还经常向第一次购买煤油的消费者赠送煤油灯，值得一提的是，标准石油公司提出的第一批广告口号里就有一句"为中国灯加油"，当时很多中国消费者就得到过它的免费煤油灯。吉列公司也学到了这一招，用赠送剃须刀来确保消费者会继续购买剃须刀片。

可以看出，约翰·洛克菲勒确实是把炼油这一行的上上下下都琢磨透了，才能在别人忽视的地方找到优势，形成标准石油"人无我有"的优势。

高速扩张：用规模赢得胜机

在站稳脚跟的同时，要尽量扩大规模。规模发展是赢得胜机的关键。这种扩张，既有横向的同业购并，又有纵向的产业链构建。今日中国工商巨头都不约而同走了这条路，而约翰·洛克菲勒就是这条路的开创者。

约翰扩张的速度是非常快的。他在1870年建立标准石油公司，当时的资本是100万美元。到1872年，他就控制了克利夫兰几乎所有的炼油厂，还在纽约市控制了两家炼油厂。即使在市场看起来不那么景气的时候，他也要求部下加紧收购炼油厂，开发新的油田，提高产量。等到经济复苏的时候，标准石油公司因为未雨绸缪，很快能取得更大的收益。

标准石油公司后来成为一个庞大的托拉斯，也是美国第一家现代化全面综合型经济企业，综合了从井口的生产到给顾客的最终送货。标准石油公司的产量很早就达到了一天 2.9 万桶原油，而且有自己生产油桶的公司，有庞大的储油罐，有炼油厂，甚至连油漆和胶水都是自己生产的。

到 1882 年，所有这些相关企业联合在一起，成立了一家名为标准石油企业的公司，一共有 42 位股东，当时的资本是 7000 万美元，这个扩张速度是相当惊人的，比 12 年前的标准石油公司资本金增加了 69 倍。约翰继续扩张，但当时俄亥俄州的法律不允许一个母公司拥有其他公司的股票。1982 年，俄亥俄州法院下令解散这个公司。约翰·洛克菲勒就在新泽西州又成立了一个标准石油公司（新泽西），因为新泽西法律是允许他继续收购的。

约翰最大的乐趣就是"买买买"。当时，他每年从标准石油公司和其他投资里得到的收入已经超过了 100 万美元。他对购买法国庄园或者苏格兰城堡没有兴趣，也不屑于投资艺术品、游艇等当时的富豪们最喜欢的"玩具"，他把这些钱的很大一部分又投资到铁矿、运输、制造等各种产业，其中最出名的是铁矿生意，他控制了明尼苏达州富饶的梅萨比岭很大一部分。到 19 世纪 90 年代，标准石油公司控制了美国石油产业的 3/4，而约翰的个人财富到 1910 年达到了约 10 亿美元，在那个年代，这是个难以想象的数字。

因为垄断程度太高，到 1911 年，美国最高法院判决解散标准石油公司（新泽西）这个托拉斯。它控制的 38 个企业，都变成了独立的公司。这几十家公司至今还存在，包括埃克森美孚、雪佛龙、亚美，等等。

值得一提的是，20 世纪初，约翰还买了纽约几家银行的股份，其中包括大通曼哈顿银行的前身之一权益信托公司。1921 年，他把投资这家银行的股票给了儿子小约翰。虽然直到 1929 年，洛克菲勒家族都没有直接参与银行管理，但后来戴维却当上了大通银行总裁，干得风生水起，把这家银行打造成"银行家的银行"，人们甚至把它称为洛克菲勒的"家族银行"。整个家族的事业版图得到了重大扩张，归根结底要感谢约翰·洛克菲勒坚持不懈地做大规模。

现代社会的一个特点是对资本的高效运用。约翰·洛克菲勒通过资本的扩张而实现规模经济，建立了现代社会的经济骨架。戴维是这样评价祖父的："祖父对石油业的整合，其最终结果是更便宜、更好、更可靠的石油供应，从而帮助美国从一个分散型农业国家转向高度集中的工业化的民主国家。"

持续发展：建起和谐的生态环境

对约翰来说，经营企业的时候下手要狠，心胸要宽，竞争要精明，也要有气量。不要为了赢而赢，而要努力建立起长久的伙伴关系。和气生财，这是短兵相接的商场更高明的商道。

约翰的父亲有句名言："我一有机会就骗我的孩子。我希望让他们变得聪明点。"这句话，约翰听了一半。他是一个十分聪明甚至可以说是精明的人，善于抓住一切机会把企业做大。比如，克利夫兰发生大罢工，他就趁机收购那些陷入困境的炼油厂。对于不愿意就范的对手，他经常采用的手段包括，把市场上的原油控制起来，让对手陷入原料短缺；通过旗下的子公司发动价格战，挤垮实力比较弱的对手；利用自己和铁路公司的关系，限制对手能拿到的车皮；把市场上的设备和零部件都买光，拒绝出售零部件给竞争对手。

当然，约翰也因此而不断受到攻击。他被当时威斯康星州的州长拉福利特称为"他那个年代最大的罪犯"，还有人把他称为"强盗男爵"，说他打高尔夫球就是为了活得更长一些，好赚更多的钱。直到现在，坊间还流传很多故事，比如标准石油公司骗取寡妇和鳏夫的财产，把竞争对手的炼油厂炸掉，不择手段毁灭对手，等等。

这些故事很多是编造的。实际上，相对于竞争对手，约翰在某种程度上还是比较大度的。换句话说，他没有按照他父亲说的"一有机会就骗人"。他曾经澄清有关他抢夺寡妇财产的传言。他在克利夫兰有个做润滑油的生意伙伴巴克斯，在1874年去世，约翰经过谈判，买下了巴克斯夫人手里的工厂股份，当时她出价7.1万美元，约翰还价6万美元，还用1.9万美元买下了巴克斯公司的石油存货。但交易结束后，他收到巴克斯夫人的一封信，抱怨交易不公平。约翰回信说，当时自己给了对方两个选择，可以拿股票，也可以拿现金，对方说不想再涉足这个行业而选择了现金。约翰表示，如果对方反悔，可以收回股权，或者也可以取得公司的一部分股票，只要支付原价即可。巴克斯夫人拒绝了这两个提议。约翰后来公布了巴克斯哥哥写给他的一封信，以证明自己并没有占寡妇便宜。信中承认约翰给的价格是市场价的3倍，并说巴克斯夫人在这件事上是"钻牛角尖"。

由于收购条件比较优惠，当时有些公司为了有机会被标准石油再次收购，甚至故意重新开张。老爷子约翰的合伙人都叫苦不迭，但他还是坚持继续收购，通过这些行动来培养与同行良好的关系，建立信誉，减少企业扩张中的阻力，稳住所扩张的地盘。约翰后来说："有人说我强迫石油界的人加盟企业，我还不至于如此目光短浅。如果我真的使用这种伎俩，我们还能维持一生的友谊吗？"

当一个新的市场、新的产业兴起的时候，总是不规范的。在商业竞争中，遭遇不规范、不成熟的市场环境挑战，甚至被舆论抹黑，这都是很正常的。即便像约翰·洛克菲勒这样的超级富豪，即便在美国这样的市场经济环境比较成熟的国家，也要面对这样的挑战。重要的是保持锐利的眼光，不要受干扰，同时也要记得在必要时"吃亏是福"的道理，争取更多的合作伙伴。

大胆用人：建立有战斗力的团队

电影《天下无贼》里有句台词：21世纪什么最缺？人才！其实，约翰所在的19世纪和20世纪也一样缺少人才。

在公司发展到一定规模以后，约翰不可能事事都亲力亲为，必须用人。他曾经讲，仅仅把人组合起来并不能保证获得成功。在一个优秀的组织中，每一个人都要提供这个团体其他成员所没有的才能。也就是说，他很看重人才之间的互补性。另外，他又很重视用人不疑的道理。他说，许多人都害怕和别人分享利益和决策权，这种害怕会阻止他们去找到黄金拍档，一定要克服这种恐惧心理。

约翰自己就是这样大胆用人的。早年，他希望拥有自己的船舶来解决运输问题，但他对此一无所知，于是就决定向行业内最权威的人求助。这是一位从事矿石运输的专家马塞，是约翰的竞争对手，非常内行，经验丰富。约翰表示，想请马塞为自己建造最大型、最精良的船舶。马塞说，他不希望约翰进入这个行业。约翰说，他也知道马塞是自己最大的竞争者之一，但他认为马塞是个诚实而正直的人，非常希望达成合作，并愿意付给马塞可观的报酬。马塞最终被打动了，双方签了协议。

约翰对马塞百分之百信任，马塞也没有辜负他的信任。当时，在五大湖区有十来家造船厂，马塞一家一家问他们的建造能力。有的说能造 1 条，有的能造 3 条，一共能造 12 条。马塞请他们来投标，但没有直接宣布要造多少船，大家以为大概是造两三条，都想争取订单，报价都很优惠。最后所有的人都高高兴兴中了标，马塞也为约翰争取到了最好的造船合同。

随着标准石油公司的壮大，约翰在管理上的主要精力放在给重要岗位找到合适的人，然后全权委托。后来他甚至很多年都不去公司总部，公司照样运行得很好。他投身于慈善事业，还是沿袭了他管理标准石油公司时候的经验，用人不疑，并且重用专家。他在 1901 年成立洛克菲勒医学研究院，自己担任理事会总裁，创办期间投入大量的金钱和精力。但一旦研究院成立后，他就不再干预管理，而是把指挥权完全交给了教育学家和科学家。他认为这些人才是专家，让他们管是合适的。

对于业务经营和管理人才，要有气魄来用其所长。对于普通劳工，则要善待。当然，作为美国的超级富豪，年收入百万美元的约翰，与平均年收入三四百美元的劳工阶层之间，天然地存在着矛盾。所以，他也必须努力缓解这种矛盾。他曾经说，一个企业无论规模大小，都首先要保障员工的福利，"我不知道还有比这更好的管理方法了。"他自豪地说，标准石油公司从来没有发生过大规模的罢工。

其实，在这方面，他也是有过教训的。卡罗拉多有一个煤矿小镇拉德洛，那里有一家科罗拉多燃油与铁矿公司，约翰拥有 40% 的股份，他的儿子小约翰·洛克菲勒，也就是戴维的父亲，则在公司董事会任职。但当时他俩都没有直接参与管理，董事会的会议都是在纽约举行，小约翰也从来没有去考察过企业的经营情况。1913 年，当地矿工举行大罢工，要求改善工资待遇，认可工会。僵持几个月以后，州长动用国民警卫队镇压，造成 10 多名妇女儿童在燃烧的帐篷里窒息死亡。最后，美国总统威尔逊出动联邦军队才把罢工压制下去。但公众知道洛克菲勒家族是大股东，他家门前出现很多人示威游行，谴责他们的所谓罪行。

这件事，约翰让儿子去处理。小约翰开除了科罗拉多燃油与铁矿公司的负责人，聘用了后来当上加拿大首相的麦肯齐·金，到科罗拉多去和矿工们会谈，甚至和矿工们的妻子跳舞。最后，他们建立了一个"行业代表计划"，大大改善了劳资关系。他后来还把说服美国商界重视劳资关系当作自己的一项工作，甚至成立了一家公司，专门提供这方面的咨询。而约翰对儿子的处理相当满意。在这之前他已经开始交班，而这件事过后不久，他就把自己剩下的所有资产都交给儿子去打理，大概是5亿美元，相当于今天的100亿美元。

这件事说明了两个问题：第一，约翰确实比较看重劳工的福利；第二，他对子女的培养除了重视他们的经商才能，更重视他们的人品、道德情操和做事的视野。

投身慈善：为企业找到崇高目标

约翰的后人不仅成功地守住了家业，也将慈善事业发扬光大。后代中还出了多位投身公职者。在家族第三代也就是老约翰的孙子戴维这一辈，出了一个福特时代的副总统，还出了阿肯色州的州长，下一辈还有一个阿肯色州副州长。家族中还出了一位联邦参议员。而戴维不仅是著名的银行家，还曾会晤二百多位国家元首，周恩来总理也接见过他。

在约翰活着的时候，他就已经完成了从商人到慈善家的转型。这种形象转变在后代中更加明显。今天人们说到洛克菲勒，更多地想到的是慈善和公益事业。这也正是约翰又一个高明之处：为企业找到崇高目标，在这个基础上建立企业的良好声誉。

有一件小事可以看出约翰的思路。通常，大公司的产品往往更贵，因为是名牌。但约翰的做法不一样。他并没有靠垄断地位来提高价格、赚取超额的利润。相反，美国的消费者发现，随着标准石油公司市场占有率的提高，石油产品比如煤油的价格在大幅降低。这是约翰的决策。他相信一个道理：买卖规模大一些，产品单位利润小一些，这是良好的经商之道。价格越便宜，人们就会买得越多，也就越能够享受到标准石油公司产品带来的便利。

戴维分析过老爷子约翰这样的商人的行为动机。戴维说，那些认为实现利润最大化的欲望是企业家唯一驱动力的想法是错误的。虽然赚钱的欲望是一个重要的动机，但是还有其他的动机，其重要性常常不亚于赚钱。他在一篇论文中说，企业家身份本身代表了一种机会，用于满足人的发明创新、追求权利和冒险本性。事实上，对许多人来说，追求过程本身就是一个目标。经商的乐趣之一就是完成自己制订的计划，实现重要的目标，创建某种不朽和无价的东西。他说，"祖父约翰一定会赞成这些论点"。

从 20 世纪开始，约翰就把主要的精力放在做慈善事业上。他成立大众教育委员会，因为他希望在美国南部建立一个公共教育系统，让黑人和白人都受益。他为此先后捐了 1.3 亿美元。1913 年，他创立洛克菲勒基金会，是他慈善事业的顶点。他捐出了大约 1.82 亿美元。值得一提的是，基金会援建了中国协和医科大学，资助了当时中国流行的许多传染病以及营养不良等问题的研究，培养了不少医生和护士。后来，基金会又致力开发玉米、小麦和稻子的新品种，为绿色革命做出了贡献。

有人说，约翰这样做纯粹就是一辈子贪婪赚钱之后为自己脸上贴金，是一种公关活动。还有人说，是现代公关先驱艾维·李为约翰制订了详细的公关计划，包括创建基金会、经常在街头施舍叮当响的硬币，等等，塑造出一个心地善良的、慈祥温和的老头形象。其实，这些说法并不准确。约翰对于通过慈善做公关并没有什么兴趣，甚至不允许芝加哥大学用他的名字。他做慈善，就是为了提升企业和自身的格局。

总结约翰·洛克菲勒的成功之道：第一，通过"人无我有"的特色赢得优势；第二，通过扩大规模占领市场；第三，以精明而大度的竞争手段赢得商业伙伴；第四，大胆用人，并重视才干与道德两个方面，建立强大的团队；第五，既努力挣钱，也努力回报社会，让崇高的目标引导企业永续发展。

超级富豪的金钱观

文 / 凌云

　　在洛克菲勒家族，挣钱是个光明正大的事情。约翰的孙子戴维就说过，挣钱能力是社会进步的一个关键因素，利润产生了就业，创造了财富，以任何其他社会或经济体制所无法实现的方式给予人们力量。正因如此，所以谁都不应该因为赚钱而感到羞愧。

　　约翰就是这样，他对于金钱是很有感觉的。约翰出生在纽约上州的一个农场里，是六个兄弟里的老二，家里不算富也不算穷。七八岁的时候，他就在妈妈的支持下做了第一笔买卖。当时他养了一群火鸡，妈妈给他一些牛奶的凝乳喂养。养大火鸡以后，他把它们都卖掉了。这件事他津津乐道，因为几乎没有什么支出，都是利润。

　　1953年，他14岁的时候，一家人搬到了俄亥俄州。他们在克利夫兰附近买了房子，后来约翰在当地上高中，毕业以后在一所大学读过短期的商业课程。他相当聪明，6个月的课程3个月就学完了，然后就在当地一家代理农产品的公司当助理会计。这个工作，他是碰了几个月的壁以后才找到的。老板说，"我们给你这个机会"，但是没有提薪酬。

　　老板3个月没给他一分钱，他照样干得很卖力。随后老板给了他50美元，相当于每月16美元多一点，并且告诉他，以后他的月薪提高到25美元。约翰在财务方面是"一点就通"。他的上司是公司的总簿记员，而他在第一年的年底就接了这个工作，年薪500美元。有一件小事可以看出他的态度。有一次他在邻居的公司里，正好遇到有个管子工来收账。邻居看了一眼账单，就吩咐簿记员把钱付了。约翰想起，自己公司也聘请了这位管子工，但是每次管子工来收账，自己都会仔细核对每一个项目，哪怕一分钱都要替公司节约，避免让老板的钱流进别人的口袋。他当时想，像邻居这样对钱满不在乎地做生意，是不会成功的。

　　所以挣钱这件事，确实不必太着急，只要努力去做，机会自然就有了。但是一定要把钱看得很重，重视钱的价值才能认真地挣钱。

从本性上说，约翰是一个比较谦虚的人。当然他的生活还是很富足的，过的是富豪的日子，但是相比其他类似的富豪，他算是很节俭的。当时，卡内基、范德比尔特等富豪家族都在纽约曼哈顿的第五大道上修建豪宅，但是约翰找了一条偏僻的街道，在那里买了一栋很大的褐石房屋，在旁边还买了好几栋，预备将来家族人丁兴旺之后够用。这一点可以看出他做人是很讲实惠的。

一般的人买了新房子，肯定要大肆装修。约翰·洛克菲勒这样的豪门，会怎么装修呢？答案是不装修。这房子的原主人是一位叫阿尔贝拉·沃莎姆的女士，约翰也不在乎继续用她老气的维多利亚时代的家具和红色的墙纸。

他对自己的形象也不太在乎。其实他年轻的时候很英俊，但是后来他出现脱发，头发全部掉光了，戴上了假发。有的人说他的形象令人厌恶。他的唯一嗜好可能就是骑马。他养了好几匹马，喜欢在纽约的中央公园跑马，有时候还和弟弟以及好友比赛。

约翰吃东西也挺有意思。他早上一定是吃燕麦片，不过加入的是黄油和盐，而不是奶油和糖。他吃得很慢，每一口都要细嚼慢咽，他觉得这对消化很重要。他说，连牛奶都应该嚼一下，事实上他还真是这样干的。

约翰很少单独用餐。他的朋友和下属，包括很多来自克利夫兰的熟人，经常和他一起吃饭、聊天，气氛很轻松，而且饭桌上从来不谈生意。他其实是个蛮幽默的人，喜欢给大家讲段子，很少板着脸。他最喜欢和他侄女以及他的老管家开玩笑。管家是埃文斯太太，身材矮胖，个性开朗，嘴上也不饶老东家，经常回敬老头子的幽默。孙子戴维回忆说，有一次他邀请祖父吃他做的全鸡宴，当时已经90多岁的约翰和埃文斯太太都来了，吃得很高兴，说那顿饭味道很好。平时，每天吃完饭大家就到客厅里，客人们聊天，约翰就坐在一个舒适的椅子里打瞌睡。晚上，他总是早早就上床睡觉。

约翰饮食很随和，但是他不喝酒。他是一个很虔诚的教徒，所在的教会有严格的生活规则要求，不可以喝酒、吸烟、跳舞。不过他也不评判和自己信仰不同的人。唯一的例外可能是对他的朋友阿奇博尔德，后者是个嗜酒如命的人，约翰老想"改造"他。

细看老约翰的饮食习惯，要吃粗粮，细嚼慢咽，少吃糖，不喝酒，吃饭的时候保持愉快，这些都很科学，很有助于养生，难怪老爷子活到90多岁。而他的饮食习惯里贯穿着一种自律精神，这也是他事业成功的秘诀。

约翰有一个生活信条：没有善举的信仰是毫无意义的。所以他后来做了大量的慈善事业。可以说，他前半生研究的是赚钱的艺术，后半生追求的是花钱的艺术，或者叫作给予的艺术。他有一个习惯：记账。每一笔支出和收入，小到 1 美分的慈善捐款，他都要记录下来。如今他的账册保存在洛克菲勒档案中心。他说，自己对数据极为看重，有一种追求细节的热情。他对景观设计非常有兴趣，曾经亲自设计了自己乡村住宅的景观，甚至还搞了个小苗圃。当然，苗圃的账本也都保留着。很快他就发现，自己在新泽西种的幼苗，几年以后就能大大升值。后来他得出结论，经营苗圃是个好生意。

但是他记账还有一个特别的目的：他要把十分之一的钱捐献出去。这是他遵循基督教理念的体现。随着他的收入增加，他的捐赠数量也增加了。到 19 世纪 80 年代，约翰感到自己在捐赠方面力不从心了，不是没有钱捐，而是怎么把捐出去的钱用好。他认为自己不仅要给人钱，而且要给得聪明。他说："给钱很容易造成伤害。"所以他请来知识渊博的盖茨，为自己设计一套更加周密和系统的方法，对接受捐款的个人和机构进行评估。后来他们处理了约翰超过一半的财富，剩下的钱大部分交给约翰的儿子，而后者也继承了这种慈善传统。

约翰做慈善是对事不对人。他的一个女儿曾经在瓦萨尔学院读书，当时有位年轻的耶鲁教授哈珀经常去开讲座，一来二去，两人就认识了。约翰很欣赏哈珀的工作热情。芝加哥大学建立后，他请哈珀来当校长。两人私交很好，周末哈珀经常去约翰家做客。当时有媒体就拿这个说事儿，说约翰是因为私交而给芝加哥大学捐钱，甚至还刊登了漫画，约翰被讨钱的哈珀追得狼狈不堪。约翰否认了这种说法。他说，哈珀当校长时，从来没有向他要过哪怕 1 美元，他们也从来没有谈到芝加哥大学的财务问题。捐助芝加哥大学的时候，他采用的方法和捐助其他大学的流程一样，由专门负责财务预算和管理的大学职员提出申请，学校负责此事的委员会和校长每年固定时间和洛克菲勒基金会开会，讨论学校资金需求，而约翰本人一般不添加意见，更不需要私交。

约翰能够把捐钱的事业做得这么大，可能和他做事的专业思路有很大关系。他后来用商业协作的方法来管理慈善事业，并说，最好的慈善机构应该是由最有才能的人通过高效的方法进行管理，让每一分钱都发挥最大的效用。他甚至主张建立慈善托拉斯，来吸引商界中最优秀的人才。他认为，成功的商业人士是一个高尚的阶层，这应该也是他对自己的定位。

洛克菲勒的管理习惯

北京大学领导力研究中心创始人　杨思卓

约翰·戴维森·洛克菲勒（1839—1937），世界石油大王。他建立了石油行业的标准，创新了慈善基金模式。他是全球第一个亿万富翁和世界首富。他谱写了平民阶层奋斗崛起的传奇故事，是"美国精神"的耀眼典范。与众多富豪不同的是：洛克菲勒不仅成为美国商业神话的主角，而且投身慈善事业，谱写了慈善新时代的华彩乐章。

16岁的洛克菲勒在美国俄亥俄州的一家干货店当职员，每星期赚5美元。19岁，他下海经商，倒卖谷物和肉类。从这时起，洛克菲勒将每一笔收支记录在册，甚至不漏掉一个便士的慈善捐款。经过三年积累，22岁的洛克菲勒进入石油业，并于1870年创建标准石油公司。标准石油公司最后定名为美孚石油公司。1910年，洛克菲勒的财富已达10亿美元。

在他漫长的一生中，人们对他毁誉参半，有人认为他只不过是极具野心、唯利是图的企业家，也有人恭维他是个慷慨的慈善家。而他就是他，他知道每个人都是他自己命运的设计者和建筑师；设计运气，就是设计人生。任何设计都是有缺点的，他不计毁誉，把自己设计成了商界的维纳斯。

如果用一个关键词来概括洛克菲勒和他的商业帝国的话，那就是：设计运气，把握时机。他在给儿子的38封信中写道："每个人都是他自己命运的设计者和建筑师；设计运气，就是设计人生。我承认，就像人不能没有金钱一样，人不能没有运气。但是，要想有所作为就不能等待运气光顾。我的信条是：我不靠天赐的运气活着，但我靠策划运气发达。"

他在石油界实施的变竞争为合作的计划恰恰验证了这一点。在石油业一片混乱之时，他主动出击，22 家竞争对手归于标准石油公司的麾下，最终让他成为全美炼油业的唯一主人。能够主宰命运，危难就不是失望之酒，而是机会之杯。

他的管理理念中还有一个关键词，就是"习惯"。无论是商业、子女教育和财富传承，为什么洛克菲勒能持续取得一个又一个成功？说到底，这和他的管理习惯密不可分。

相比于传统意义上的 MBA 课程，洛克菲勒的十条管理习惯可以说是即学即用，非常了得。其中，管理习惯第五条："持续收集员工反馈，从而识别挑战和机遇。"在他的管理公式里：决策力 ＝ 眼力 ＋ 脑力 ＋ 心力。

管理习惯第九条提出，所有员工都可以定量地回答他们是否度过了美好的一天或一周：每个员工都有一个关键数字，与公司季度的关键数字一致；持续收集员工和客户反馈，从而识别挑战和机遇。如果他活在当今数字经济时代，我们可能会看到一个数字经济大王。

20 ADVANCED
COURSES
OF BUSINESS
THINKING

06

康拉德·希尔顿

康拉德·希尔顿：王朝缔造者

文 / 刘心印

希尔顿这个姓氏，始终能够引起媒体的关注。在这个家族的众多继承人中，最耀眼的当然是帕里斯·希尔顿。

2018年1月，她在个人社交账号晒出被演员男友克里斯·泽尔卡求婚的大批照片，开心地公布喜讯："我说好！很开心、很兴奋和我生命中的挚爱订婚了，他是我最好的朋友和灵魂伴侣，在各方面都很完美，是一个如此忠诚、专情、善良、充满爱意的男人。"很快，这个消息就成为火遍全球的娱乐新闻。但好景不长，她传出感情生变后，又在社交网站引用梦露的名句："我相信发生的一切都会有它的原因。人会变，你要学会放手；有坏事发生，这样当好事发生时你才懂得珍惜美。你曾相信谎言，总有一天你才可以学会除了自己，别相信任何人。有时候好事多磨，更好的才会来到。"男友要讨回如鸽子蛋大小的22克拉钻戒，更引发外界议论纷纷。

人们总是关注帕里斯·希尔顿的感情史，而忽略了她其实是一个成功的商人。她名下的品牌涉及香水、服装、手袋、宠物产品甚至手机游戏，她从家族继承的，不仅是名气、财富，还有卓越的经商才能。保持高曝光率，和娱乐圈紧密联系，似乎是希尔顿家族的传统。希尔顿集团在全球80多个国家拥有4000多家酒店。在许多城市，希尔顿酒店都是当地的地标性建筑，对于旅行者而言，希尔顿代表着可靠、安全、舒适和无微不至的服务。这样庞大的酒店集团，至今已经传了三代，称之为"王朝"一点儿也不为过，而亲手缔造这一王朝的康拉德·希尔顿，也是一个各方面都丰富多彩的人。

康拉德·希尔顿的第二任妻子，电视明星莎莎·嘉宝是那个时代的话题女王，其长子小康拉德·尼基的第一任妻子是著名影星伊丽莎白·泰勒，希尔顿家族的宴会，时常星光熠熠，是名副其实的名利场。但当人们把视线从灯火辉煌处移开时，就会发现这个家族其实有着耐人寻味的财富密码。为什么康拉德·希尔顿能白手起家，并成功地挺过了美国在二十世纪二三十年代的大萧条？在不断地兼并酒店的过程中，希尔顿是否也遇到过困难？是什么让希尔顿家族长盛不衰？为什么特朗普要把康拉德·希尔顿视为偶像，并给自己的第三个儿子取了和康拉德次子一样的名字？这些问题，都隐藏在其中。

逆境苦战：把大家都变成合伙人

人们常说，成功需要天时、地利、人和，三者缺一不可。其中，天时是最无法预测和掌控的因素。每个企业家一生中总会经历经济危机、大萧条甚至是社会动荡、战争等大环境的考验。康拉德·希尔顿 1887 年出生，1979 年去世，他的一生中经历了"一战"、美国大萧条、"二战"等对于旅游业来讲灾难性的事件。当同行们都纷纷破产的时候，康拉德是如何生存下来的呢？

1929 年 10 月，美国爆发历史上最严重的经济危机。当时纽约流行一首儿歌："梅隆拉响汽笛，胡佛敲起钟。华尔街发出信号，美国往地狱里冲！"一切商业活动都戛然而止，无家可归者陡然增加，旅行的商人越来越少，即使有也住不起高档酒店了，酒店行业面临历史性的毁灭。

此时的康拉德，事业刚刚起步，如何熬过这一关呢？关键的一招就是把大家都变成合伙人，找到利益一致的地方。

有一次，他发现达拉斯的商业区只有一家饭店，认定在黄金地段建一栋高档酒店一定能赚钱。他看中了一块地，但地产商德米克开价 30 万美元。康拉德带着 5 万美元去找德米克："我买你的地是想造一座最气派的酒店，但我的钱只够造一个普通旅店。所以我想租你的地。"他给出了很优惠的条件："我的租期为 90 年，分期付款，每年租金 3 万美元，你可以保留土地所有权。如果我不能按期付款，你可以收回土地和酒店。"德米克觉得划算，就同意了。

支付第一年土地租金后，康拉德又提出以土地使用权为抵押去银行贷款，德米克不得不同意。康拉德得到 30 万美元，又找到了一个投资者出资 20 万美元，加上一些自有资金，虽然资金缺口还较大，但他坚持在 1924 年开始兴建酒店。但工程建到一半时，他的资金用完了。他又找到德米克，如实说明情况，希望德米克出资把酒店建完。他说，酒店完工后，德米克可以完全拥有它，但应该租赁给自己经营，他会付每年 10 万美元租金。德米克此时利益已经和康拉德绑在一起，同意出资完成酒店工程。酒店终于顺利建成。

大萧条开始后，不到一年的时间，康拉德就负债累累。为了维持住埃尔帕索·希尔顿酒店的运营，他将部分客房用木板封住，切断供暖和电源，想尽一切办法降低费用。但尽管如此，当埃尔帕索酒店的租金到期的时候，他仍然交不上接下来的租金，而他清楚地意识到这意味着他的生意将彻底终结。康拉德召集一群供应商和他的母亲一起开会磋商。他承诺，如果这些供应商每人愿意出 5000 美元来帮助他渡过难关，等经济形势好转了，他会一直与他们合作，只要他还拥有这家酒店。而如果他们不支持他，康拉德失去了酒店，也就永远还不上他已经欠下的那些钱了。康拉德最坚定的支持者——母亲玛丽同样承诺拿出 5000 美元，并且用眼睛依次盯着每一个参加会议的人。谁能残忍地拒绝一位坚毅又慈爱的母亲呢？在参会的七位商人全部掏出钱包后，康拉德立刻拿着钱冲到银行交了租金。

然而，接下来有越来越多的账单让康拉德无力支付，当有个家具公司因为 178 美元将他告上法庭时，康拉德的律师建议他申请破产。康拉德用拳头重重地砸在办公桌上，坚决拒绝破产，他始终坚信自己能撑下去。

有数据表明，大萧条时期，美国有 80% 以上的酒店破产了。康拉德的债权人当时也可以收集所有的票据来摧毁他，但他们意识到在如此可怕的环境下，康拉德是做得最好的。他们选择相信他。曾有一个乳品商向康拉德催账，康拉德说："如果你能延长我的信贷，我的酒店会一直从您那儿采购乳品。"康拉德果然做到了，并且在挺过难关后，写信给许多债权人："当最艰难的时候，你帮过我，现在我想帮你。你想要一份工作吗？或者你想购买公司的股票吗？我能做些什么来报答你的帮助呢？"

最窘迫的时候，康拉德一度急需 500 美元周转，达拉斯酒店的一名行李生拿出了毕生积蓄交给他。他对康拉德说："希尔顿先生，这是我的全部积蓄，我希望您能收下它，因为我知道您能用它做些什么。"康拉德说："我不会接受施舍，但愿意把它作为投资。"这位行李生显然是一位富有远见的天使投资人。他后来成为希尔顿集团负责西部片区的副总裁，并从股票中获得了巨额回报。

可以说，康拉德是用众筹的方式渡过了难关，信誉是他最重要的资产。当美国经济复苏，他的企业重新走上正轨，康拉德发现由于他没有宣布破产，他和主要资助人之间结成了更为紧密的联盟，这也使他后来能够兼并更多的酒店。

欲擒故纵：用小人之道对付小人

重感情的康拉德，收到的也并不都是友谊的鲜花。如果遇到不诚信的生意伙伴，怎么办？也许，用小人之道对付小人是最合适的。

1945 年，康拉德·希尔顿 57 岁。此时，通过 20 多年的攻城略地，他已经在美国初步建成了自己的酒店帝国，但在芝加哥仍有一个酒店让他心心念念，时刻想要据为己有。这就是史蒂文斯酒店。史蒂文斯酒店建于 1927 年，投资高达 3000 万美元，比建造洋基体育场的成本还高。这家当时世界上最大的酒店有 3000 间房间，配有自己的电影院、保龄球馆、小型高尔夫球场，甚至还有自己的医院和手术室。可惜史蒂文斯酒店没有挺过大萧条，被迫宣布破产，被政府实施破产管理，还一度被用于安顿陆军航空兵，成为兵营。

当康拉德考虑接手史蒂文斯酒店的时候，它的所有者是一个叫史蒂夫·希利的建筑商。与史蒂夫·希利的交易成了康拉德一生中最困难的一笔生意。

康拉德和自己的好朋友威拉德·凯斯坐着火车、唱着歌去芝加哥的时候，信心满满、志在必得。一开始，史蒂夫·希利说他想在史蒂文斯酒店项目上赚 50 万美元，因为他之前为了获得酒店的经营权已经支付了 500 万，所以他想要得到 550 万。这是康拉德愿意接受的一个价格，两个人当场握手庆祝交易成功。但那之后希利就消失了，康拉德到处找不到他。

等希利终于再次露面的时候，他厚颜无耻地说想赚 65 万美元。虽然很恼火，但因为康拉德实在太想得到这家酒店，就勉强同意了。可是，希利故伎重演，又消失了，几个星期后，当他再次出现时把想要赚取的利润抬到了 100 万美元。康拉德对希利的贪婪和无信非常愤怒，但对史蒂文斯酒店的喜爱让他仍然渴望把交易进行下去，于是又一次同意了。接下来发生的事情，读者也许已经猜到了，是的，希利又消失了。

康拉德怒不可遏，对他的好朋友威拉德大吼："谁教这个家伙做生意的？"无奈之下，威拉德建议一起在芝加哥转转，看看有没有什么别的酒店可以买。很快，帕尔默酒店吸引了康拉德的目光。

帕尔默酒店规模宏伟，有 25 层楼高，设计端庄简洁，康拉德对它几乎是一见钟情。于是，他立刻去找了芝加哥的朋友、建筑原料供应商亨利·克朗。此人在几年后购买了帝国大厦。

克朗听了康拉德的诉求后，吃惊地问："帕尔默酒店在卖吗？"康拉德说："我不知道。"克朗建议他，如果可能，不妨把史蒂文斯和帕尔默一起买下来。

接下来克朗把康拉德介绍给帕尔默酒店的霍利斯。后者婉转地表示，"我们没有接到过收购报价，但也不会拒绝报价"。在经过一番复杂的计算后，康拉德给出了 1850 万美元的预估出价，最终价格还要在他看完酒店的财务、税务记录和其他账本之后再定。但当霍利斯发现希尔顿也在试图收购史蒂文斯酒店时，他犹豫了，说不允许自己酒店的账本有一天可能被竞争方的人查阅。

此时，康拉德觉得是时候见见希利了，他让好朋友威拉德去找希利，并告诉他，康拉德已经彻底不想要史蒂文斯酒店了，现在正在谈判购买帕尔默酒店。这招果然见效，第二天一早，康拉德就接到了希利的电话，并且说绕了一圈之后，他觉得赚 50 万美元就好了。此时的希利比任何时候都急于甩掉史蒂文斯这个包袱。

在完成史蒂文斯酒店的交易后，康拉德又会见了帕尔默酒店的霍利斯，并向他解释了发生的一切。霍利斯说他仍然有兴趣出售酒店，但考虑到目前的状况，他觉得他理应得到一个更好的价格。为了证明自己的诚信，康拉德同意将总价升到 1940

万美元。

于是，康拉德很快就拥有了芝加哥城里最受瞩目的两家酒店。在交易的最后一刻，康拉德发现他还缺少100万美元，当时的100万美元大概相当于现在的1100万，康拉德又去找克朗救急。克朗说："我们是朋友，我佩服你做生意的方式，你脸皮厚，但你是正大光明的。"然后，立刻借给了康拉德100万美元。

这就是康拉德·希尔顿做生意的方式，虽然从结果上看，他并没有省钱，却成功地将主动权掌握在自己手上。

憎恨平庸：把平庸之子逼成接班人

康拉德·希尔顿是希尔顿王朝的"开国之君"，和所有"君主"一样，他也面临着如何培养接班人，并在其中做选择的问题。康拉德·希尔顿有三个儿子一个女儿，他最看重的是长子小康拉德·尼基和次子威廉·巴伦。而小儿子埃里克和女儿弗兰西斯卡被外界认为并非康拉德亲生，而康拉德对他们的态度和遗嘱也佐证了这种猜测。

希尔顿家的继承人有着好莱坞明星一般的相貌，尼基和巴伦都帅气、幽默、广受欢迎，但他们的学习成绩和父亲一样，都不太好。从上中学开始，康拉德对尼基和巴伦的态度就明显不同。他总觉得长子尼基已经全力以赴，只是在学习方面缺乏天分，而次子巴伦则是因为懒散，应该更加投入。

康拉德憎恨平庸。在密歇根大学毕业典礼上发表演说时，他说："在神与法律面前，人人平等。但如果说人在其他方面是平等的，显然是无稽之谈。平庸是我们为完全平等所付出的代价。如果有一件事是我们的国家今天所需要的，那就是摆脱平庸，找到那些优秀公民，优秀商人，优秀的父亲、母亲、妻子和优秀的政治家。"

连其他公民的平庸都无法容忍，康拉德当然更不能接受自己亲生儿子的平庸表现。对在学校表现平庸的巴伦，康拉德在书房安排了一次会谈，与巴伦研究列出了一个可接受行为的规章制度纲要。内容包括父子共同的责任、津贴、职责和权限。

巴伦勉强同意了这些严格的条款后，两个人签署了合同并各执一份。对于康拉德而言，他现在与巴伦有了一个不可撤销的交易。但少年巴伦显然没有能力执行合同，最终还是从高中辍学了。

尼基和巴伦仅相差一岁，两个人是天生的对手，他们永恒的竞争目标是父亲的重视和喜爱。一开始，两个人都表现出对父亲的酒店业不感兴趣。但后来，尼基决定接受父亲给的差使，去贝莱尔酒店任经理。因为，这将让他在与弟弟的竞争中占得先机。

但巴伦后来居上。1927 年，年仅 20 岁的巴伦结婚了，第二年他的长子出生。婚姻让他意识到自己的责任，在妻子的劝说下，巴伦决定到父亲的企业上班。当他走到康拉德的办公室，请求一份工作时，康拉德是这样回答他的："我可以给你安排一份每月 600 美元的工作。"巴伦说："您是在和我开玩笑，对吗？"但显然，康拉德是认真的，他最初给尼基的工资也是这么多，和希尔顿公司所有新入职的员工一样。

但巴伦拒绝接受，他向父亲解释，他要养妻子和儿子，还要请一个厨师和保姆，必须每月 1000 美元才能够维持家庭的开支。尽管康拉德自己家中有管家、司机、厨师等一大群人，巴伦从小就是在这样的环境中长大的，但康拉德并不认为巴伦自己的小家也需要请人帮忙。父子俩僵持不下，最终，巴伦选择推门而去，康拉德说："如果你认为你可以每月挣到 1000 美元，就一直往前走；如果你回心转意，我们总可以再谈。"巴伦没有回头。很快，他和朋友合伙开了一家经营柑橘贸易的公司，并获得成功，每月赚到不止 1000 美元。巴伦违背了父亲的意愿，却用自己的方式得到了父亲的尊重。

因此，当巴伦再次决定回到父亲的企业工作时，他得到了更好的职位——负责电视工作的公司副总裁。这个职位今天看起来有点可笑和莫名其妙，为什么酒店房间的电视还需要一个专门的副总裁来分管？那是 20 世纪 50 年代，且希尔顿是当时全美国第一家在每间客房都提供电视机的连锁酒店。就像现在如果有酒店决定在每间客房里都安装 AR 设备，恐怕也需要一个团队来专门管理。

在希尔顿集团工作十几年后，人们发现巴伦越来越像他的父亲康拉德，不仅是行事作风，连举止、神情都越来越像，很多时候老员工会产生一种错觉，好像年轻的康拉德在同他们谈话。到 1966 年，通过不断地证明自己的能力，巴伦全面接手了希尔顿的国内业务。国外业务则一度由尼基负责，但最终康拉德选择出售了海外业务。毫无疑问，这是康拉德一生中最错误的决定，不仅因为它后来被市场证明是一个失误，还因为它直接导致了尼基的死。康拉德出售了海外业务，在尼基看来，无异于是宣布了父亲对自己的放弃以及弟弟的胜出。这让他的精神完全崩溃，之后一蹶不振，终日意志消沉、纸醉金迷。最终，年仅 43 岁的尼基，死于酒精、滥用药物和心脏病，或者更加准确地说，死于绝望。

王朝好像总少不了兄弟相争的故事，希尔顿王朝也是如此。但巴伦自己的家庭，却非常幸福，他有八个子女，著名的帕里斯·希尔顿就是巴伦的孙女。在巴伦全面接掌希尔顿集团，尤其是康拉德·希尔顿去世之后，人们开始真正见识到了巴伦的经营手段。

1979 年，康拉德·希尔顿死后，留下了一笔大约 2 亿美元的流动资产，相当于今天的 60 亿美元。除此之外，他还持有至少 5 亿美元股票。康拉德将绝大多数遗产留给了希尔顿基金会用于慈善事业，分给亲友的只是 7 亿美元中的 150 万美元，其中留给巴伦的是 75 万美元股票，他的 14 个孙子、孙女，每人得到 15000 美元。

追求双赢：与特朗普成为知己

巴伦是那种天生知道自己要什么的人，并且他总能成功。康拉德的遗嘱显然对他不利。唐纳德·特朗普是巴伦的朋友。他在的《交易的艺术》一书中写道："康拉德只给巴伦象征性数量的股票，其结果就是使巴伦成了一名公司高管，少了一个主要股东的决策力量。"

特朗普的评价在一定程度上是准确的，但并非定局。康拉德的遗嘱中还有一个规定，巴伦可以用评估价优先购买他在希尔顿集团的股票。在康拉德去世 4 年后，巴伦利用遗嘱的漏洞组织起强大的律师阵容与康拉德基金会打起了官司，这场被称为"巴伦行权"的官司历时 10 年，轰动全美，结果当然是巴伦赢了。他从中获利 5

亿美元，特朗普不禁感慨："巴伦重写了他父亲的遗嘱。"

特朗普与巴伦的友谊是如何开始的呢？这要从巴伦人生中最重大的危机谈起，那一次他差点葬送了父亲交给他的王朝。20 世纪 70 年代，大西洋城实施了赌博合法化，许多酒店都在海边抢占一席之地。巴伦也参与到这个投资大潮中，他花费了 3.2 亿美元建了一座拥有 614 间客房的宏伟酒店和 6000 平方米的赌场，这是希尔顿集团历史上最大的工程。但在 1985 年 2 月 28 日，新泽西博彩监管委员会竟然拒绝了巴伦的赌场牌照申请。这种事在同类酒店中从未发生过，更何况是蜚声国际的希尔顿酒店。

巴伦的震惊和愤怒可想而知，他不断地问自己，如果是父亲会怎么做？康拉德也许不会犯这样本末倒置的错误，会先申请牌照再开工，但毫无疑问，他不会轻易放弃。新泽西州博彩官员给出的官方解释是，希尔顿集团和涉及黑帮的一名芝加哥律师有瓜葛，因此没能得到牌照。而特朗普则认为是因为巴伦的过度自信，在巴伦看来得到牌照是理所当然的，提出申请是给委员会帮了一个忙。而博彩委员会的看法正相反，他们狠狠地回击了巴伦的傲慢。

巴伦本来计划在 3 个月后让酒店对外营业，并且已经雇用了 1000 多名员工。他被打了个措手不及，本想再次申请听证，但董事会的其他成员劝他，如果申请牌照再次被拒绝，不仅会影响希尔顿的股票价格，还会导致斥巨资建造的酒店严重贬值。简单地说，不光这家酒店彻底砸手里了，还会连累整个公司。此时，理智的做法应该是寻找一个潜在买家，接手这家酒店，尽可能多地收回工程成本。

潜在买家很快就出现了，但是来者不善。他叫史蒂夫·永利，是另一位酒店大亨，坐拥大西洋城和拉斯维加斯两家最赚钱的博彩酒店。他趁火打劫，在此时发起了对希尔顿的恶意收购。史蒂夫·永利对《纽约时报》说："这家公司 40% 的收入来自博彩，这回却被裁定不适合世界上最大的博彩市场。作为股东，我非常担心。这是希尔顿的一个污点。"

巴伦显然不能接受这样的羞辱，他主动去寻找另一个买家，这个人就是特朗普。此前，他们从未见过面，但神交已久，特朗普在巴伦没有得到牌照的当天就给他打了电话表示关心和安慰。那一年，特朗普 38 岁，是纽约鼎鼎大名的地产大亨，也是康拉德·希尔顿的头号粉丝，他投身酒店行业就是受了康拉德的影响，据说，他曾专门打电话给康拉德的遗孀，想要去了解偶像的一切，并表示想成为另一个康拉德·希尔顿。

很快，巴伦通过中间人约见了特朗普，两人相谈甚欢，对彼此都高度认同。最终，巴伦愉快地接受了特朗普3.2亿美元的报价，而拒绝了永利的3.44亿美元。之后，特朗普没费吹灰之力就获得了赌场牌照，将酒店更名为特朗普城堡后，马上就开门营业了。

有意思的是，在将3.2亿美元现金交给巴伦之前，特朗普甚至都没有去看过这家他所要购买的酒店。作为希尔顿的忠诚粉丝，他相信希尔顿品牌就意味着最好的品质。结果也没有令他失望，一切都是顶级的，好中的最好。许多年后，特朗普回忆说："当时我在想，现在我懂了，我看到的就是康拉德·希尔顿的影响力，不管过了多少年，他的影响力都还在。"

显然，这是一次双赢的交易。对于特朗普而言，能花这个价钱接手一家希尔顿豪华酒店，实在是相当划算。而巴伦也成功地避免了被一次失败的投资拖垮，而且最大限度地为公司挽回了损失。2006年3月，特朗普给了巴伦通常人们认为最伟大的赞美，他将自己的第三个儿子取名为巴伦·特朗普。

值得一提的是，为何希尔顿的酒店被视为品质的保障？可以看一看康拉德·希尔顿的经营经验。首先，康拉德·希尔顿认为仔细利用空间极为重要。收购一个酒店之后，他通常都会加以改造，把尽量多的空间用于向顾客提供周到的服务。比如，把大厅缩小变成客房，把储藏室改成礼品店或酒吧，把前台变小，增加一个零售商店，把无用的休息处变成报刊亭，等等。而且，这些改造往往是悄悄地进行，并不会影响酒店的经营和顾客休息。

其次，员工的满意度导致生意兴隆。这点很好理解，酒店业拼的就是服务。员工对工作的满意，最终会转化为顾客对服务的满意。

最后，是康拉德酒店早期的标语"以少得多"，意思是顾客可以用低廉的价格享受到高端的服务。许多服务质量的提升，并不需要增加太多的成本，比如给顾客提供更多的选择。早期，康拉德那些小酒店的菜单总是非常丰富，让老顾客们念念不忘。康拉德在资本运作之外的早期酒店管理经验，其实完全可以用在民宿、旅店的经营中。

星光熠熠的希尔顿家族

文 / 刘心印

希尔顿家族能始终吸引大众眼球的原因，并不仅仅是财富，更是他们始终和好莱坞保持密切的联系。康拉德的第二任妻子、尼基的第一任妻子和历任女友，都是好莱坞最美的女人。而康拉德和他的儿子们也个个英俊潇洒、风度翩翩，他们演绎的是既真实又梦幻的豪门故事。

莎莎·嘉宝是康拉德·希尔顿的第二任妻子。这是个神奇的女人，当然也是个美丽的女人，她曾经获得"匈牙利小姐"称号。1941 年，在好莱坞的一间夜总会里遇到康拉德的时候，莎莎·嘉宝刚和前夫分手来到美国，还没有办完离婚手续。那一年莎莎 24 岁，康拉德 54 岁。

莎莎在回忆录中把他们的初次见面描绘成一见钟情，说康拉德·希尔顿让她想起了好莱坞西部片中的英雄。但美国著名的八卦专栏作家希拉·格雷厄姆却说："莎莎第一眼就看中了希尔顿的钱包，当然这可以算是一见钟情。"

希拉的评价也许不算离谱。莎莎的母亲朱莉·嘉宝是那个时代好莱坞最著名的星妈，她的两个女儿都是明星，自己也非常喜欢出风头。如果当时有电视真人秀节目，她们一家很可能比卡戴珊一家更精彩。在朱莉·嘉宝的自传中，她承认莎莎刚到美国，她就建议女儿这次要嫁给一个酒店业的人。她告诉莎莎，那意味着美味的食物、非常好的住宿和无数的派对，可以使生活过得有品位。

在莎莎与康拉德相遇的那个晚上，跳完第三支舞后，莎莎对康拉德说："我想，我要嫁给你。"康拉德显然被这个布达佩斯美女迷住了，他重复了莎莎的话，然后说："好吧，为什么不呢？"

但康拉德要娶莎莎，可没那么简单。康拉德是非常虔诚的天主教徒，而莎莎不是。

并且因为康拉德结过一次婚，前妻仍然健在，新的婚姻将不被教会认可，他也不能再参加天主教堂的圣事活动和告解仪式。被教堂排除在外，是康拉德绝不能接受的。

但屈服于困难，同样是康拉德不能接受的，最终，他找到了妥协的办法，冒着不被教会承认的风险，在一家酒店里举办了婚礼。那时他们认识还不到四个月，婚前，康拉德有过一丝犹豫，因为莎莎声称自己只有16岁，不过康拉德想女人谎报年龄应该只是无关品德的小事。此后，终其一生，康拉德都没有搞清楚莎莎的真实年龄。

康拉德向莎莎求婚时，拿出了两枚钻戒，一枚耀眼夺目，非常大，连收藏家也会赞叹；另一枚，则稍显普通、保守，但不失体面。莎莎选择了小的那一枚，很多年后，她回忆说："这差点要了我的命，因为上帝都知道我想要那枚更大的。"但康拉德对莎莎的选择很满意。

婚后生活，他们有了更多的分歧。即便是新婚之夜，康拉德满脑子想的也是收购酒店的事情，搬回在比弗利山庄的豪宅之后，康拉德立即和莎莎分房睡，他不允许自己的生活被任何人打扰。并且，他经常不打招呼就出差。莎莎梦想过上奢华的生活，但他每个月只固定给莎莎并不算慷慨的零花钱，一旦花费超额了，就得从下月的预算里扣。在莎莎与管家发生冲突之后，康拉德说："你可以走，但是管家不能换。"

这一切都导致了两人的最终分手。1947年3月，莎莎在离婚6个月后生下了女儿弗兰西斯卡，她给女儿冠以希尔顿的姓氏，并在女儿的出生证明上把自己的年龄写成21岁，事实上，那时她应该已经30岁了。希尔顿为了维护家庭的名誉，从未否认过女儿是自己的，但在遗嘱中写明，不留任何东西给莎莎和她的女儿。

有趣的是，莎莎和希尔顿相爱相杀了几乎30年，不管中间莎莎又嫁给了谁，她都经常作为家人被希尔顿邀请参加家庭宴会。虽然，康拉德拒绝给莎莎一分钱，但经常给予她事业上的指导并帮助她打官司。最终，莎莎凭借过人的美貌和幽默的谈吐，成了家喻户晓的电视明星，并终身和希尔顿一家保持紧密的联系。

伊丽莎白·泰勒比莎莎的名气要大得多。1949年9月，伊丽莎白遇见康拉德·希尔顿的长子尼基的时候，虽然年仅17岁，但已经主演了十几部米高梅的电影，全美国都为她的美貌倾倒。尼基当时23岁，是全美知名的富二代，好莱坞最著名的花花公子，有着明星般俊美的相貌。

巧合的是，他们相遇的夜总会正是康拉德向莎莎求婚的那一家。而且在那前一天，伊丽莎白刚和前男友分手。一切都是闪电式的，尽管康拉德·希尔顿并不看好，两个人还是在 8 个月后举行了婚礼。

婚礼过后，这对全美国最受关注的金童玉女就堕入了地狱般的生活。尼基和伊丽莎白登上"玛丽女王号"开始了他们的蜜月之旅。尼基像普通旅行一样，只带了几只箱子。而伊丽莎白带了 17 只箱子、1 个女佣和十几名工作人员。摄影记者和粉丝们无处不在，他们在这艘大船上毫无隐私可言，尼基感觉无处藏身。尽管船上还有温莎公爵夫妇，但人们最感兴趣的还是伊丽莎白。尼基后来抱怨说，他总感觉门口有人偷听，他好像不是和一个女孩结了婚，而是娶了一个机构。

两个被宠坏了的年轻人显然没有能力处理这一切和控制情绪。郁闷的尼基开始酗酒、赌博甚至和伊丽莎白互相殴打。更可怕是，这趟蜜月旅行要整整三个月。所以，意料之中的，在船终于靠岸之后两个人就分居了。

最终，结婚还不到一年，伊丽莎白就提出了离婚，一切都像一场闹剧。或许婚姻对于两个年龄加起来只有 40 岁的人来讲，太困难了。

令人欣慰的是，两人在分手几年后，达成了和解。尼基虽然后来和许多好莱坞明星谈过恋爱，但最终的婚姻选择了一个中产阶级家庭的女孩，婚后生活幸福。伊丽莎白·泰勒则终身生活在镁光灯下，总共结了 8 次婚。

每一家希尔顿酒店开业，按照惯例都会举行一个盛大的聚会，有时甚至要持续两三天。政要、明星、巨贾云集，希尔顿家的请柬成为进入上流社会的入门卡，即便是远在欧洲的酒店开业，也会有美国的当红明星不远万里前去捧场，这无疑是希尔顿酒店最好的广告。

所以，很难说和好莱坞明星之间错综复杂的关系，是希尔顿家族的私生活还是商业手段。

宾至如归的酒店王国

北京大学领导力研究中心创始人　杨思卓

如果用一个关键词来概括一下希尔顿和他的王国的话，那就是宾至如归。希尔顿的旅馆王国首先是员工的家，许多高级职员都是从基层逐步提拔上来的。希尔顿对于提升的每一个人都十分信任，如果他们之中有人犯了错误，他常常单独把他们叫到办公室，先鼓励安慰一番，告诉他们："当年我在工作中犯过更大的错误，你这点小错误算不得什么。"然后，他再帮他们客观地分析错误的原因，并一同研究解决问题的办法。他认为，只要企业的高层领导，特别是总经理和董事会的决策是正确的，员工犯些小错误无碍大局。希尔顿的处事原则，得到了丰厚的回报：整个团队积极向上，对领导信赖忠诚，对工作兢兢业业。

风调雨顺之后也许就是灾难重生。1930年是美国经济萧条最严重的一年，全美国的旅馆倒闭了80%，希尔顿的旅馆也一家接着一家地亏损。希尔顿亲自到一线面对员工："我们希尔顿旅馆很快就能进入云开月出的局面。因此，我请各位记住，无论旅馆本身遭遇的困难如何，希尔顿旅馆服务员脸上的微笑永远是属于顾客的。"事实上，在那纷纷倒闭后只剩下的20%的旅馆中，就有希尔顿。

当时，有人问他把握经营尖端的诀窍是什么。希尔顿说："站在时代的前沿。"其实这只说了一半，另一半就是："宾至如归的理念。"希尔顿满世界飞行，随时知道他写的《宾至如归》一书中的理念是否落地。他自己经常不归家，也许希尔顿终身喜爱的家，真的就是酒店。

20 ADVANCED
COURSES
OF BUSINESS
THINKING

山姆·沃尔顿

山姆·沃尔顿：沃尔玛之父的零售真经

文 / 孙夏力

　　虽然这是一个电商发展迅速的时代，但沃尔玛所代表的传统零售业，依旧有着强劲的竞争力。在 2018 年的圣诞假期购物季，美国超市两巨头沃尔玛和塔吉特的在线销售额像滚雪球一般迅速增长，增长速度超过了竞争对手亚马逊公司。华尔街分析师认为，这表明两家公司不断扩大中的全渠道发展计划正在与购物者产生共鸣，其增长速度已经超越其他实体零售商以及亚马逊公司等在线零售商，而且在线购买、到店取货的模式也对这两家零售商形成了支持。

　　信步走在沃尔玛超市里，选购那些你再熟悉不过的、价格低廉的生活用品，此时你很难意识到作为一家企业，沃尔玛是多么伟大。它从 2014 年开始，连续四年蝉联《财富》杂志世界五百强榜首。它的营业额全球最高，也是世界上雇员最多的公司。可以说，沃尔玛的财富和权力，举世无双。这一切，都和它的创始人山姆·沃尔顿分不开。

　　1962 年，沃尔顿借钱开办了第一家沃尔玛门店。1992 年沃尔顿去世的时候，沃尔玛的销售额刚刚突破 400 亿美元，到 2016 年，这个数字已经达到 4800 多亿美元。去世后 20 多年，沃尔顿依然在影响着整个世界。

找到好货：精选最有销售潜力的商品

沃尔顿的理念是销售为王，把最好的商品卖出去，这是他一生追求的事业。

在中国，如果父母问孩子长大后想干什么，孩子的回答一般是科学家、医生、老师，这样父母会很满意。如果回答是明星、工人、司机，也说得过去。但如果孩子说他将来想做一名推销员，那父母可能就不太乐意了。

然而，推销员这个职业，是沃尔顿一生的志向。从很小的时候，他就知道自己很擅长卖东西。大学毕业后，他的职业规划是做一名保险推销员。后来误打误撞找到了一个百货商店的职位，从此在零售业一干就是 52 年。他在自传《富甲美国》里写道："我不太懂什么命运之类的事情。不过我很确定这一点：从一开始我就爱上了零售业，到现在我依然对它充满热爱。"

有这样一个老板，销售为王自然成了沃尔玛的基因。沃尔玛之前的 CEO 大卫·格拉斯说："要是你想像我们一样发展你们的公司，你就必须以销售为驱策。在零售业中，你要么以运营为驱策，要么以销售为驱策。那些真正以销售为驱策的商人，总是能不断改善运营状况。但那些以运营为驱策的人，往往业绩平平，渐渐开始走下坡路。"

什么叫以销售为驱策？首先就是找到最好卖的商品。这可以说是沃尔顿的一种天赋。据一位最早为他工作的店员回忆，20 世纪 50 年代，沃尔顿去纽约出差，几天后回来，高兴地对大家宣布："快来看，这东西今年一定会大卖。"他带回来一个大箱子，里面装满了一种奇怪的拖鞋。当时大家都没见过这样的拖鞋，都嘲笑沃尔顿，说这样的拖鞋会把脚指头磨起疱，肯定没人会买。但沃尔顿坚持己见，他把这些拖鞋拿出来，一双双系好，堆在店里的一个大桌子上，标价 19 美分。后来的事情让店员们都惊呆了，他们从没见过什么东西卖得这么快，一双接着一双，很快镇上每个人都有了一双这样的拖鞋。这就是人字拖。

沃尔顿这样的天赋其实建立在一种专注上，专注于观察人们到底需要什么。有一次，沃尔顿在商店里举行了一次大促销，他在地板上摆满了桶，桶里装着各种打折商品。镇上的妇女都冲进店里弯腰抢购。看到此情此景，店员们都非常开心，庆祝促销成功了。只有沃尔顿一个人若有所思，之后他对下属说："赶紧去进一批质量好的内衣。"原来，当时美国经济刚刚复苏，很多普通家庭的女性内衣都穿了很久，磨得相当破烂了。

沃尔顿盯着女顾客的领口看内衣这个行为是不是合适，这个问题我们先不讨论。重点是，他无时无刻不在观察人们的衣食住行，无时无刻不在思考人们真正需要的商品到底是什么。这一点往往被很多从业者忽略，他们总是把关注点放在销售的方式上，而忘记了销售的第一步，就是体察顾客的需要和痛点，然后从无数种商品中，选择出最容易卖出去的几种。没有合适的商品，再好的营销手段都只能算是噱头和炒作，无法带来销售额的持续增长。

如今，沃尔玛也进入了电商时代，但精挑细选依旧是其一大任务。2018 年，沃尔玛网站拥有超过 4200 万种产品，但自营商品只有 350 万种，其余都是第三方卖家销售。沃尔玛的自营商品策略是专注于百万畅销商品，而让市场提供更丰富的补充。在产品方面，家居、图书、电子产品和汽车相关产品是沃尔玛网站上的四个热门大类目。但是在沃尔玛网站上出售的电子产品中，只有 3% 是沃尔玛自己销售的。在珠宝和手表领域，比例更低至 2%。2016 年和 2017 年，沃尔玛的重点是扩大商品目录，但管理层很快发现这种做法效果适得其反，导致产品质量低劣。此后，公司不再讨论产品目录的多少，而是更注重质量。

卖出好货：把销售手段用到极处

选好商品之后，想要尽可能多地卖出去，还是需要一些技巧和手段的，这也是沃尔顿一生都擅长和热衷的事。

沃尔顿说："相比这个国家绝大多数其他的零售业管理人员，我更多地强调商品的销售和促销的重要性。那是我内心深处一种纯粹的喜好。我喜欢销售，促销是我经商生涯中最喜欢做的事，没有之一。我真的很喜欢挑选出一件商品——也许是最基本的生活用品——然后唤起人们对它的注意。"

同样的商品，如何能卖得比别家好？一个最简单粗暴的理念就是——价格低。沃尔顿有一个著名的"女裤理论"：一条女裤，进价每条 80 美分，原本标价 1.2 美元一条，之后降价为 1 美元一条，销量是原来的三倍，总利润要比降价前还要高。

这个理论在现在听来不足为奇，即使在当年，也不是沃尔顿的首创。然而，沃尔顿把它执行得最彻底，这也成了沃尔玛早期的制胜法宝。

当时的零售商店，进货主要靠代理商或批发商，商品的进价是出厂价加上给代理商的佣金。沃尔顿不想这样，他希望能从厂家直接进货，降低进价，进而降低零售价。

这样做的一个问题是，没有人给他送货。于是沃尔顿就自己开着货车翻山越岭到各个厂家，谈好价格，自己把货拉回来。后来规模扩大了，他索性建立了沃尔玛自己的配送中心，不仅保证了企业不再受制于人，也大大提高了配送的效率。

沃尔玛的采购员在面对厂家时，是非常强势的。沃尔玛的第一位采购员克劳德·哈里斯说："我们总是对供货商说：'别把回扣算进去，我们不那样做。我们也不用你打广告或是配送，我们的卡车会直接到你的仓库装货。好了，现在你们的底价是多少？'要是他们说是 1 美元，我就会说：'好吧，我会考虑的，不过我会到你的竞争对手那儿转转，要是他给的价钱是 90 美分，那这笔生意就归他了。所以，你确定 1 美元就是你们的底价了？'"

当供货商同样强势时，沃尔玛毫不退让。有一次，哈里斯和宝洁公司因为价格问题吵了起来，他威胁对方如果不给低价，就不再进宝洁的产品。对方说："没有宝洁的产品，你们肯定不行。"哈里斯说："到时候我把你们的产品放在最偏僻的柜台，把高露洁放在最显眼的位置做促销，你们就等着瞧吧。"宝洁的人气坏了，找沃尔顿告状，沃尔顿说："就按我们采购员说的做。"对方只好让步。当然这都是过去的事了，如今，沃尔玛是宝洁最大的进货商。这些不顾一切压低进价的手段，让早期沃尔玛的商品标价比竞争对手低 20%。

低价确实能够争取到顾客，但价格战绝不是沃尔玛走到今天如此规模的唯一招数。沃尔顿写道："这么多年来，我从中得到了这么多的乐趣，想到你只要用一个小小的促销手段，就能卖掉那么多的商品，真是让人惊叹不已。"

在沃尔玛只有几家门店的时候，沃尔顿经常开着他的老式货车穿梭在各个门店，指导店员们布置货架。有时候他会在货车上塞满女式内裤和丝袜，跑到一家门店对经理说："在这个箱子里放上 1 美元 3 条的内裤，在那个箱子里放上 1 美元 4 条的，两个箱子中间摆上丝袜，然后就等着它们被买走吧！"后来发生的事果然如此。

重用人才：培养销售型的高手

在挑选人才时，沃尔顿也喜欢销售型的。早期的销售经理菲尔·格林就举办过一次可以载入沃尔玛企业发展史册的促销活动。沃尔玛第 52 家分店即将开业，格林调查了同一地区竞争对手的价格，发现洗衣粉实在不便宜。于是格林联系了一个洗衣粉厂家，承诺采购数量惊人的洗衣粉，来换取更低的进价。

洗衣粉采购回来后，所有员工都觉得格林疯了，他把洗衣粉在店里堆成了一座高度直到房顶的金字塔，长度有 30 米。每盒洗衣粉的市场价是 3.97 美元，沃尔玛只卖 1.99 美元。出乎所有人的意料，这一大堆洗衣粉在一周内销售一空，格林成了沃尔玛的传奇人物。

在沃尔顿的主导下，比拼促销创意一度成为沃尔玛的企业文化。早期的沃尔玛选址都在偏远小镇，那里的居民除了去沃尔玛购物外，很难有什么其他的娱乐。于是店员们就想尽办法制造各种活动，让居民们来到店里。比如请来乐队和马戏团在停车场表演，或者搞一次深夜大抢购，还有购物车抽奖——每辆购物车上都有编号，编号被抽到的购物车，里面所有的商品都能打折。

还有一次，成功做了洗衣粉促销的格林又搞了一个新花样，他把一台电视机藏在店里，然后打出广告，告诉顾客，谁找到这台电视机，谁就能以 22 美分的超低价买走它。那天，整个镇上的人都来到了店里，有人甚至前一天晚上就来通宵排队。这次促销非常成功，营业额提高了不少，但大家决定再不搞第二次，因为顾客们为了找电视机，差点把店都拆了。

从选商品到定价到玩促销噱头，沃尔顿一生都在践行销售为王的理念。这个理念没有多大新意，但难就难在坚持。做零售，在创业初期规模较小的时候，很容易把主要精力放在销售上。但当规模扩大、店面增加后，就难免会把注意力转向管理和运营，导致企业失去活力。可以说，销售就是零售业的初心，而沃尔玛之所以走到今天，主要原因就是沃尔顿的不忘初心。

当然，企业做大后，有效的管理和运营也是必不可少的要素。沃尔顿坦承自己在这些方面不算擅长，但他有识人、用人的本领和胸怀。20 世纪 60 年代末，尽管沃尔顿已经拥有超过 12 家沃尔玛超市以及十四五家百货店，但管理人员连他自己在内只有总部的 5 个人和每个分店经理。于是沃尔顿开始招兵买马，从竞争对手那里挖来了许多运营管理人才。在这些高管的主导下，沃尔玛斥巨资建立起了世界一流的仓储运输和信息通信系统。起初，抠门的沃尔顿对这些投入很不理解，舍不得花这么多钱，但经不住高管们的劝说还是批了款。后来沃尔顿不得不承认，这笔开销实在划算，为公司极大地降低了成本、提高了效率。

小镇战略：顾客至上第一步

沃尔顿有两大制胜法宝，第一个是销售为王，第二个是顾客至上。

沃尔玛顾客至上的信念，也是沃尔顿打造的。每一个服务业从业者内心都很清楚这个信条。但是，如果说在"销售为王"这一块，沃尔顿赢在贯彻到底，那么在"顾客至上"这一块，沃尔顿则赢在做到极致。具体讲，沃尔顿是这样把顾客至上做到极致的。

第一，缩小地域歧视。生活在乡村、县城的人，和大城市相比，能买到东西的质量和丰富程度都是天差地别。互联网的兴起，从很大程度上减弱了地域歧视的程度，让人们能够通过网络获得同样的见识，买到同样的商品。而早在互联网诞生前，沃尔顿就在做着同样的努力了。

20 世纪 40 年代，沃尔顿准备创业，他本打算在大城市开一家百货店，但妻子海伦坚决反对。她对沃尔顿说："我会跟你到任何你想去的地方，只要你别要求我住在大城市里。对我来说，一万人的小镇就足够了。"这句话奠定了沃尔玛早期小镇策略的基础——沃尔顿家族生活在小镇，沃尔玛总部设在小镇，沃尔玛早期的分店选址也都在小镇。

那个时候，沃尔玛的竞争对手并不少，有些已经颇具规模。但这些大型折扣店，都不会选择人口少于一万的小镇开店。而沃尔玛的原则是，即使是人口少于 5000 的镇子，也在他们的选址范围。

那个时候，沃尔顿经常做的一件事，就是开着飞机从空中勘测店址，这样能够直观地考察到交通流量，看到城市和小镇的发展方向，还能评估竞争对手的地理位置。靠这种办法，沃尔顿选定了一百多家分店的店址。

小镇策略的好处非常多：首先，避开了激烈的竞争；其次，店面租金便宜；再次，省下了大笔广告费，只靠居民的口口相传就能吸引足够的顾客；最后，最关键的好处，是让偏远地区的居民第一次享受到了大型连锁折扣店带来的丰富商品和低廉价格。

散文家林达在文章中如此评价：沃尔玛的成功，反映了"二战"后美国中产阶级生活水平大幅扩展到广大农村地区的趋势。

但林达也写了沃尔玛给小镇带来的麻烦：传统的小镇生活方式和小镇文化是一种地方性的社区文化，它建立在人际信任的基础上，也维系着这种十分有特色的人际关系。它是舒缓的、轻松的，感性而浪漫。

沃尔玛却是另外一种风格。沃尔玛代表了全球化时代的肌肉和力量，它是紧张的、进取的，理性而冷峻……它知道它的力量不在人际文化，而在物质优势：多品种、高质量、低价格的商品及其服务，所向披靡。

沃尔玛所到之处，小商店顿时日子难过了。当小商店纷纷倒闭的时候，却看到周围几十千米范围的人们驾车来到沃尔玛购物。小镇周围道路交通流量大增，空气污染明显……伴随着小镇主街萧条的，是原有社区文化的衰落。

所以，沃尔玛也被称为"美国小镇之敌"，有人甚至发起"拯救小镇商业"的活动来对抗沃尔玛。

这么看来，小镇策略只能算是沃尔顿另辟蹊径快速扩张的独到而又有些霸道的经营手段，与顾客至上又有什么关系呢？当然有关系。与那些只把进入自己店的人当作顾客的商家不同，沃尔顿把所有美国人都当作自己的顾客。他说："多年以来，我们完完全全地遵循着这样一条原则：那些住在乡村和小镇上的顾客，和他们那些离开农场搬到大城市去的亲戚朋友一样，也想要买到上好的商品。"

反对沃尔玛的人，主要是那些被它击败的小镇商店店主和那些有小镇情结的旁观者。而那些真正享受到沃尔玛实惠便利的小镇居民，都在热烈欢迎沃尔玛的到来。早期的沃尔玛主要在美国南方几个州开店，冬天，北方小镇居民到南方过冬，在沃尔玛购物后，就迫切地要求沃尔玛来到北方开店。沃尔顿收到很多来自北方居民的信件，说自己回到北方后很想念沃尔玛。所以当沃尔玛开始进军北方市场时，已经有了不少拥趸。

对于那些不欢迎沃尔玛的小镇，沃尔顿也不以为意。小镇 A 反对沃尔玛开店，他们会毫不犹豫地开到隔壁小镇 B 去。这样，小镇 A 的居民也会开车去购物，而拉动经济的好处，都是小镇 B 的，此时小镇 A 后悔也来不及了。

还有些小镇，沃尔玛刚来的时候反对声很大，时间久了，居民们逐渐习惯了沃尔玛带来的生活方式。而当沃尔玛出于某些原因打算关掉这个分店时，居民们还会集体出来抗议关店。

刘强东在《富甲美国》这本书的序言中这样写道：沃尔玛参与并主导了美国小镇的商业系统重构，并最终因为秉持让社区居民生活更美好的理念，而在小镇扎根壮大，从美国小镇走向了全世界……当年的老沃尔顿先生，本身就是一个小镇的居民，没有人比他更了解自己的邻居们需要什么样的零售服务。

小镇出身的沃尔顿，靠小镇策略发展壮大，也为小镇注入了新的活力，这是人和故土之间的相互馈赠。

省钱第一：做顾客的代理商

沃尔顿把顾客至上做到极致的第二个表现，就是做顾客的代理商。他说："从我亲自开着那辆小破拖车跑到田纳西州进口衬裤和衬衣起，我的看法一直非常简单：

我们就是顾客的代理商，所以我们必须尽可能地成为最有效率的商品供货者……商业环境是不断变化的，要想生存下去就必须适应不断变化的条件。商业是一种竞争性的活动，只有顾客满意了，你的饭碗才有保障。"

做顾客的代理商，最重要的工作就是，确保顾客在同等质量的前提下买到最便宜的商品。沃尔玛还有一句口号，就是"帮顾客节省每一分钱"。一方面，沃尔玛的采购员强势压低商品进货价；另一方面，沃尔玛大力控制成本。

在大多数零售企业，营业费用一般占到销售额的 5%。而在沃尔顿的主导下，沃尔玛的这一比例是 2%。也就是说，沃尔玛每年用于支付差旅费、办公费、管理层工资等费用的钱，只占其年销售额的 2%。

一位沃尔玛早期分店经理回忆：早年间，我们和山姆一起去各地进货，所有人都尽可能只住一个或两个房间。我记得有一次在芝加哥，我们 8 个人住在一间房里，而且那个房间还不是很大。

即使是沃尔顿自己，原先出差也都是两人合住一个房间。后来年纪大了，才开始单独住一间房。住的也不是什么五星酒店的豪华套房，而是一般的商务酒店。

至于出行方式，沃尔玛从上到下都只坐经济舱，不坐公务舱或头等舱。沃尔玛亚洲区前总裁钟浩威每次出差只乘坐经济舱，并购买打折的机票。他有一个习惯，喜欢在乘机时问邻座乘客的机票价格，如果发现比他购买的机票便宜，公司的相关人员就会因此受到质询。

沃尔玛总部办公室简陋得惊人，用沃尔顿的话说："我的办公室和其他高管的办公室看起来就像在某个卡车中转站看到的那种房间。我们在一栋一层楼的建筑物里工作，这里既是办公楼也是货仓。"

沃尔玛门店里设了一个职位叫作扫描员，主要工作是拿着扫描仪在商场里巡查，确保每件商品被正确标价。沃尔顿对这个职位一直耿耿于怀，觉得这是一个浪费工资支出的冗余职位，每次巡视商店，就会问高管是否真的需要这些人员。后来，沃尔玛对销售流程进行了整改，确保了标价的正确性，每家店的巡视员从 3～4 名减少到 1～2 名。

每个门店一两个岗位的精简看似微不足道，但对于当时已经有超过 1500 家门店的沃尔玛来说，这可以节省一笔相当可观的工资费用。

除了压低成本，沃尔顿实践做顾客代理商的理念，还在于标价的不贪心。一位门店经理回忆，当时有一款商品，他们与厂家谈好的进价是 1 美元，而这件商品在其他店的售价是 1.97 美元。这位经理向沃尔顿建议标价 1.5 美元，反正已经是市场最低价了，他们还能赚 50%。但沃尔顿拒绝了，他坚持每件商品只赚 30%，必须把标价定在 1.3 美元。

或许就是沃尔顿这种在旁人看来有点傻的坚持，才为沃尔玛赢得了市场，赢得了顾客。

感同身受：把顾客至上做到极致

沃尔顿把顾客至上做到极致的第三个表现，是感同身受。

沃尔玛有非常强大的数据统计分析系统，会非常科学地分析出哪些商品最受欢迎，哪些商品经常被一起购买，哪些商品需要更多展示，并给出合理的摆放建议。

但尽管如此，沃尔顿和其他高管还是经常要求门店经理要亲自走进卖场，从顾客的角度考察商品摆放是否合理。"如果你是顾客，你要怎样拿到货架顶上的商品？""如果你是顾客，购买这件商品时，你还想购买哪些别的东西？你要怎样才能找到那些东西？"经常这样思考，就会得出比电脑更优化的商品摆放方案。

做到以上这点似乎并不难，但要做到下面这件事，可就没那么容易了。

沃尔玛在一家小镇开设分店时，镇上原先的商人大多像其他小镇一样强烈反对，有的在沃尔玛开门之前就闭店歇业另谋生路了。然而，沃尔玛开张后没多久，小镇上一位油漆店老板专程跑来致谢，她说有一天，一位顾客走进店里买某种油漆，顾客说他本来要在沃尔玛买这种油漆，而店员告诉他沃尔玛没有这一款，镇上的油漆店里才有，并热心地给顾客指了路。

沃尔顿讲这个故事，是想驳斥沃尔玛是小镇商业之敌的论调。但在我看来，这个故事正说明了沃尔玛把顾客的感受放在第一位，宁愿自己不获利，也要帮助顾客找到需要的商品。

今天，沃尔玛在培养员工的顾客服务能力时也注意"感同身受"。在 2018 年"黑色星期五"大促销日到来之际，沃尔玛为培训 120 万名员工，甚至用上了 VR 头盔。沃尔玛建立了 200 个 VR 培训学院，在那里，员工戴上 Oculus Go（外接式头戴设备）耳机，了解他们在工作中可能遇到的各种情况。他们会发现自己处于一个满是客户的沃尔玛商场中，购物者四处走动，向员工投去一瞥，同时推着他们装满商品的推车。辅导员会随时暂停，让受训者询问或回答问题。其他培训内容则教他们如何快速识别货架上的错误，如何整理店内的商品。

根据沃尔玛的研究，与视频、课堂作业和在线演示的老式培训相比，VR 培训可以让员工额外获得 10%～15% 的信息。其高级数字运营总监表示，沃尔玛的最大优势就是员工。只要让员工能够更好地照顾客户，对企业来说就是一个优势。

在创业者眼中，零售业早已不再是风口，关于零售业场景构想、经营理念、管理法则的讨论，也都被看作是老生常谈。然而，零售业从来没有停滞不前过。从 C2C 线上交易，到 B2C 网络商城；从免税仓海淘，到代工厂直供；还有最近兴起的无人超市和生鲜 O2O 体验店，都是古老的零售业在人工智能时代的崭新变革。

而所有这些变革的基础，依然是沃尔顿的两大零售法宝：销售为王和顾客至上。挤出销售的空间，才能获得增长；找到顾客的痛点，才能创造需求。把销售为王坚持到底，把顾客至上做到极致，不管沃尔顿是生于 1918 年还是 2018 年，都可以成为零售的王者。

先震惊自己，再震惊世界

文 / 孙夏力

如果只给沃尔顿的个性贴一个标签，那应该是"抠门儿"。

沃尔顿家族住在阿肯色州的本顿维尔镇，沃尔玛的总部也在这里。如今这里已经成为零售业的首都，"你去过本顿维尔镇吗？"是零售商们的经典口头禅。

但在 1985 年，沃尔顿刚被评为美国首富的那一年，本顿维尔镇对于绝大多数美国人来说，还是一个鸟不拉屎的存在。

记者们争相来到这座小镇，在沃尔顿家门口架起长枪短炮，打算一睹这位陌生首富的风采。"我猜他们是想拍下我一头跃进铺满金币的游泳池的照片，或是希望看到我正用百元大钞点燃又大又粗的雪茄，身边还环绕着一群跳着性感肚皮舞的姑娘。"沃尔顿打趣道。

而事实上，记者们只拍到了一个离群索居的怪老头：头戴一顶印有"沃尔玛"字样的棒球帽，开着敞篷小型载货卡车，上面放着装猎犬的铁笼，去镇子广场旁边的理发店，花 5 美元的最低价剪个头发。遇到街坊邻居，他总是笑着打招呼，但遇到记者采访或者偷拍，他会突然变得火冒三丈。

没有获得任何猛料的媒体，只好把沃尔顿描述成一个寒酸古怪的乡巴佬：尽管在山洞里藏了几十亿美元，却仍然抱着狗一起睡觉。

沃尔顿对此又好气又好笑，他说："我不因为拥有财富而觉得可耻，我只是觉得那种声色犬马的生活方式不大合适……我不确定我明白所谓名流生活是什么意思……伊丽莎白·泰勒在好莱坞举办婚礼，为什么会邀请我？我不过是剪个头发，为什么会成为新闻？我开一辆小卡车有什么大惊小怪的？难道要把我的猎犬都放进劳斯莱斯里面吗？"

毫无疑问，沃尔顿是富有的。但财富只是他事业成功的副产品，从不是他的目标，甚至会给他带来许多困扰。沃尔玛公司一位早期合伙人回忆说："推动沃尔顿不断前行的是雄踞巅峰的渴望，而不是金钱。现在他已经被财富烦得不行了，不久前的一天，他早上6点钟跑来问我：'要是你的儿孙知道自己有一辈子都花不完的钱，你要怎么去激励他们工作呢？'"

如此朴素的金钱观，与沃尔顿的成长经历分不开。他1918年出生在美国一个小镇上，那正是美国历史上著名的大萧条时期，沃尔顿家为了谋生辗转居住了好几个小镇，生活很拮据。七八岁大的时候，沃尔顿就开始送报纸赚钱，他还饲养兔子和鸽子，养大了卖钱。他从小就意识到了赚钱谋生的重要性，也懂得了绝不乱花一分钱的道理。

他的亲弟弟巴德·沃尔顿说："人们没法理解为什么我们总是这么节俭……其实只是因为，我们就是这样长大的。要是街上丢着一分钱，有多少人会走过去捡起来呢？我打赌我会，而且我知道，山姆也会。"

或许就是因为这样的经历，才让沃尔顿在创业后提出了"为顾客节省每一分钱"的理念。他说："沃尔玛公司每浪费一块钱，实际上就是让我们的顾客多花一块钱。而每次我们帮顾客省下一块钱，就在竞争中领先了一步。"难怪有人评价沃尔玛是"穷人开店穷人买"。

当然，沃尔顿的成功，只靠抠门一个性格特征是不够的。沃尔顿有着所有出色的推销员都具备的一个特质，那就是讨人喜欢。

中学的时候，沃尔顿积极投身几乎所有的校内活动。他参加了橄榄球队和篮球队，都是主力队员。许多社团都有他的身影，他最热衷的是演讲社团，还曾被评为"才艺之星"。

大学二年级，沃尔顿决定要当学生会主席。他有把握能够心想事成，因为他早就知道成为学生领袖的秘诀。在校园里，他总是目视前方，向每一个迎面走来的人打招呼，不论是否认识。没过多久，他就成了校园里熟人最多的人，几乎每个人都把他当作朋友。有了这样的群众基础，沃尔顿无论参加什么竞选都能轻松获胜。大学校报还刊发了一篇他的特写，题目是《能干的沃尔顿》。

面对这样一位外向、热情、口才好的推销员，谁都会想从他那里买东西吧。

　　销售天分过人的沃尔顿，勤奋更是让人惊叹。直到晚年，他都坚持每天早上4:30开始办公。每周六晨会之前，他更是凌晨两三点就来到办公室，先把本周的各项统计数字都熟悉一遍，好在开会时有所准备。

　　如果沃尔顿还活着，听到科比说"我知道每一天凌晨四点洛杉矶的样子"时，应该会微微一笑说道："凌晨四点的本顿维尔，是专属于我的风景。"

　　1992年，在沃尔顿去世的半个月之前，时任美国总统的老布什夫妇来到本顿维尔，亲自授予沃尔顿"总统自由勋章"。此时已与癌症抗争了两年的沃尔顿，已经无法站立起来，只能被轮椅推上台。台下数百位沃尔玛员工对他报以山呼海啸般的欢呼，场面之热烈连总统夫妇都感到惊讶。

　　总统在颁奖词中说：山姆·沃尔顿，一个真正的美国人，在他身上，体现了自由企业精神和美国梦……他向人们展现了信念、希望和勤奋工作的价值。

　　没错，沃尔顿的成功是典型的美国梦的实现：白手起家、热爱工作、努力奋斗、实现梦想。就像他在《富甲美国》中写的，沃尔玛之所以成为沃尔玛的诀窍：平凡人齐心协力，完成非凡之事。首先，我们让自己大吃一惊，而后没过多久，我们就让全世界都大吃一惊。

抠门只为客户

北京大学领导力研究中心创始人　杨思卓

山姆·沃尔顿，沃尔玛、山姆会员店创始人，1985年成为美国首富，1992年获布什总统颁赠的自由奖章。他改写了商业零售业的模式，创建了全球最大的连锁店，带领最务实的沃尔玛商业帝国征服世界，多年雄踞世界500强的榜首。

1985年沃尔顿登上《福布斯》，成为美国首富后，大批记者拥向他的住地。当他们看到这位首富穿着一套廉价服装，戴着一顶打折的棒球帽，开着一辆破旧不堪的小货运卡车上下班时，不禁大失所望，"抠门山姆"也因此出名。有人把他比作《欧也妮·葛朗台》中的葛老头。

其实这是误解，他对自己抠，对员工不抠，舍得投资，对客户不抠，舍得让利；抠门只为客户，抠成美国首富。他从不乱花一分钱，这跟他早年经历有关。沃尔顿1918年生于俄克拉何马州一个贫困家庭当中，7岁的时候他就开始打零工贴补家用。这一段贫穷的经历让他获得了真正的磨炼，懂得了作为一个男人所应该承担的责任，养成了那种勤俭务实的精神。

如果用一个关键词来概括一下沃尔顿和沃尔玛的话，就是客户至上。沃尔玛成立于1962年，早期开店选址都是不超过一万人的小镇，他也没有多少野心，能够缔造庞大的商业帝国，除了最初的乡村包围城市的战略新决策之外，他只是一步步把该做的做到极致而已。

沃尔顿一生都在勤勉地工作，并一直注重与员工保持沟通。在他60多岁的时候，每天仍然从早上4:30就开始工作，直到深夜。偶尔还会在某个凌晨4:00访问一处配送中心，与员工一起吃早点、喝咖啡。他常自己开着飞机，从一家分店跑到另一家分店，每周至少有4天花在这类访问上，有时甚至6天，以此来了解卖场实际的情况。对待员工，沃尔玛也注重培养员工强烈的归属感，无论职务大小，都是平等对待的伙伴关系。沃尔玛还专门开设了沃尔顿零售商学院培养优秀的人才。因此，沃尔玛的离职率在所有零售百货公司中是最低的，即使员工离职了，心中也对沃尔玛怀有一份感激之情。

沃尔顿注重沟通，"天天低价"，物美价廉是吸引顾客购物的基础，但是为顾客留下美好的购物体验才是沃尔玛营销的重心。员工满意，顾客满意，管理层满意，当所有人都满意的时候，什么企业不会成功呢？为了把这些落实到底，沃尔顿总是驾着那架旧飞机到全国各地一家一家的门店转，也到别人的门店转，即使是确诊癌症后，他还是没有停止与深深敬爱他的员工们谈话，一直到生命的最后一刻。

京东的刘强东说："每个零售业的操盘手都知道，零售就是细节，而零售业的秘密都在沃尔玛的货架上。"这个说得对，但还要补充上一条：沃尔玛的成功，更大的秘密是在"以人为本"和"顾客至上"的经营哲学上。

20 ADVANCED
COURSES
OF BUSINESS
THINKING

08

霍华德·休斯

霍华德·休斯：20世纪最大的梦想家

文/孙夏力

说到现实版钢铁侠，人们马上会想到埃隆·马斯克。确实，马斯克和钢铁侠托尼·史塔克确实十分相似。而事实上，1963年钢铁侠形象首次在漫威漫画登场时，马斯克还没有出生。钢铁侠的原型另有其人，那就是霍华德·休斯。

2018年去世的漫威之父斯坦·李曾回忆，冷战时期紧张的国际局势与美国国内的反战情绪启发了他，创作出一个新型的超级英雄：商业巨子、科技精英，有无坚不摧的盔甲，也有着一颗因战争而破碎的心。他说，当时正值冷战高潮，如果有什么事情令年轻人憎恨，那就是战争、军队……"所以我创造了一个百分之百这样的英雄。他是武器制造商，为部队提供武器。他富有，是位实业家。我想这样一个人物没有人会喜欢，没有读者会喜欢看到他，但是如果这样一个人物掐住他们的脖子，让他们喜欢他，那会很有趣。"他就以当年的"国民老公"霍华德·休斯为原型，创作了钢铁侠。

仔细对比，休斯和钢铁侠的相似度确实完胜马斯克。他们都是富二代，都掌管着一家军工企业，都是天才发明家，都热爱在天上飞，都是出了名的花花公子……可以说，钢铁侠就是休斯的翻版。尽管休斯本人已于1976年凄凉离世，但钢铁侠让他的传奇人生得以在美国人心中延续下去。

休斯是含着金汤匙出生的富二代。他的父亲老霍华德原是一名石油工人，当时的石油钻头无法通过坚硬的花岗岩岩层。1908年，老霍华德在自家的农场里发明出了可以通过花岗岩层的钻头，10年间，休斯钻头被应用到超过75%的油井勘探上。

老霍华德拒绝出售休斯钻头，只能出租。所有的石油公司只能以每口井三万美元的价格租用钻头，一旦钻出油，钻头立刻收回。这样既能让自己的利润最大化，也能防止他人窃取自己的发明成果。靠着这一招，休斯家从原先的一贫如洗，一跃成为得克萨斯州最有钱的人家。

休斯天资过人，从小就搞发明创造。20岁时，他说："我想成为世界上最伟大的高尔夫球手、好莱坞最好的制片人、世界上最伟大的飞行员和最富有的人。"除了高尔夫球手外，他给自己定的目标全部达到了。摆在休斯面前的两条路：纨绔子弟和传奇大亨，他选择了艰难得多的第二条。他用自己的经历告诉我们，家境殷实不是你不努力的理由，而意味着你更有追逐梦想的资本。只要你敢于奋不顾身地追逐梦想，哪怕头破血流也在所不惜，你就会比别人更容易成功。

投入电影：把爱好和事业结合起来

休斯的成功，固然有运气和天分的因素，但仍有值得借鉴的宝贵经验。

首先，他敏锐地看到了机会。用现在的话说，就是站在了风口上。如今，能站在风口上一次，就已经足够牛了。而休斯，站了一次又一次。

休斯事业的黄金期，正好与美国两大行业的黄金期相重合，那就是电影和航空。这二者又正是休斯的两大个人爱好。很难说，休斯是个人爱好赶上了机会，还是把机会变成了个人爱好。

先来说电影。这是休斯最早把爱好和事业结合起来的事情。休斯的父亲老霍华德本是一名石油工人，后来靠发明了一种特殊的油井钻头起家，成立了休斯工具公司，事业做得红红火火。但就在公司急速发展的时候，老霍华德却因心脏病猝死。

当时，还不到19岁的休斯继承了父亲在公司75%的股份，剩下的25%被分给了其他亲戚。虽然占绝大多数份额，但由于休斯年纪太轻，亲戚们都想对休斯的决策进行干涉。这让休斯非常反感，他想方设法，花光了自己和公司所有的现金，从亲戚那里买回了所有的股份，终于拥有了公司完全的决策权，走出了进军好莱坞的第一步。

石油和电影，两个行当天差地别，休斯想要全力投入电影事业，势必无法兼顾石油业务，而后者才是休斯财富的主要来源。休斯对石油毫无兴趣，但没有失去理智，于是他为自己选择了一位助手，来管理休斯工具公司。这位助手名叫诺亚·迪艾克里特，他在后来的四十年里成了休斯最亲密的伙伴。他回忆说："休斯的身上有种神秘的能力，他一眼就能鉴别出对方是敌是友，这种技能成就了一个亿万富翁。"

赚钱的事情搞定之后，休斯就开始烧钱了。他的电影事业就像个碎钞机，他倾注全力投资的第一部电影只上映了一次，收到了全场的哄笑，没有能够公开发行。大家认定他只是个有钱的土包子，有个亲戚在看完电影后劝告休斯："放弃电影吧，你不会成功的，电影会榨干你所有的财富。"

但他们都忘了，这可是 20 世纪 20 年代，是美国经济进入大萧条前的繁荣时期，是电影的黄金年代。"一战"后，人们变得愤世嫉俗，开始迷恋物质，追求享受。好莱坞的电影天才们给美国人造了一个又一个奇幻美丽的梦，让人们如痴如醉。嘉宝、卓别林、碧克馥等影星被人们疯狂追捧，好莱坞成了一个纸醉金迷的名利场。

休斯享受其中，也看到了机会。他认准电影业会长期繁荣，义无反顾地投身其中。首部电影的失败没有让他打退堂鼓，反倒激发了他的斗志。他索性成立了一家电影公司，聘请知名导演拍摄。他的第二部电影就得到了票房、口碑双丰收，第三部电影《两个阿拉伯骑士》不光赚了钱，还赢得了第一届奥斯卡最佳导演奖。

此后，休斯跻身好莱坞知名电影人行列，在 30 年的时间里参与制作了 40 部电影，其中还有像《疤面人》这样影史留名的伟大作品。不过，只有早期的几部电影是休斯倾注了心血制作的，之后的那些都是他用来捧红心爱的女明星的烧钱之作。休斯的热情，早就从电影转移到了飞行上。

飞行冒险：把人生变成传奇

如果说电影让休斯名利双收，那么飞行则让他成为传奇。他对飞行的热爱，绝不是有钱人玩票而已，他一生对飞行的贡献和投入，让他毫无疑问地成为 20 世纪最伟大的飞行员之一。

在好莱坞站稳脚跟后，休斯急切地想要推出一部鸿篇巨制。他决心拍摄一部飞行题材的电影，名为《地狱天使》。

两大爱好结合在一起，休斯几乎投入了一切。《地狱天使》的总投资达到了 400 万美元，在当时可以说是天文数字，休斯为此几乎破产。除了投钱，休斯还事无巨细地参与到电影的制作中。他无数次地干预拍摄，先后逼得两名资深导演辞职，最后休斯只能亲自上阵执导。

休斯最重视的，当然是飞行场景。他组建了当时最大的"私人空军"，用了 87 架飞机。为了还原激烈的空战场景，休斯要求飞行员们做出各种高难度特技飞行，为此摔死了 3 个飞行员，但休斯仍不满意。有一次，他要求飞行员驾机俯冲到距地面 200 英尺时突然拉起，所有的飞行员都拒绝完成这个无异于自杀的动作，于是休斯决定亲自上阵。

休斯没有完成这一特技，发生了坠机。他身负重伤进了医院，被诊断为严重脑震荡和头骨骨裂。医生建议他留院观察 3 天，但他第二天就跑回了片场继续拍摄。这次坠机让休斯的身体受到重创，也为他后来的悲剧埋下了伏笔。

经过 3 年的拍摄，《地狱天使》终于上映，收获了巨大的反响，票房达到了惊人的 800 万美元，成为经典之作。休斯一举成为好莱坞金牌制片人，而当时他才只有 25 岁。

休斯的飞行传奇才刚刚开始。

休斯从小就是一名天才发明家。在开过当时各种各样的飞机后，他决定自己发明一架飞机。他的目标很简单，刷新法国飞行员创造的每小时 314 英里的飞行速度世界纪录。

1932 年，休斯成立了休斯飞机制造公司。三年后，这架名为"银色子弹头"的飞机问世了。休斯亲自驾驶这架飞机，飞行时速达到 352.6 英里，创造了新的世界纪录。

1937 年，休斯再次驾驶银色子弹头，完成了世界上最伟大的远程高速飞行，他只用 7 小时 28 分钟就完成了横穿美国东西海岸的飞行，创造了另一个世界纪录。

1938 年，休斯再度刷新另一项世界纪录，他开着公司全新制造的"群星号"飞机，用 3 天 19 小时 17 分的时间，完成了环球飞行。

当时正是德国法西斯最为嚣张的时期，休斯在巴黎完成补给后，做出了一个非常危险的决定：无视希特勒的防空命令，直接从纳粹德国的上空飞过去。最终，"群星号"在德国战机的紧追不舍和咒骂中安全通过。

那几年，正饱受经济萧条之苦的美国人，正如饥似渴地盼望着一个英雄横空出世，休斯就是这个英雄。休斯的一系列飞行壮举，让他超越了所有好莱坞明星，成了最受美国人民爱戴的人物。

热爱技术：用创新维持垄断地位

休斯的另一个成功经验，就是对新技术的极度重视。热爱技术是休斯的一大标签，这一点被原原本本地复制在了漫威角色钢铁侠身上，也是当代钢铁侠马斯克的重要特征。

虽然休斯用了大量时间在电影和飞行上，但他从来没有放弃过父亲留给他的休斯工具公司。虽然休斯表面上对公司的经营漠不关心，但在暗地里，他一直在想尽办法确保公司在石油钻头设备行业的垄断地位。

休斯坚信，维持垄断地位最好的办法，就是创新。在休斯接手后的 6 年里，公司一共新增 235 种新款钻头，许多钻头的诞生引起了原油开采的新革命。1931 年，休斯成立了一个研究室，聘用了两百位科学家，致力提高全世界的石油开采量，这是美国最大的私人石油实验室。

休斯的律师回忆说："休斯在休斯工具公司管理中所取得的成功一直被人低估，他们总说休斯的成就是靠运气取得的，事实上他孜孜不倦、勤于钻研、思维敏捷，一个晚上就能随手记下十几个创新想法。即使在约会时，他也会冲到电话机旁，往公司总部打电话，一打就是几个小时。"

靠着不断创新，休斯工具公司的利润节节攀升，到 1948 年达到了惊人的 5500

万美元。

在飞机制造上，休斯对技术更加迷恋，他曾对爱人说："当我发现命运赐予我这么巨额的财富时，我觉得太讽刺了，因为我宁愿把生命交付给工作，在工作间里发明和测试飞机。"

"二战"开始后，休斯敏锐地捕捉到了战斗机的巨大市场，成立了一支由设计师、工程师和科学家组成的 500 人的"梦之队"，研发轰炸机和侦察机。1943 年，美国空军与休斯签订了 100 架侦察机的合同，金额 4300 万美元。休斯正式从飞行大亨转型为军工大亨。

之后，休斯又成立了休斯电子公司，致力军事电子技术的研发，很快成为美国空军和海军的最大武器供应系统。休斯电子公司早期的成功项目之一，是发明并生产出了空对空导弹。这一发明不仅是空战的一次革命，也为休斯带来了巨额财富。

此后，休斯飞机公司还发明了全天候拦截机，并革命性地提高了美国战时直升机的性能，甚至还在 1963 年发射了世界上第一颗地球同步卫星。

到 1953 年，休斯飞机制造公司和军方的合同达到了每年两亿美元。另外，中央情报局每周都要向休斯支付 200 万美元，用于购买间谍设备。美国前总统杜鲁门称休斯为"美国防空系统的灵魂人物"。休斯也因此成了美国历史上首位十亿富翁。

休斯的成功固然与父亲打下的基础分不开，但休斯后来达到的成就和财富，也绝不是父亲可以比拟的。他对梦想的全情投入，对市场风向的把控，以及对创新的天赋和热爱，都是他成为美国 20 世纪最传奇大亨的关键。

没有家庭：事业缺少持久根基

很多实业大亨如戴维·洛克菲勒、康拉德·希尔顿、山姆·沃尔顿都留下了庞大的商业帝国和富有的家族。只有休斯，无论生前有多么大的盛名，死后都归于尘土，留给世人的，只剩早已被收购的休斯飞机制造公司和他早年捐赠成立的霍华德·休斯医学研究所。休斯的传奇经历，正在被世人淡忘。

曾经叱咤风云的美国首富，最后怎么落得如此下场？首要原因就是他始终没有建立一个稳定的家庭。如果你要创造一份成功的事业，那么一个稳定的家庭会给你很大的帮助。在今天这个媒体无孔不入的时代，对企业家，尤其是创业者来说，稳定的家庭更为重要，有助于你树立一个踏实稳重的形象，降低发生私生活丑闻的风险，让投资人和股民更放心。

反观休斯，这个好莱坞头号花花公子，把约会恋爱当作和电影、飞行一样的事业，一生孜孜不倦。当年好莱坞最著名的丑闻杂志《隐私》曾以《公众色狼第一号》为题，报道休斯和各种女明星交往的故事。还像煞有介事地统计，休斯在洛杉矶有164 个女朋友。

然而，这么多的女朋友，却没有给休斯带来一段稳定的婚姻。他一生中结过两次婚，两次都以离婚收场，除了几个他不承认的私生子外，没有留下一个子女。

休斯的第一次婚姻来得很早，当时他还不到 20 岁。那时父亲刚刚去世，为了说服亲戚让自己掌管公司，休斯答应他们成家立业。很快，他和豪门之女埃拉·莱斯的婚期，就定了下来。

这是一场完完全全的包办婚姻，两人虽然从幼儿园开始就是同学，但始终都只是认识而已，从没发生过任何感情。在和休斯谈婚论嫁时，莱斯已经有了一位相恋多年的爱人。

然而，为了财富，两个陌路人还是结合了。就在婚礼的五天前，休斯来到律师事务所，请专业人士为他出谋划策，如何在将来离婚时能够最大限度地保护自己的财产。在律师的建议下，休斯在结婚后从没有以自己的名义购买过任何大宗财产。

蜜月之后，休斯把莱斯安排在休斯敦的家里，自己一个人去闯荡好莱坞。他立刻投入那里声色犬马的生活，带着各种各样美丽的女明星频繁出入他的豪华酒店套房。而莱斯，则在他们奢华的家里独守空房。

对待情人们，休斯总是彬彬有礼，绅士风度十足，而在莱斯面前，他永远是粗鲁无礼的态度。这桩婚姻，是休斯对限制他自由的家族的报复，而莱斯则成了无辜的受害者。

结婚 4 年后，不堪忍受的莱斯提出了离婚。她没有在财产上纠缠，只要了很少一笔安家费，为的就是尽快离开休斯。莱斯在离婚申请中说，休斯是一个暴躁、易怒、极端冷酷，对他人漠不关心，不适于共同生活的人。

离婚后，休斯的私生活更加肆无忌惮。他交往过的女明星数不胜数，有几次也几乎走进婚姻殿堂，但最终都因为休斯的花心而告吹。直到 1946 年，休斯在一场派对中遇到了年仅 19 岁的新星——简·皮特斯。在休斯眼里，皮特斯与众不同，她是那种纯朴大方的乡村女孩，对名利没有兴趣。休斯的外表和身家都没有办法吸引她，于是，41 岁的休斯化身为皮特斯的父亲，给她无微不至的关怀和指导，使出浑身解数，终于让她爱上了自己。

之后，皮特斯拥有了休斯正牌女友的身份，但休斯从没有放弃外界的花花草草。他曾告诉密友，皮特斯是他梦中的女孩。而当密友劝他娶了她，别再和别的女人来往时，休斯说："我想娶她，但我不能。没有理由。"

皮特斯被休斯的一段段绯闻搞得非常恼火，但又一次次地被挽留下来，分分合合两年后，他们终于订婚了。然而，订婚后的休斯没有丝毫收敛，继续大肆拈花惹草，甚至又向别的姑娘求过两次婚。1955 年，皮特斯忍无可忍，和别人结了婚。休斯得知后大怒，跑去和皮特斯的丈夫摊牌，承诺自己要娶她，最终说服两人离婚。

终于，在相恋 11 年后，休斯和皮特斯举行了婚礼。但不久之后，休斯的健康状况开始恶化，他经常把自己关起来，不与任何人见面，包括皮特斯。1970 年，皮特斯提出离婚。之后，两人对这段婚姻缄口不谈。

晚年的休斯没有妻子，没有儿女，甚至没有女友。1976 年他去世后，只有几位平时没什么联系的远房表亲参加了葬礼。不过葬礼结束后的几周内，一直都有鲜花源源不断地送到他的墓碑上，这些鲜花全部来自皮特斯。

随着休斯的离世，他的财富帝国迅速分崩离析，他在美国社会的影响力也马上灰飞烟灭，只留下他的飞行壮举和香艳情史供人们津津乐道。不得不说，这是休斯，也是他身后这个世界的一大遗憾。

失去健康：作死的一生太遗憾

休斯一生的第二个教训，就是要重视自己的健康。这好像是一句废话，谁不知道重视健康呢？但事实就是，成功学的书籍，总在歌颂那些奋不顾身追逐梦想的人，那些为了事业呕心沥血的人，却不会告诉你，财富越多，影响力越大，越要重视自己的健康，因为这关乎爱你的人的幸福，关乎你事业的稳定，甚至关乎整个行业的发展。

休斯的一生，真的可以说得上是作死的一生。他能活到 71 岁，也可以说是他创下的另一个奇迹了。

休斯 15 岁的时候，一场怪病导致他的听力受损，近乎耳聋。而他又抗拒佩戴助听器，只靠大声喊和读唇语跟人交流。这为他的人际交往带来的障碍，也部分导致了他性格的孤僻和多疑。

爱上飞行后，休斯的作死行为越来越多了。在他的晚年，医生统计过，他在 30 年里脑部一共受伤 14 次，这让他的大脑严重受损。休斯在拍摄《地狱天使》时驾驶飞机降落发生事故，而这只是他众多坠机事故中的第一次。最严重的一次发生在 1946 年，休斯亲自测试公司生产的 XF-11 间谍机。他不听劝告，执意驾驶飞机高速长时间飞行，最终导致飞机坠毁。休斯在即将被活活烧死前被救出机舱送往医院。医生判断他可能挺不过去了，甚至让休斯留下遗言。然而，命大的休斯还是挺了过来。主治医师在新闻发布会上说："我的病人是个不折不扣的钢铁侠，这种伤势会要了大部分人的命，他却在慢慢地恢复。"这句话可能是钢铁侠这一名称最初的由来。

除了飞行，混乱的私生活也伤害着休斯的健康。20 世纪 30 年代，休斯感染了梅毒，当时还没有青霉素这种有效药物，梅毒始终在他的体内，最终侵犯了他的神经系统，可能导致了他的意识糊涂和妄想症。

休斯最大的健康问题，还是他的精神疾病。他的父亲老霍华德一直都喜欢拈花惹草，发家之后变本加厉，加上工作繁忙，几乎不怎么回家，休斯的幼年主要和母亲一起度过。母亲对休斯的心理和精神影响巨大。由于父亲常年在外，休斯成了母亲唯一的寄托，她对休斯的关爱近乎病态。每天早晚，她都会让休斯脱光衣服站好，从头到脚细细检查一遍，包括牙齿、耳朵、胳膊肘、膝盖，确认没毛病后才放他走。除了上学，她几乎从不让休斯出门，别的孩子在外面踢球，休斯只能在自家院子里一圈一圈地骑自行车。这让休斯饱受同学们的嘲笑，逐渐形成了孤僻害羞的性格。在母亲的贴身照料下，休斯逐渐长大，他对母亲的情感非常复杂，既有强烈的依恋，又急于离开母亲寻求独立。在他17岁时，母亲因宫外孕手术发生麻醉意外而去世，休斯再次受到巨大打击。他的强迫型人格很可能遗传自母亲。

在很年轻的时候，休斯就表现出这种强迫型人格，比如，吃饭时土豆片的厚度不能超过1/4英寸，三明治必须切成三角形，莴苣丝粗细必须均匀。后来这一症状越来越严重，1944年，公司研发的飞机遭遇失败，休斯的精神迅速崩溃。一次，他想给电话装一个扩音器，他拿起电话打给助手，连说了33遍"我想让你了解一下扩音器的事"。还有一次，他用18个小时打了一份指示给下属，又用两个小时告诉下属应该怎么读这份指示。其实上面只有短短两行字，写着：如果哪句话我没有重复十次以上，就不要把这句话告诉任何人。

医生们诊断，休斯患上了典型的强迫症，只要服用药物就能得到控制。但当时，他的手下认为这些症状只是这位性格古怪的亿万富翁在任性，他们私下议论休斯疯了，却没有带他去做系统的治疗，再加上多次外伤给脑部带来的冲击以及梅毒的侵袭，休斯的病情日益恶化。

40多岁的时候，休斯的强迫症已经影响了他的正常生活。他对细菌极端恐惧，时刻感觉身边有几十亿个细菌随时准备发起进攻。他最离不开的日用品就是纸巾，不论摸任何东西——电话、门把手、茶杯、文件——都要垫着纸巾，而且要求别人也这样做。为了确保自己有一个所谓的无菌环境，休斯写了一系列操作指南，包括如何打开桃子罐头、如何送服装，等等，有的指南甚至长达上万字。

到后来，休斯的大脑和思维退化得更加严重。他整日待在房间里，有时甚至在马桶上一坐就是20多个小时。他最喜欢做的事情是用纸巾擦电话机，精神好的时候擦一个小时，精神不好的时候擦四个小时。

这样的状态让休斯的事业一落千丈，20 世纪 50 年代后期，休斯的电影和飞行事业都面临着极大的困境，而他已无力解决这些，只能沦为手下的傀儡。

过度放权：商业帝国被他人窃取

休斯这样的天才型富豪，做事情往往天马行空，由着性子来，拍电影、飞行、发明、谈恋爱，这些事情已经占据了他所有的时间，想让他坐下来管理公司的日常事务，几乎是不可能的事情。所以，休斯的帝国一直都是由他人在管理。

过度放权，没有安排继承人，加上精神状态的迅速恶化，休斯的事业被手下窃取，几乎是顺理成章的事。

1951 年，强迫症已经很严重的休斯，为了管理和监控他的众多情人，雇用了一个名为比尔·盖的助手，这成了他沦为傀儡的开始。比尔·盖用了几年的时间赢得休斯的信任，之后开始酝酿夺权。他做的第一件事，就是离间休斯和他多年的伙伴诺亚·迪艾克里特。比尔·盖用了各种手段，让休斯相信迪艾克里特已经背叛了自己，想要夺取自己的商业帝国。最终，20 世纪最成功的一对商业伙伴分道扬镳，休斯也失去了事业上最后一个可以托付的人。迪艾克里特离去之后，比尔·盖成了休斯帝国的实际管理者。

比尔·盖做的第二件事，是切断休斯和他唯一的亲人——妻子简·皮特斯的关系。他利用休斯精神状况不佳把自己锁在屋子里的机会，控制了他所有与外界联系的通道，不向皮特斯透露休斯的动向，也不对休斯表达皮特斯的关心。渐渐地，皮特斯对这桩婚姻完全死心，提出离婚。

比尔·盖和他的同伙对休斯做得最致命的事，是用毒品控制他。在那次致命的坠机后，休斯对鸦片类药物可待因形成了依赖。在神志清醒时，他还能够控制自己尽量减少药物的用量，但当他不再能够自理后，比尔·盖开始给他增加药量，并用药物来控制他。平时，大量的药物让休斯浑浑噩噩、神志不清，而每当比尔·盖一伙希望休斯按照他们的意志去办事时，他们就会减少药物的供应，迫使休斯就范。

他们就是用这样的手段，不断让休斯签署文件，把公司的财产转移到他们个人的腰包。1972 年，他们甚至控制休斯卖掉了他商业帝国最重要的一环——休斯工具公司。

1976 年，在休斯最后的日子里，他独自躺在被称为家的墨西哥酒店豪华套房中，瘦骨嶙峋，神志不清。3 月 30 日，休斯陷入了昏迷。手下这才叫来医生，医生判断问题非常严重，马上安排专机送休斯飞往美国。然而为时已晚，休斯在万米高空停止了呼吸。医生判断，休斯的死因是肾脏衰竭，但据事后的调查，有人认为他死于手下的谋杀。

休斯生前没有立下任何遗嘱，或者说，即使立下遗嘱也被有意毁掉了。所以在他死后，一场为期 14 年的遗产争夺战打响。最终，他的遗产被超过一百个人瓜分，这位 20 世纪最具传奇色彩的大亨，变成了厚厚的银行账本上的一系列条目。

休斯的一生，就像一场绚烂的烟花，壮美喧嚣过后，只剩一地灰烬和无尽的落寞。休斯举世无双的天分和热情，让他成了英雄和富豪。而他性格和精神上的巨大缺陷，也给他带来了无尽的折磨和悲情的结局。百年之后，霍华德·休斯这个名字，或许不再光彩夺目，但他一手创立的飞行事业和医学研究所给人类带来的贡献，永远无法磨灭。

与凯瑟琳·赫本的旷世情缘

文/孙夏力

1935 年，在好莱坞巨星加里·格兰特的介绍下，30 岁的休斯遇到了 28 岁的凯瑟琳·赫本。

那时，休斯刚刚刷新了飞行时速的世界纪录，风头正劲。而赫本刚刚拿到奥斯卡影后，是好莱坞的"凯瑟琳女皇"。两人在自己最好的时光，遇见了彼此。

最初，休斯仅仅把赫本当作他追逐的众多女性中的一个，赫本也并没有因为休斯的财富而对他高看一眼。但在几次相处后，他们都被对方深深吸引。休斯评价赫本，聪明又善良，毫不羞涩，绝不做作，也许是世界上最有魅力的女人。赫本也说，她喜欢休斯的气魄和魅力，他是世界上最出色的男人。

但即便如此，他们的恋爱关系也没有马上开始。直到相识一年多后，赫本跟随她的新电影《简·爱》在全国巡回公映，休斯寸步不离地跟在她身边，在电影放映时坐在最前排，每天为她安排烛光晚餐，在她的化妆室里放满玫瑰。这些举动唤醒了赫本的少女心，他们正式恋爱了。

1937 年年初，休斯完成了横跨美国飞行的壮举。落地后，休斯冲出记者们的重重包围，一个人冲进机场的一个电报亭里，第一时间给赫本发了电报："我已降落。很安全。爱你。霍华德。"之后，他又急不可待地赶到了赫本身边。

媒体察觉了休斯和赫本的关系，开始大肆炒作。有的报纸甚至说，在完成横跨美国飞行后，休斯曾充满深情地向赫本求婚，而赫本也同意了。之后，记者们开始疯狂地围堵赫本，问她关于这段恋情的种种细节。这样的骚扰让两人不胜其烦，即使真的要结婚，也只能搁置。最后，赫本请人替她发表声明，暂时不会与休斯结婚。

虽然如此，但两人的感情更加牢固了。很快，赫本搬进了休斯的庄园，成了这里的女主人。而休斯也斩断了与其他女性的混乱关系，专心陪着爱人。

那段时间，可以说是休斯人生中的黄金时代。他和赫本几乎形影不离，在家里，他们一起用餐，一起看书，一起打高尔夫球。离开家，常常是休斯驾驶飞机，赫本在机舱里睡觉。他们飞遍了美国，在各种胜地度假，他们有聊不完的话题，常常一聊一个通宵。

当然，极富个性的两个人在相处的时候也有磕磕绊绊。比如，休斯害怕病菌，喜欢把门窗都关得严严实实，而赫本则离不开新鲜空气，永远需要开窗通风。再比如，赫本喜欢抽烟，而休斯则痛恨这一点。但是，他们都为对方学会了妥协。赫本在冬天把窗子都打开，休斯就把自己裹在睡袍里瑟瑟发抖。为了休斯，赫本也戒了烟。

1938年新年，休斯许下了三个心愿：第一，跟赫本结婚；第二，完成环球飞行；第三，将休斯飞机公司变成飞行巨头。没想到，三个心愿他实现了两个，只有听起来最简单的那个成了永远的遗憾。

即使深爱着赫本，休斯仍然无法改变自己花心的本性。1938年年初，他又故态复萌，开始拈花惹草，不过赫本对此毫不知情。她在五月带休斯见了自己的家人。赫本出身豪门，家里是老牌贵族，对休斯这种暴发户完全看不上眼，见面时给了他各种难堪，彼此都留下了不好的印象。

尽管如此，赫本还是决定与休斯结婚。记者得知了这一决定，消息登上了各大媒体。但有一件更重要的事打断了婚礼的进程，在决定结婚后没几天，休斯一直在努力的环球飞行计划，终于得到了当局的批准。休斯深知这次飞行的危险性，他把这些原原本本地告诉了赫本，说服她中断婚礼，等他安全回来再举行。

在向赫本保证每到一个地方就会给她发电报后，休斯起飞了。虽然飞行时间只有不到4天，但赫本每一分每一秒都在担心。好在休斯兑现了承诺，每到一个地方都给赫本报平安。最终，休斯安全落地，成了全美国人心中的英雄。筋疲力尽的他被汹涌的人潮团团围住，人们热情地向他表达祝贺和赞美，而他一心只想着赫本。休斯用最后的力气逃离人群，躲到酒店套房，给赫本打了20分钟的电话，之后便一头栽倒在床上。

此时的休斯与4天前已不可同日而语，他成了美国最热门的人物。之前人们还称他为赫本的男友，而如今，人们只会管赫本叫休斯的女友了。

面对巨大的声望，休斯并没有显得多么兴奋，甚至有些烦躁。因为他知道，他还有一项重要的任务需要完成，那就是和赫本的婚礼。他再次向赫本求婚。

让他震惊的是，赫本拒绝了求婚。原因我们无从得知，或许是感到休斯热爱飞行胜过自己，或许是受够了整日为休斯的安全提心吊胆，或许是不甘心只做一位英雄的附庸。对此，赫本只是淡淡地说："我和霍华德已经成为朋友，不是情人。"

休斯对此到底有多么悲伤，只有他自己知道。我们只能看到，他人生中最辉煌的飞行壮举，都是在与赫本交往期间完成的。分手之后，无论是电影还是飞行，休斯都没能超越之前的成就，唯一愈演愈烈的，是他对酒色的沉迷。

如果赫本没有离开休斯，或许休斯可以幸福地度过自己的晚年。但也许，正是这样敢爱敢恨、独立坚强的赫本，才让休斯找到一生中最好的时光。

人生最大乐趣在追求的过程中

北京大学领导力研究中心创始人　杨思卓

在美国，霍华德·休斯的名字就像华盛顿、林肯一样无人不知。这不仅因为他是美国少有的几个享有世界声誉的富豪之一，还因为他是一个跨行业的天才。横跨影视娱乐、石油设备、飞机制造、房地产以及医疗等行业，而且都大获成功，成为世界上第一个十亿富翁。

如果用一个关键词来概括霍华德·休斯的话，就是创造奇迹。1905年，休斯出生于美国得克萨斯州休斯敦的一个富裕家庭，小时候因为母亲的过度保护以及霍乱、瘟疫的流行，导致他有极度的洁癖和强迫症，但这在另一方面又催生了他苛求完美和极致的人生态度。

而谈到他的成就，可以用一个当今最流行的说法：开挂的人生。11岁，自组收音机，制造出休斯敦第一个无线电台；12岁，发明第一辆助动自行车。13岁，独立拼装出摩托车；14岁，学习驾驶飞机并有了飞行经历；18岁，父母双亡；19岁，说服法庭，提前继承父亲的休斯工具公司和巨额遗产。拿到了这笔资金后，休斯正式开始了他的事业；20岁，迁居洛杉矶，买入125家电影院经营权，开始制片和导演事业；23岁，投资制作《两个阿拉伯骑士》，荣获第一届奥斯卡金像奖最佳导演奖；25岁，制作史上第一部空战大片《地狱天使》，票房800万美元，荣获第三届奥斯卡金像奖最佳摄影提名；28岁，创办休斯制造飞机公司，开始设计制造H1（即"休斯号"）型新式飞机；30岁，休斯亲自驾驶H1试飞成功，并创造了飞行速度为566公里/小时的世界纪录，驾驶改进后的H1B型飞机成功实现横越美国大陆的不着陆飞行，再创一项世界纪录。为此，被誉为"飞行英雄"的休斯还受到美国总统罗斯福的接见。

如果对休斯的贡献做一个评价的话，可以用一个关键词：造福人类。他对于人类未来的深远影响，还远不止航空。20 世纪 40 年代末，休斯创办了一些医生和科学家组建的实验室；1953 年，通过休斯飞机公司的利润作为工作基金创造了一个以他名字命名的休斯医学院；1953 年 12 月 17 日，休斯签署致力基础研究科学的探讨"生命的起源"，其成立的霍华德·休斯医学研究所，是美国一个非营利性医学研究所，致力促进人类知识在基础科学领域（主要是医学研究和医学教育领域）和人类利益的有效应用。21 世纪，霍华德·休斯医学研究所是全球第二大医学研究基金，有十几个诺贝尔奖得主，管理的资产接近 200 亿美元。

除了事业上的成功，休斯的感情世界也同样精彩，八卦杂志曾说他同时交往 164 个女友。在多彩的人生中，他是王牌飞行员、天才发明家、金牌制片人、防空系统设计者、世界上最有魅力的花花公子。他的传奇，不可复制。

休斯的确赚了很多钱，但他却不像一个商人，更像一个理想主义者。他的经历，是美国梦最多彩的一个版本，也是深刻反映人性无休止追求的一个版本。挑战规则，跨越行业，超越极限。他的经历告诉我们：最大的乐趣不在最终的结果，而是在追求的过程中。

20 ADVANCED
COURSES
OF BUSINESS
THINKING

09

恩佐·法拉利

恩佐·法拉利：跃马永不止步

文 / 尹洁

"法拉利"这个名字你一定耳熟能详，不过此刻浮现在你脑海里的八成是那个著名的"跃马"标志吧——顶级跑车、土豪标配、刺激的 F1 方程式比赛……其实这些文化符号都源自汽车工业历史上的传奇人物，法拉利汽车公司创始人恩佐·法拉利。

法拉利这个人，是一个"他已不在江湖，江湖却仍有他的传说"的人。

什么样的人物才配得上"传奇"呢？

一种是事业上获得了广泛的认可，或在业内首屈一指，或对人类进步做出了贡献。这一点，法拉利有：创建了以自己名字命名的汽车公司，至今仍是全球顶级品牌，拥有亿万级的粉丝。

一种是开创了某种文化，引领了某种潮流，对后世产生了巨大影响。这一点，法拉利有：他为世界赛车运动做出了卓越贡献，现代赛车文化由他兴起，由他主导近 70 年，他被誉为"赛车之父"。

一种是拥有戏剧性十足的人生经历，精彩纷呈、跌宕起伏。这一点，法拉利有：辍学、打仗、开公司、制霸赛场、情人无数、痛失爱子……

还有一种是靠时间取胜，换句话说就是活得够长。就连这一点法拉利也有：1898 年出生，1988 年去世，活了整整 90 岁。

如果上述任何一种人生都不算白活，那么四种人生占全的法拉利足以被称为"开挂中的开挂""传奇里的传奇"了。"永不止步"，这是法拉利终其一生都在坚持的信念，也是他事业取得巨大成就的关键词。事实上，不断进取、勇往直前是几乎所有企业家的共性，但能做到法拉利这种程度的却举世罕见。

实力第一：把握自己的命运

法拉利是一个既精通赛车技术，又有敏锐商业头脑的人，这让出身底层的他能把握住机会，改变自己的命运，从一名普通的打工仔变成老板。

法拉利第一次见识赛车是在 10 岁的时候，刺激的比赛给他留下了深刻的印象。第一次世界大战爆发后，因为家庭陷入困境，他不得不四处打工过活：在消防部门当学徒，在车床加工学校当学徒，在炮壳小工厂当学徒……后来他又应征入伍，在环境最艰苦的地方作战，曾染上重病，差点丧命。在收容所里，法拉利清楚地听到隔壁钉棺材板的声音。

"一战"期间，由于父亲和哥哥相继去世，法拉利早早尝尽了人生冷暖，这迫使他学会直面困难、解决实际问题，并努力寻找机会改变自己的命运。这正是企业家需要的基本素质。

战后，法拉利来到都灵，凭借驾驶技术进入阿尔法·罗密欧汽车公司，开始了长达 20 年的工作。刚进公司时，法拉利只是一名试车员，由于技术过硬，很快被阿尔法赛车队吸收为赛车手。成为赛车手的第一年，他就在意大利最著名的塔格·佛罗热公路赛上取得了第二名的佳绩。

除了开赛车，法拉利还有一个身份——汽车销售员，他善于交际，经常与三教九流的人士打交道。凭借出色的社交能力和强大的说服力，很快成了汽车业内有名的代理商，一边推销汽车，一边跟随公司车队参加各种比赛，因此认识了很多名流显贵，为他后来成立自己的车队、独立发展创造了条件。

1929 年，阿尔法公司觉得赛车的市场太小了，于是将这块业务"外包"给了法拉利负责，并委托他去跟公司的重要客户、富有而沉迷赛车运动的卡尼阿托兄弟谈合作。法拉利很好地抓住了这个机会，他向兄弟俩提出了一个方案：大家共同出资组建一支赛车队，法拉利负责经营，通过参加比赛扩大品牌影响力，而且作为阿尔法公司的代理人，他可以用最优惠的价格买到赛车、润滑油以及各种配件。

双方一拍即合，很快注册成立了一家公司，组建起一支车队，名字就叫法拉利。31 岁的法拉利从雇员一跃成为拥有独立企业的老板。尽管他的大部分业务仍然要依赖于阿尔法公司，但已经可以根据自己的标准雇用职员，尤其是赛车手了。从这个过程中可以看出，法拉利不仅有商人的逐利欲望，更有实业家的判断力和领导力。

打"持久战"：12 年实现"复仇"

法拉利从来不以短时速度取胜，而是靠持之以恒的耐力和不达目的决不罢休的勇气投入战斗。

在车队成立之初，他就与 50 名赛车手签下了合同，其中不乏当时的巨星车手。因为车队用的是阿尔法公司的赛车和配件，所以在比赛中也等于替阿尔法公司做了宣传，双方是合作共赢的关系。

从 1929 年到 1936 年，法拉利车队在各种大赛中出尽了风头，参加了 39 场大奖赛，获得了 11 场冠军，为阿尔法公司成为世界跑车行业的龙头做出了巨大贡献。但是，到了 1937 年，由于法西斯主义的蔓延和经济危机的困扰，法拉利车队的经费陷入了紧张状态，法拉利和阿尔法公司之间出现了很多矛盾。为了加强对车队的控制，阿尔法购买了车队 80% 的股份，将其纳入自己旗下。虽然法拉利本人名义上继续行使对车队的管理权，其实却被架空了。

一直以来，法拉利都负责阿尔法在赛车运动方面的所有活动，现在却必须把这些赛车以及研发和生产方案交给阿尔法，双方的关系因此闹僵。1939 年 9 月，法拉利被效力了 20 年的阿尔法开除。他离开时，胸中燃烧着复仇之火，暗暗发誓，一定要打败这个老东家。

根据离职协议，法拉利在 4 年内不得使用原车队的名字，也不能直接参加赛车活动。之后几年，法拉利一直卧薪尝胆，在老朋友的支持下组建工厂，研发敞篷赛车。

就在他的新产品已经完成，准备东山再起的时候，第二次世界大战爆发了，所有赛车活动都陷入了停滞。

为了生存，法拉利决定改行生产精密机床。战争期间，他的生意十分艰难，厂房在1944年和1945年遭到两次轰炸，但法拉利凭借强悍的意志力和不屈不挠的韧性，挺过了最艰苦的几年，生产活动一直没有中断，这为他后来重返汽车行业奠定了基础。

好不容易等到"二战"结束，法拉利马上扩大了工厂面积，并联系各位老朋友，请他们加盟自己的企业，研发新赛车。1947年，他正式组建了法拉利公司，并推出了第一辆属于自己的赛车——法拉利125。当年5月，这款赛车赢得了罗马大奖赛的胜利。

法拉利公司一战成名，但要成为领头羊还需时日。又经过几年奋斗，1951年，法拉利终于实现了他盼望已久的"复仇"。当年7月14日，他率领车队在英国大奖赛中击败了老对头阿尔法车队。在这场比赛中，著名车手冈萨雷斯驾驶着法拉利375超越了曾经被视为不可战胜的阿尔法159。法拉利当场激动地大喊大叫："我干掉了我的亲妈！"此时，距他离开阿尔法公司已经12年了。

顺势而为：几十年保持长盛不衰

在时代大势面前，法拉利能看清长远方向，能屈能伸，顺潮流而动，所以在几十年中保持长盛不衰。

创建公司时，法拉利的主要目的就是赢得赛车比赛，所以当时的产品全部是赛车，而且只向私人赛车手出售。但到了20世纪40年代末期，小汽车开始普及，很多人有了购买跑车的需求。法拉利看清市场趋势，主动研发大众型跑车，希望用"以车养车"的方式，即用出售跑车所获得的利润来支持赛车业务。结果法拉利跑车大受欢迎，公司进入了"黄金时代"。

20世纪50年代初，法拉利的产品打入了美国市场，第一家店开在纽约曼哈顿。

在法拉利眼中，美国是一块新大陆，蕴藏着巨大的市场潜力。这个判断非常准确，美国市场为法拉利公司打开了赚钱的水闸，财源广进，直到今天仍是其营收中最大的一块。

不过，到了60年代，法拉利遇到了一个强劲对手——福特汽车公司。

1963年，美国民用汽车巨头福特公司的CEO亨利·福特二世想收购法拉利的跑车业务。法拉利本来有意合作，但后来福特想进一步染指车队的生意，这下触及了法拉利的底线，在他心里，车队不仅是一项生意，更代表了意大利的民族工业水平。

谈判最终破裂，双方有了积怨。福特决心打破法拉利车队的不败神话。当时的法拉利车队如日中天，从1960年到1965年包揽了六届勒芒24小时耐力赛的冠军。但在1966年，福特公司做了充分准备，旗下的GT40赛车表现出众，包揽了勒芒24小时耐力赛的前三名，结束了法拉利车队的统治地位。

另外，虽然跑车很受欢迎，但毕竟市场规模较小，获利有限，时间长了，难以支持车队庞大的开销。60年代后期，法拉利公司逐渐陷入了困境。

在这种局面下，法拉利做了灵活的应变。他意识到公司需要的不仅仅是在比赛中取胜，更重要的是长期生存下去，尤其是在自己老去后，要有一个足够强大的合作者，这是公司发展到一定程度后的必然选择——战略结盟与并购。

1969年，法拉利接受了本国汽车公司菲亚特的收购，将50%的股份出售给对方，条件是对方在今后的岁月里不得干扰自己的赛车活动。这个战略性的决定为法拉利之后的顺利发展奠定了基础。

能做出这个决定并不容易，因为法拉利和菲亚特之间也是有一段恩怨的。"二战"结束后，一无所有的法拉利带着一封推荐信到这家公司求职，却被无情拒绝，自尊心受到很大打击。当时，走出菲亚特公司的法拉利回过头，坚定地说："请你们记住我的名字。"几十年后，他的名字果然成了菲亚特公司的一部分。时代的发展就是这样奇妙，在大趋势、大潮流面前，只有随机应变、顺势而为的公司才能活得更加长久。

追求极速：法拉利的核心价值

诞生于 1987 年的法拉利 F40 是恩佐·法拉利监督研发的最后一台公路跑车，也是公司成立 40 周年的献礼。发布之后，恩佐·法拉利就与世长辞。这是世界上第一款时速超过 320 千米的民用超级跑车。当时，世界拉力锦标赛 B 组赛事正处在无限改装、无法无天的时代，所有厂商都使出浑身解数压榨赛车的动力，以打败对手。1981 年，保时捷启动 959 研发计划，法拉利则推出 288 GTO 计划。但是到 1987 年，因为 B 组赛事出现多次重大事故，国际汽联取消了这个过于疯狂的赛事。所以 288 GTO 没有正式参加比赛。法拉利决定以 288 GTO 的改进型为基础，研发 F40，作为公司的 40 周年献礼之作。当时，恩佐·法拉利已经知道自己来日无多，将所有精力凝聚其中。它横空出世之时，惊人的速度确实为法拉利一生追求的极速画上了圆满的句号。

法拉利在 10 岁的时候就迷上了赛车，梦想要造出"世界上最快最漂亮的车"。他甚至用木板涂上红漆做了一辆简易的木板车，并在和小伙伴的比赛中遥遥领先。坐在这辆木板车上，他大声叫着"比你们更快"冲向终点的情景让伙伴印象深刻，"更快"从那时起就成了他穷尽一生所追求的目标。

1947 年，第一辆法拉利赛车问世时，在各大赛场上称雄的是法拉利的老东家也是老对头阿尔法公司。为了打败这个劲敌，法拉利几乎把全部精力投入到赛车性能的提升上，几乎全年无休地工作。他招来顶尖的技术人才，夜以继日地搞研发。他曾说："我遇到过和我一样无比热爱汽车的人，但是从来没有遇到过像我这样固执的人。在满腔热情的激励下，我只专注于赛车。我没有精力也没有时间去做其他事情，也没有其他想做的事情。"

1951 年 7 月，法拉利车队在英国大奖赛中终于第一次战胜了阿尔法车队。当时法拉利激动不已，大喊大叫："我干掉了我的亲妈！"

由于赛车的性能需要在赛车场上才能得到检验，因此法拉利一直积极参加各种大赛，既是检验也是宣传自己公司的产品。车队也没有辜负他的期望：在 1951 年的迈勒·米格拉尔汽车大赛上，排量 4.1 升的 Tipo375 法拉利获胜；在布宜诺斯艾利斯 1000 千米汽车赛上，排量 4.9 升的 Tipo410 法拉利夺魁；1956 年，经过法拉利改造的蓝旗车一举拿下了世界汽车竞赛的最高荣誉——一级方程式赛车，即 F1 的年度总冠军。这一连串的胜利奠定了法拉利在世界车坛至高无上的地位。

此后半个多世纪中，法拉利车队在全世界的赛道和公路比赛中先后赢得了 5000 多次胜利，目前没有其他任何一支车队能够在赛车领域取得如此辉煌的成功。

前无古人的传奇对消费者的影响是巨大的，以至于一提到法拉利，人们就想到 F1 霸主、飞一样的速度。而要树立这种品牌内涵，就要不断地追求胜利，甚至不惜代价。在这个目标的驱动下，企业创始人必须具备钻石一样坚硬的内心，这绝非一般人所能做到的。

在 1952 年的世界汽车大赛中，法拉利赛车曾发生惨不忍睹的事故，造成 12 人死亡，当时报纸激烈地指责法拉利是"现代恶魔"。1957 年，法拉利车手在比赛中再次发生重大事故，造成驾驶员、领航员、5 名儿童、10 位成年人丧生，还有几十人不同程度受伤，法拉利又一次被指控为"杀人犯"。1961 年，意大利国际汽车大奖赛上，法拉利赛车与另一辆车发生碰撞，车子被抛向人群，导致 14 名观众丧生，车手颈部断裂，当场死亡，法拉利再次成为众矢之的。

然而，当法拉利车队不断取得辉煌战绩，一次次举起冠军奖杯时，车迷们总会忘掉发生过的悲剧，依然狂热地称呼法拉利为魔术师。因为他的赛车总是能为人们带来无与伦比的极致体验，满足大众对于胜利者、对于英雄的崇拜之情。套用一句奥运会赛场上的话：法拉利有一颗强大的心脏，在拥有超一流实力的同时，也拥有超一流的心理素质，既当得起赞美，也扛得住咒骂。

这种对于极致的追求，让法拉利永不止步。当有人问他最满意自己哪款车的时候，他总是这样回答：最好的法拉利，永远是下一辆。因为总是自我超越，所以难以被超越。

阳刚之气：打造"男人的终极梦想"

很多人都会问，法拉利的跑车为什么这么贵？它值钱在什么地方？

的确，大众跑车品牌很多，性能卓越的也不是只有法拉利一家，但能让人们产生"我和 F1 车王舒马赫开的是同一个品牌"想法的，还有其他选择吗？在很多人心中，能成为赛车象征的汽车品牌，只有法拉利一家。

每个男人心中都有一个英雄梦，即使无法走上赛场，也会在头脑中幻想一下站在世界之巅受万人敬仰的感觉。跑车在某种程度上承载了这种梦想，风驰电掣的体验让无数人欲罢不能，而法拉利跑车就是男性对这种欲望的终极幻想。

正因如此，法拉利才会在赛车之外制造跑车，因为这一领域市场需求旺盛、市场利润巨大，他才能够实现"以车养车"的目的，即用出售跑车所获得的利润维持赛车的开销。

经典的法拉利跑车是大红色，热烈而张扬，旗下每款车型都称得上是旷世绝色，与其亮黄色的跃马标志一样，一下子就能吸引住人们的眼球，似乎在告诉消费者：只有最强悍、最自信的人，才配坐在我们的车里。

法拉利汽车的标志，据说也有一段英雄传奇。1920 年，法拉利开始参加赛车比赛。几年后，他赢得了意大利拉文纳附近赛车场举办的萨维奥大奖赛冠军。赛后，恩佐收到了一位母亲送来的礼物——一个跃马徽章。它曾经涂装在她已故儿子、第一次世界大战中的王牌飞行员巴拉卡的飞机机身上，据说这是他击落的一架奥地利敌机上的标志，实际上是斯图加特的市徽。巴拉卡把它又涂在自己飞机的两侧作为守护图腾。老太太给法拉利讲述战争故事，希望这个图腾能给他带来好运。法拉利把跃马画在赛车上，后来又请设计师进行设计，将跃马改成法拉利式跃马，马首高昂，马尾上扬。黄色的底色是他故乡的标志色，跃马上方加的绿白红色条是意大利国旗色。

有个流行的说法是：跑车对男人来说就像妻子、情人、女朋友，而法拉利的每一款车型都是不折不扣的大众情人，从青春活泼到雍容华贵，从妩媚妖艳到狂放不羁，这匹跃马象征着男人最原始的精神——对速度的渴望，对胜利的诉求。盾形跃马商标最早用在法拉利当时率领的阿尔法车队上，更像是他自己的精神图腾，为的是让更多人了解自己。法拉利公司成立初期，这个标志也只用在赛车上，跑车则使用长方形商标。但随着法拉利车队影响力的扩大，越来越多的购买者要求在跑车上加盾形商标，法拉利也摸清了消费者的需求，开始将盾形商标作为选装配件提供给买家。

既然是男人的梦想，当然不会触手可及，不能像日用消费品那样时时刻刻出现在人们的生活中。在品牌包装和推广上，法拉利也刻意保持着"梦想"该有的高度。

无论是纸质媒体占主流的时代，还是互联网崛起后，法拉利都不愿意俯就媒体。事实上也不可能俯就，因为他从一开始就给公司打造了高高在上、永远被人膜拜和追逐的品牌形象。即使报纸杂志、电台电视台找上门，主动帮忙打广告的时候，法拉利公司都是拒绝的，免费的广告也不做，甚至媒体倒贴钱的广告也不做。

那么法拉利公司的宣传做什么呢？只做那些专门给富豪看的产品目录手册，还有就是赛车杂志，以及赛事活动合作方的宣传册之类，很有针对性。每到车展的时候，法拉利公司都会印制很多海报，免费发放给潜在客户。

法拉利的品牌宣传活动主要有五类：车展、车赛、老会员社交活动、吸引新客户的活动、新车发布会。在车展上，市场营销人员会带着老客户进行限量车的试驾；在车赛上，现场会布置一个"法拉利大本营"，里面有好酒、好肉、好展品、好模特，然后拉一票忠实老客户，每人开上自己的法拉利，一行人浩浩荡荡地开到赛场看比赛；老会员的社交活动主要是聚餐、酒会、慈善拍卖，还有马球赛、自驾游等，法拉利公司都会赞助。

吸引新客户的活动就多了。最常见的是营销人员开一辆店里的车，停趴在豪华酒店、高档餐厅、顶级商场的门口，啥也不做，就在那里停趴两个小时，一定会吸引来有兴趣的人。此外，公司每年会做四次新客户试驾体验活动，一般外租一个大酒店，审核一百来个试驾申请人，活动当天拉去几辆车，让大家排队试驾。

新车发布会则一般采用酒会的形式，每年一到两次。在新款车的宣传期，公司会邀请新老客户过来一睹芳容。

"饥饿营销"：把用户的购买欲望提到极致

如果一辆汽车在拍卖会上能拍出亿元人民币的天价，那十有八九是法拉利经典款。在很多资深买家心中，法拉利不仅是车，还是艺术品；不仅是艺术品，还是稀缺的珍宝。

"饥饿营销"这个词是近些年才出现的，但几十年前，法拉利就已经在实际中这么做了。看生产数量就知道法拉利的顶级产品有多么稀缺了：2002年，法拉利Enzo问世，全球限量399辆，根本不够富豪们抢的；2013年，新旗舰车型LaFerrari面世，全球限量499辆，还是不够抢的。

对于这种代表自家品牌顶级品质的产品，法拉利从来没打算在数量上满足市场。在他看来，自己的产品不是客户想买就能买，也不是有钱就能买的。他总会傲慢地挑剔客户，看对方是不是"配得上"自己的产品。尤其是对那些顶级款式，他的限制要求很多：有钱、有背景是基本条件，此外还要看你是不是法拉利的高级会员，是不是为这个品牌做出过贡献，比如像舒马赫那样。如果你是一般的有钱人，还得加上另一个条件：除了你想买的这款车外，你必须拥有几辆法拉利的其他款式跑车，而且购买时间还得满一定年限。

时至今日，这些"限购政策"的门槛还是高高在上：购买任何一辆法拉利都要求有5000万元以上的资产证明，并且无不良驾驶记录；购买40周年纪念款F40要求1亿元以上资产（欧洲要求1000万欧元以上），并且是法拉利俱乐部会员，有三辆以上法拉利；想买50周年纪念款F50的话，除了以上条件外还必须拥有一辆F40；买Enzo的要求是必须拥有F40和F50；买FXX除了以上条件外，还要拥有一辆Enzo，同时有赛车执照，如果你没有的话，可以参加法拉利举办的培训班。

这样一环套一环的规则，听起来就像游戏中的闯关升级，典型的"饥饿营销"，喜欢法拉利的富豪们，很容易沉迷其中，欲罢不能，既享受到了顶级跑车的速度和质感，也享受到了一步步征服品牌带来的附加体验。

在这场征服游戏中，想要作弊是行不通的。以法拉利 Enzo 为例，产品目前几乎都在超级富豪或顶级名流手中。如果你想通过各种关系寻找愿意"内部转让"的人，也是行不通的，因为法拉利还有一条规定：买家如果今后还想买法拉利 Enzo，就不能有出售任何款型跑车的记录，而且下次买车的时候必须接受法拉利的调查。换句话说，如果你买了车后又把它卖了，就会进入法拉利 Enzo 潜在客户的黑名单。

这些规定等于人为限制法拉利产品的流通，就是告诉买主：买回家除了自己开以外就是停在车库里供着，百年之后传给后代，或者捐给博物馆。一款跑车，不仅成了财富、地位、品位的象征，更成了准古董，成了收藏品。

建立在品牌价值基础上的饥饿营销，更加促使人们追捧法拉利。每次有新款问世，都是车迷们的盛事，是买家的狂欢，因为它可能就是下一个经典，若干年后就是收藏家们竞相争夺的瑰宝。

从赛场上的热血车手，到法拉利车队的领导者，再到全世界最名贵跑车及赛车文化的创始人，法拉利的一生是速度与激情的完美结合，是引领 F1 世界的赛车之父。虽然他早已去世，但他的名字仍是汽车领域最具魅力的品牌。年轻时，法拉利曾对着镜子问自己："我到底是个什么样的人呢？"现在已经有了答案。法拉利逝世后，意大利总理曾经深情地说："我们失去的是一位能够象征意大利年轻蓬勃、敢于冒险、不屈不挠以及在技术领域锐意进取的楷模。"法拉利的人生就是人类赛车业的发展史，必将被世人铭记。

传统而圆滑的"变色龙"

文 / 尹洁

　　恩佐·法拉利是赛车领域的天才，这一点没人否认，但在生活中，他是否也这样追求完美呢？事实或许会让你大跌眼镜。

　　有人曾说伟大的企业家往往才华出众，无愧于领导者称号，但在他们的私生活中，其道德水平却常常达不到平均水平。法拉利就是这样一位企业家。

　　在亲朋好友的眼中，法拉利的本性是狂傲、固执、不可一世的，而且私生活非常混乱，用现在的话说，是个不折不扣的渣男。为什么会这样？三个字就可以找到根源：意大利。

　　别看法拉利的赛车技术超越时代，但他自己的道德观念和家庭观念却一直停留在19世纪的意大利。那个时代的特点在他身上体现得非常鲜明。在法拉利出生的1898年，意大利还是一个典型的男尊女卑社会，男性在家里拥有至高无上的地位，要求妻子忠贞不贰、沉默谦恭、绝对顺从，而自己则可以随意与其他女性调情，甚至在外找情妇。男人通奸一般不会受到惩罚，而女人通奸却要面临牢狱之灾。在这种社会风气下，男人拥有的女人越多，越被看成有男子气概。

　　生长在这样的环境中，法拉利从小就被灌输了大男子主义思想，还有其他一些意大利传统观念都在他身上生根发芽。他逐渐将自己塑造成一个典型的意大利男人：自大、专横、沉迷美色。对自己没有任何要求，对女性却要求多多：招之即来，挥之即去；低眉顺眼，予取予求，还要在人前表现得"幸福得像花儿一样"，总之，要像圣母马利亚那么完美。

　　1923年，法拉利娶了出身农家的劳拉·加略罗为妻，但婚后，他很快就露出了本性，经常借着出差的机会到处猎艳。由于当时的意大利不允许离婚，于是法拉利的婚姻就成了典型的旧式婚姻：丈夫是个寻花问柳的暴君，妻子只能默默忍受。与劳拉结婚第 9 年，他们才有了一个儿子，取名迪诺。不幸的是，迪诺患有肌肉萎缩症，整个童年都在病痛中度过，身体非常虚弱。

"二战"期间，为了躲避盟军的轰炸，法拉利的工厂从摩德纳搬到了 10 英里以外的马拉内罗。在此期间，他认识了情人莱娜·拉尔迪。1945 年，莱娜生下了法拉利的二儿子皮耶罗，当时迪诺已经 13 岁了。

对于儿子，法拉利还是非常疼爱的，迪诺长大后，还曾经帮法拉利设计过一款车型。但由于体弱多病，他在 1953 年就去世了，年仅 24 岁。法拉利中年丧子，无比悲痛，每天早晨上班前都要到迪诺的墓地看一看。但就在这期间，妻子劳拉发现了法拉利的婚外情，以及 11 岁大的私生子皮耶罗。不知出于什么原因，法拉利从此只要在公众面前出现就会戴上墨镜，无论是室内还是室外。有人说他是为了缅怀英年早逝的迪诺，但是真正的原因可能只有他本人才知道。

皮耶罗一直使用母亲莱娜的姓氏，直到 1978 年劳拉去世后才改姓法拉利。1988 年，法拉利去世时，陪在身边的也是莱娜和皮耶罗。

虽然私生活乱得一塌糊涂，但法拉利在公众面前却总是一副绅士表现。他善于包装自己的外界形象，隐藏真实性格，展示出圆滑老到的性格和强大的社交能力。在这方面，他信奉意大利传统的为人处世方式，老于世故，善于恭维奉承，说话拐弯抹角，滴水不漏，总能借助"贵人"的力量实现飞跃。

法拉利之所以能成为赛车手，就是因为在酒吧里认识了一家汽车公司的首席试车员乌戈·西沃其，后者带他入行，并为他提供了不断参加比赛的机会。进入阿尔法·罗密欧公司后，法拉利在跟各色人等打交道时，表现出来的老到远超同龄人，这让他在公司的内部政治中游刃有余。

跃马标志的来历也和法拉利的人脉有关。据他自己回忆，1923 年他赢得一次比赛后，经人介绍认识了巴拉卡伯爵夫人，其儿子是已故的空军王牌飞行员。这位伯爵夫人对法拉利建议："恩佐，你可以把我儿子飞机上的跃马标志用在你的汽车上，他会给你带来好运气。"那匹马是黑色的，法拉利找了艺术家重新设计，加上了黄色背景，后来名扬天下。但也有人考证说，跃马标志是法拉利在 1932 年才得到的，伯爵夫人的故事是一次精心的品牌包装。但不管怎样，这个享誉世界的商标的诞生离不开法拉利的人际网络。

1961 年，法拉利写了一本自传，但外界评价并不高，认为虽有华丽的文笔，却充满了自我中心主义。这种满是华丽辞藻的写作手法非常具有目的性，甚至带有一定的欺骗性，目的是塑造一个虚构的完美形象。有评论者认为，法拉利的自传里所讲的内容都不足为信。直到去世，法拉利的为人处世都受到传统观念的禁锢，从不直截了当表达自己的真实感受。商务谈判对他来说就像精心排练过的戏剧，知道何时奉承、何时威胁、何时假笑、何时发怒，就像变色龙一样。

只有最亲密的朋友才见过私底下真实的法拉利——粗俗、吹牛、暴躁，底层社会的背景就像前额上的刺字一样清晰可见。随着年纪的增长，他现身公众场合越来越少，仅限于一些精心安排的新闻发布会。他真正的朋友屈指可数，只有一些长期合作的、绝对忠诚的商业伙伴。除此之外，对于众多有求于他的人、溜须拍马的人、客户、狂热的粉丝和赛车手，他都报以极大的冷漠，从看不见的宝座上施以小惠、提出警告、实施惩罚或解决争端。一个亲密的朋友曾经说："我想，他谁都不曾喜欢。"

真实的法拉利就像一个双重性格的人，有时散发出迷人的魅力，显得无比高雅，有时又变得非常狡猾，时而用甜言蜜语去讨人欢心，时而勃然大怒去辱骂他人。他也兼具了生意人必须拥有的特性：善于辞令，充满投机智慧，令对手毫无还击之力。

永不止步的力量

北京大学领导力研究中心创始人　杨思卓

恩佐·法拉利（1898.2.18—1988.8.14），法拉利汽车公司的创始人，世界"赛车之父"，主导赛车界近 70 年。他所产制的汽车曾赢得世界各地的 5000 多项赛事，在跑车和赛车制造业享有领导者的盛誉。

如果用一个关键词来概括一下法拉利和法拉利王国的话，那就是：永不止步。恩佐·法拉利毕其一生，致力提高赛车的性能，以不断夺取桂冠。1947 年，恩佐·法拉利创立了法拉利公司，并生产出第一辆法拉利 125S 汽车。这被看作是现代赛车文化的起源，并从此由他主宰。直到 1988 年去世，他赢得了 14 次勒芒 24 小时耐力赛冠军和 9 次 F1 总冠军。法拉利的名字已经成为世界赛车史上的里程碑。

法拉利的赛车基因来自他的父亲——阿勒法多（Alfredo），他不仅是一个技艺超群的铸铁好手，而且是一个如恩佐·法拉利一样的"赛车迷"。在法拉利 10 岁那年，父亲带他到波伦亚观看了一场汽车比赛。赛车场那集惊险、刺激于一体的惊心动魄的场面深深地吸引了他，他盼望着自己也能成为一名优秀赛车手。13 岁那年，他在父亲的教导下，开始成为一个小赛车手，从此，他与汽车结下 77 年的不解之缘。

幸运总是伴随着坎坷。1916 年，法拉利的父亲因病去世，不久，战争又夺去其兄的性命，他本人也不得不应征入伍。第一次世界大战结束，退役以后，20 岁的恩佐·法拉利面临人生的第一次重创——父亲曾经苦心经营的家庭作坊式钢铁厂关门停产，家庭生活状况直线下降；他梦寐以求成为汽车制造厂员工的愿望，却因菲亚特汽车制造公司（FIAT）的冷酷拒绝而化为泡影。但是，挑战者不会认命，他在 22 岁那年的大奖赛中夺得亚军，并得到了阿尔法·罗密欧汽车老板的垂青，成为一名最危险也最刺激的试车员。

　　49 岁那年，法拉利创建了自己的汽车制造厂，第一辆车他以自己的名字进行命名——法拉利 Tipo125，以跳马图为商标。在以后的 3 年时间里，法拉利又相继生产了 Tipo166、Tipo195、Tipo212、Tipo225 等赛车。赛车好不好，赛场见高低。因此，法拉利积极参加各种汽车大赛，借以检验传播。法拉利赛车没有辜负他的期望，先后夺得过多项桂冠：1956 年，法拉利的蓝旗车一举夺得了世界汽车竞赛的最高荣誉——一级方程式赛车年度总冠军。接下来他主导赛车界近 70 年，他所制造的汽车曾赢得世界各地的 5000 多项赛事，而且曾经囊括 25 项世界冠军，让法拉利赛车登上了世界赛车之王的地位。

20 ADVANCED COURSES OF BUSINESS THINKING

小艾尔弗雷德·斯隆

小艾尔弗雷德·斯隆：最伟大的 CEO 的超越之道

文 / 王晶晶

在管理者的世界里，小艾尔弗雷德·斯隆是神一样的存在。

他是第一位成功的职业经理人，20 世纪最伟大的 CEO，通用汽车公司的第八任总裁，事业部制组织结构的首创人。他所领导的通用汽车公司宣告了 T 型车神话的终结。而他在担任通用汽车总裁职务的 23 年里，创立了一整套大公司管理制度，并且用这套现代的管理方式，把通用汽车从濒临破产发展到世界最强。

阿尔弗雷德·钱德勒说，斯隆把负责整个企业命运的高层管理者从日常事务中解放出来，给他们时间、信息和精力进行企业的长期规划和评估。他用组织协调给通用装好大脑，又用财务控制给通用安放内心，让通用在市场竞争中所向披靡。在对外竞争时，他又变不利为有利，带领通用从"差等生"变身"优等生"。而成了佼佼者之后，斯隆在对外扩张和收缩上，又采取了高明的对策，延续通用的辉煌。

如果把斯隆和威廉·杜兰特以及亨利·福特进行一个比较，那么三者的高下立刻显现。福特的管理是垂直式的，他本人轻视组织结构，主张"不开会，只保留极少数职位"。所以，福特的决策都来自高层。当公司规模发展到足够大的时候，这种模式的弊端则立刻显现，指挥失灵，反应迟钝。威廉·杜兰特是极度分权的，企业发展如一盘散沙，没有统一的规划和引领。而斯隆建立了高效可靠的管理流程，并创造了适度分权的经营模式。通用汽车建立了雪佛兰、旁蒂克、别克、奥兹莫比尔和凯迪拉克 5 个自主经营的品牌，总部统领资源分配，同时又赋予事业部空前的权力和责任。最高层不再对事业部的经营细节过多干涉，将重点放在规划战略上，雪佛兰的销售员拜访车道里停着 T 型车的人家，邀请主人试驾新车型，灵活地和福特争夺市场。同时，整个企业的管理又有一个大的框架，有总体战略的引领。

在斯隆的领导下，通用公司变成了一个组织严谨、井井有条的巨人，一个职业经理人时代开始了。从某种意义上说，他是世界上第一位成功的职业经理人。

看出弊端：走向成功的第一步

1908 年，美国汽车业发生了两件大事：一是亨利·福特发明了 T 型车，二是威廉·杜兰特成立了通用汽车公司。两件事都和斯隆的人生息息相关——前者让福特以一款车型称霸市场，成为斯隆厮杀半生的商业对手；后者则让斯隆有了后来效力半生、书写商业传奇的地方。

尤其是从通用创始人杜兰特身上，斯隆收获更多——作为一家大型企业的创始人，杜兰特充分诠释了什么叫作创业容易守业难。他是个传奇，能在风口直上云霄，在两年内吸纳 25 家公司，把通用变成一个大家族；也能因急剧的扩张导致企业深陷泥潭，一度不得已让财阀入主，从而失去了对通用的控制权。他补救过，通过创建新的品牌雪佛兰大获成功，又把通用买了回来，神奇地打了一场翻身仗，但扩张的问题又差点毁了它。1920 年，当杜兰特再次被迫离开通用时，留下的是一个濒临破产的烂摊子。

对教训视而不见，失败就近在眼前。那句大俗话怎么说的？失败乃成功之母。某种意义上说，杜兰特算是斯隆的"成功之父"。作为高管跟着杜兰特打拼过 4 年之后，斯隆明白杜兰特怎么壮大了企业，又给通用带来了什么弊病。今天的人们把斯隆的思想归纳成这个管理体系那个管理模式，对当时的他来说，其实就是揪住问题，一个个地解决，解决好了是事业送分题，解决不好，那就只能是"送命题"，步杜兰特的后尘了。

在斯隆看来，通用最大的问题在于组织、财务、产品竞争和扩张，所以在他1923 年成为通用总裁，接手这个烂摊子以后，马上就着力解决这四大问题。从后来的结果看，都解决得很好，企业组织结构成了斯隆名垂青史的主要原因，他独树一帜的财务管理方法至今被业界奉为典范，而他的竞争和发展策略则让通用成为无可争议的翘楚。

适度分权：既不放任也要放手

在企业的组织结构问题上，斯隆很早就意识到了通用的问题所在。他眼看着杜兰特收购了众多公司，甚至斯隆本人，也是把自己的汽车零部件公司卖给通用，降级为副总加盟的。斯隆对杜兰特在管理上的任性和冲动看在眼里，深知杜兰特对手下分公司的管理有多混乱。当然了，斯隆原先的公司规模很小，而通用在成立时就已经是拥有 13 家汽车公司和 10 个零部件厂商的大企业了。不过斯隆是这么说的："我不认为规模是一个障碍，对我来说，这只是一个管理问题。"

解答管理问题的方式用最简单的话说，就是适度分权。杜兰特是一个极端的分权主义者，对通用旗下的别克、凯迪拉克、雪佛兰等分公司都是听之任之，只要公司能壮大，无论花多少钱，他这个老总都愿意埋单，要钱给钱，要地给地，完全一副有钱任性的样子，没有丝毫的组织规划。到最后，大家都建厂、扩张，投入太高、回报太少，生生把自己拖垮。斯隆一上台，就搞所谓的"事业部制"，把通用汽车公司按产品划分为 21 个事业部，分属 4 个副总经理领导。

这种组织结构的核心特点是"集中决策，分散经营"，就是公司在原则、方针上进行控制，统一步调，但是具体到产、供、销，还是各事业部自己来。

人们可能会根据逻辑想，在有了新的管理理念和形式之后，通用公司应该在管理上有了很大进展，但事情并非那么容易。在最初的几年里，斯隆和管理团队仍然吃了不少教训。典型事例是风冷发动机研发的故事。这个故事既有研发部门和生产性事业部之间的冲突，又有公司最高管理团队和事业部管理团队之间的冲突，深深切切地告诉人们，管理一个规模化公司有多难。

故事开始于 1918 年。通用的汽车研究实验室负责人凯特灵在一个车间里开始研发风冷发动机。初步研发还算顺利，公司高层都对风冷发动机抱了很大期望，认为它会给汽车行业带来一场革命。在通用前任总裁杜邦的支持下，总部很快通过了在雪佛兰的新车型上投产使用这种风冷发动机，随后又硬性要求扩大到其他车型。

车型事业部的主管很不情愿，因为这种处于试制阶段的发动机尚未在生产上得到检验。尤其当第一辆风冷发动机汽车被送去事业部测试时，结果一度很不乐观。研发部的工程师和车型事业部的工程师无法达成一致，两边都觉得很受伤。

斯隆掌舵后，决定彻底解决这一矛盾。他首先肯定，尽管研发和事业部以及公司管理层意见不一致，但大家都是正确的。对于风冷和水冷孰高孰低，那是一个技术问题，凯特灵可能领先了时代，高管们从长远看是对的，但从生产的角度看，事业部也没错。于是，他开始采用双重政策：一方面继续支持凯特灵和高管们想要的风冷发动机；另一方面也倾听各事业部的声音，帮他们说话。

风冷发动机装配在新车型的决策，后来果然被证明是一场灾难，新车最终都得被召回。在斯隆的坚持下，总部最终放弃了这项发明。研发部大为恼火，凯特灵甚至要求请辞，事业部也觉得挫败，失望、怨气弥漫了整个通用。

斯隆挨个安抚。对研发部门，他给出了优厚待遇，将凯特灵的年薪提得比自己还高 2 万美元，并邀请他带团队去底特律工作，在那里他将拥有研究的全权自由。

对管理层和事业部，他确定了今后的组织原则，总的来说，就是协调和分权。比如高层的核心工作就是制定、设计好产品政策，并将政策清晰、详尽地传达下去，至于机械设计等细节，不应该发表意见，而要留给事业部里有资格的团体或个人去做，等等。

通过这些探索，通用的分权经营变得成熟了。

财务控制：把控全局的真正抓手

斯隆认为，组织和财务是通用的两块基石。在他看来，财务是一个把控全局的关键手段，也是调控资源的抓手。针对杜兰特时期的弊病，他严把财务审批关，与各事业部展开了一场"抢钱大作战"。

在斯隆看来，杜兰特时期处理现金的方式令人难以置信。各分公司控制着自己的现金，所有收益都存在自己的账户里。因为只有分公司才销售产品，因此没有任何收益能直接流转到公司总部，也没有任何正式有效的程序来完成资金调拨。每当总部需要分红、缴税、缴租、发工资或其他需要花钱的地方时，财务主管都得去分公司现要。

那个时期，财务主管大概会比较郁闷。作为运营主体，分公司总是想方设法给自己留最多的资金，即便他们的钱多得花不完，也不愿意上交给总部。

作为一个在通用大家庭待过好几年的"土著"，斯隆对这些猫腻当然特别了解。比如他对别克分公司非常厌恶向总部上交现金印象深刻。别克是当时通用盈利最好的现金源，工厂销售部门那里保留着大量的现金。但是，通用财务主管迈耶·普兰提斯永远不知道自己每次能从别克那里要走多少钱。因为财务报告总是滞后的，当总部确切知道当时别克有多少钱时，往往已经是好几个月之后了。这简直就是一个猫鼠游戏。

1922 年，斯隆决定向老鼠们发起总攻。他决定设立一个统一的现金控制系统，这在当时的大公司里还是一个新概念。斯隆以通用汽车有限公司的名义，在全美国大约 100 家银行里设立了储蓄账户，所有的收益都必须存入这些账户，所有的提款必须接受总部财务部门的管理。各事业部无法控制这些账户之间的现金转移。

总是有一些账户像别克这样富得流油，也总会有账户是清水衙门，永远缺资金，通用为这些账户设置了最低限额和最高限额。一旦某个账户里的资金超出额度，就会自动进行转移。一个城市里多余的资金可以在两三个小时里转移到其他需要用钱的部门去，尽管它可能位于美国的另一端——这在今天看来稀松平常，在当时却是提高效率的创举。

抢钱大战让总部牢牢控制了财权，还附送了一个"彩蛋"。众多的账户提高了通用的信贷额度，他们与银行合作，将多余的钱投入到政府短期债券上。死钱变活钱，提高了公司的资本使用效率。

整合产品：打造有序的产品线

要是放在今天，斯隆绝对是个出色的产品经理。他执掌通用时，竞争对手福特已经靠一款车吃遍天下，在汽车行业纵横 10 多年了，是当之无愧的业界老大。而通用呢，被甩了好几条街。那时通用旗下别克、凯迪拉克等车型一年的产量加起来，也不及福特的 1/3。斯隆自己都清醒地认识到："刚接手那几年，从公司内部看，我们的工作好像取得了很大的进步，然而从公司外部来看，我们却停滞不前。"

说实话，斯隆对自家公司已经很客气了。真实的情况比他说的还要凄惨。1917年，通用汽车占美国乘用车和卡车市场销售量的 17%；1921 年，市场份额下滑到12%。相反，福特从 1920 年的 45% 上升到 1921 年的 60%。1924 年，美国乘用车市场整体下滑，全行业降了 12 个百分点，在减少的总共 43.9 万辆汽车里，通用公司占据了其中一半。同样情势下，福特的市场份额却依然在上升。

面对这样的一个对手，在那样的一个局面下谈竞争，可以想见斯隆的焦虑。

通用创始人杜兰特留下了 7 条产品线：雪佛兰、奥克兰德、奥尔兹、布斯、谢里丹、别克、凯迪拉克。优势是当时没有哪个生产商有比通用更全的产品线。难题是这个壮观的产品线里，只有别克和凯迪拉克赚钱。在杜兰特离开后的第一年，仅雪佛兰就亏了 500 万美元。当时通用高层有好几种思路：一种是开发革命性的新车型，去跟福特抢夺市场；另一种是福特太强大了，再怎么争都是徒劳，不妨放弃福特占据的低价位市场，花心思只做高端线别克和凯迪拉克，不要浪费资源在那些弱项上。斯隆等人研究了很久，还是觉得全产品线是通用的一个优势。长期以来，杜兰特都致力打造一个完整的帝国，虽然步子太大，走乱了，但声名打出来了，不应该轻易放弃。所以，跟福特也要争，福特没有的也要继续保持。

有了这个思路，政策其实就很容易得出了。斯隆整理了混乱的产品线，把互相竞争的、价格区间有覆盖的全调整了，最后定下 6 个价位区间，把产品线打造成了一个有机整体。斯隆的原话是：产品线中的每个车型都应该考虑到它和其他车型之间的关系。

可能人们会说，这种竞争策略换了我也能想到。不过，斯隆之所以厉害，就在于他能想到非常之策。

第一条非常之策，斯隆说，在某些时候，没有必要比最好的竞争对手做得更好。甚至，围绕某种产品做的广告、销售和服务都没有必要比最好的竞争对手做得更好。因为斯隆觉得，自家的优势在于协调运作，在协调计划的指引下，比如说集中采购、生产改进等，团队完全可以达到提高产量、降低成本的目标，可以和在任何价位上遭遇的对手平分秋色。

第二条非常之策，斯隆说，应该把产品想得再细致一些。

分好了价格区间，对每个区间，有不同的做法。一种是可以把定价尽量贴近区间上限，保证它的质量能吸引这一价格区间的目标客户，让他们愿意多花一点钱来享受通用汽车优秀的品质；另一种是尽量去吸引区间内的低端客户，让他们愿意少花一点钱来享受质量相当的产品。至于具体应该怎么做，应该按照目标客户和竞品的具体情况来分析。

第三条非常之策，斯隆说："我们要反福特而行之。"

福特不是以不变应万变，用永不落伍的 T 型车这一招打败天下吗？那我们真的来个"万变"好了，斯隆在汽车行业首次提出了"年度车型"的概念。大家都很茫然，不知道为什么在车企这种四个轮胎、一个车身，几乎没有什么改变空间的产业，也要推出所谓的"年度车型"，完全是要自己把自己逼死的节奏，但是斯隆很坚持。

理论让人耳目一新，有用无用我们要看实际操作。其他车型就不说了，雪佛兰是和福特短兵相接、直接交战的汽车品牌，双方的竞争极富戏剧性。

双方对战，上场前，福特完全主导着低端市场，占有率达到60%，雪佛兰才达4%，如果没有点财力和智力，完全就是以卵击石。斯隆的初步战略就是分解好价位区间，细分市场，逐渐蚕食，在保证盈利的基础上，一点点做大雪佛兰的销量。

1921 年，当时还是通用副总裁的斯隆制订了协作计划，雪佛兰的价格从 825 美元降到了 525 美元。福特 T 型车的同期价格是 355 美元。但福特的价格不包括可拆卸轮圈和电动式启动装置，雪佛兰则包括，所以同等配置下，雪佛兰和福特 T 型车其实只差 90 美元，这对福特的部分客户已经能产生足够的吸引力。

之后研发工程师们快马加鞭，设计雪佛兰的新款型，被称为年度车型之 K 型车。它有新的外观特征，车身更加修长，增加了腿部的空间，采用通用独家研发的迪科漆。而当时福特、道奇等汽车厂家都只能用黑色的磁漆。这款新车还第一次使用了全封闭车身、大灯和电子点火装置，改进了离合器，用性能更良好的机架取代了以前问题百出的旧机架。

产品本身有噱头，市场行情又好，雪佛兰的 K 型车成绩相当亮眼。1925 年，福特在当年的市场份额由 54% 降到 45%，雪佛兰与上年相比则提高了 64 个百分点，K 型车在当年销量上首次超过了福特的 T 型车。

这似乎是一个信号，被斯隆敏锐捕捉。他更加坚信自己的竞争策略，开始发起全面的营销方案。他对雪佛兰的高管说："我们的目标，是在消费者中建立'雪佛兰的性价比高于福特'的名声。在性价比之外，也要给消费者传播一种外观设计和产品文化的理念。新技术堆起来的 K 型车，内核就是让更多的普通人花更少的钱，享受更奢华、更时髦的配置。"

这种普世价值，很能击中从马车时代转入汽车时代没多久的美国人的心，连俚语都说：棒球、热狗、苹果派和雪佛兰，是美国文化的一面镜子。独一无二的地位树立起来后，福特很快被"三连击"：1926 年，它关掉了自己最大的一个工厂；1927 年，福特让出了世界汽车销售第一的宝座；1929 年，福特在美国汽车市场的占有率降到 31%，后来更是一度降到百分之十几。

及时收缩：以理性对抗不理性

战役打响了，也打胜了，但商战的江湖，只要人在其中，就身不由己。你无法阻止老对手的逆袭，也无法预料新对手的挑战。一次战役的胜利，并不代表永远能立于制胜之地。雪佛兰和福特厮杀百年，你追我赶，恩怨到现在都还没有了结。一个品牌尚且如此，多个产品线合在一起就更复杂了。通用成为头狼之后，是要加紧步伐先发制人，还是放慢步调稳扎稳打？什么时候应该扩张？什么时候应该收缩？

回过头总结时，可能很多企业家会愿意说出个一二三来，但斯隆很坦率，他说，"我们身上或者是整个行业之中发生的事情充满了偶然性和不确定性"，没有人能先知先觉，那些成功经验和失败教训归结下来，"仅仅是因为我们学会了如何迅速地做出反应"。政策都是根据实际情况制定的，"在基于竞争的经济环境下，我们总是试图做一个理性的商人"。

用理性对抗不确定性，在斯隆那里，大多数情况下都是以事实做判断。

在汽车行业，离开了生产计划，一切寸步难行。这是一个用反映未来的数字指导现在展开工作的行业。斯隆说关键就在于预测和修正，而预测的关键在于准确性。斯隆将这个责任直接交给了事务部的总经理，因为他们距离消费者更近，更了解销售趋势。

从 1921 年开始，斯隆就要求各事业部总经理每月 10 号、20 号和月底那天就 10 天内的真实产销量向他提交报告。同时每月底还要汇报有多少订单尚未完成，工厂里有多少成品库存，以及他们估计经销商手中还有多少汽车。这种在当时特别新颖的做法，好几年里都是通用确定生产需求量的唯一基础，预测，然后修正。

当然，这样做不会次次都料事如神，因为销售数据反映回来总是滞后的。1924 年 3 月，美国经济正处于大萧条前最后的繁荣，斯隆看到了一份报告，综合其他数据，发现销售到最终端消费者手里的汽车在减少，可生产计划过去却一直在增加。他判断生产过剩有可能会出现了，但实际情况到底会有多糟，减产幅度应该有多大，很难根据这些滞后的数据决策。斯隆立刻与其他高管实地拜访经销商，第一站圣路易斯，接着堪萨斯、洛杉矶。大型公司的首席执行官很少这样通过检查库存来亲眼验证生产过剩的情况，站在经销商巨大的场地里，看到成排成排的汽车卖不出去。斯隆坚信统计数据没有出错，市场繁荣将会过去，需求在收缩，每个地方的库存都严重超限，生产必须马上调整。在整个任职期间，斯隆只发布过几个特别干脆的命令。这次就是其中之一。

在经济大萧条的 20 世纪 30 年代，正是这种反应速度让通用把库存降低与销售量降低保持一致，合理控制成本，从而保证了每年都能赢利、分红。

敢于出手：该冒风险决不退缩

用理性对抗不确定性，并不意味着不敢尝试。

斯隆说过，假如你想针对现有的业务做些事情，在融资方面会遇到不可避免的问题。债务可以解决很多事情，可以提升股东投资的回报，但是，债务也会带来很大的风险。他个人非常反感借贷，但并没有为公司制定不能借贷的政策。一切根据实际需要来，运营期间如果利润本身就能维持再生产和公司发展的需要，就不去打肿脸充胖子，借钱也要做大做强。因此从 20 世纪 20 年代起，通用很少借钱，哪怕是战争时期，通用的借款额最高才 10 亿美元，而且时间不超过 1 年。但是当实际的生产情况确实需要举债时，斯隆毫不犹豫地发行了当时美国最大一笔公司债。

产品和技术也是如此。通用 90% 的业务都集中在汽车领域，他们并没有一成不变的产品政策，限定自己可以制造什么、不能制造什么。如果某些产品显得不合适，就会从这项事业中撤出。1921 年，通用退出了农业拖拉机业务领域，因为他们觉得不可能在这个领域做出什么成绩，此后还相继放弃了飞机制造、家用无线电、玻璃制品、化学制品等业务。

但斯隆依然鼓励新的尝试，让研发部把大量的资金投入到一些前途未卜的产品上，比如双循环柴油发动机。后来，这项发明很快被应用于火车，给美国铁路带去一场革命。

理性并不是那么好把控，它需要坚定的信心和不随波逐流的勇气。"二战"结束前很久，通用汽车就开始对战后的增长进行规划。斯隆在 1943 年向美国制造商会做了一个题为《挑战》的演讲，他认为战争结束后，整个工业界都将面临曾被长期压抑的巨大需求，人们将需要大量产品。这和经济学界的预测恰恰相反，他们预言战后经济将走向衰退。

对斯隆而言，这不仅仅是一场辩论，还涉及如何投资、生产的问题，更像一场赌局。最终他坚信自己的判断，公布了一个预计耗资 5 亿美元的计划，引起一片哗然。

就这样，在距离战争还有两年的时候，通用就提前布局，开始为恢复大规模的生产而准备，与成百上千家供应商和转包商谈和平后如何续约，等等。所以战后，在其他企业都才刚刚转型的时候，通用已然规划好了一切，理所当然地进入了所谓的"扩张时期"。

斯隆总结自己的经验说，像美国那样的上升而成功的经济不仅仅代表着机遇，它还需要那些胸怀壮志的人拥有驾驭机遇的能力。

凯文·凯利在著作《必然》中阐释了未来 30 年关于产品的变化，也谈到了与汽车业相关的两个观点：第一，在历史发展阶段中，人类对事物的占有不再变得重要，而对于事物的使用则变得更为突出。大多数产品在不断进行"减物质化"，正如自 20 世纪 70 年代开始，汽车的平均重量已经下降了 25%。第二，在下一个 20 年，颠覆汽车行业的可能不是一家汽车公司，而可能是如特斯拉这样的科技企业。特斯拉生产的汽车本质上是带轮子的计算机，或者是 Google 的无人驾驶汽车。从远处看，现在已经和过去大相径庭，未来可能会走向另一个地方。但细细观察，很多情况又能找到相通之处。

当斯隆开始创办企业时，汽车还是一个新产品，同时大规模的集团公司也是一种新型的企业组织。小艾尔弗雷德·斯隆的所想所为，在那时看都是创新。如今，通用已经是老牌的实业巨头，也面临着继续创新的挑战。

2008 年庆祝百年华诞时，通用人的心情特别复杂，大悲大喜，因为那时已经到了破产边缘。次年，通用宣布破产重组，直到 2010 年年底才重返华尔街，浴火重生。很多人把待遇太好、养老负担太重看成通用破产最主要的原因。而通用重组后的"带头大哥"鲍勃·卢茨则认为，是绩效管理害了通用。其实这种绩效管理，在斯隆时期就已经存在，它有一个更专业的名字，叫"杜邦分析法"，就是以投资回报率为核心建立起来的财务分析方法。

斯隆是如此解释这个法则的：即使是头脑最简单的投资者，也会用他在股票、证券或者储蓄账户上的盈利和他的投入相比来衡量自己的盈利状况。因此，我认为所有生意人都会用他的总投资来评价总收益。可以说，这是一条游戏规则。销售利润、市场渗透度等都无法取代投资回报率。于是，大到公司战略，小到事业部管理，在通用处处都能看到杜邦分析法的影子。它不能告诉你怎么做会更好，却能告诉你问题在哪里。这种制度让企业高管特别重视数字分析。但是卢茨却认为，正是由于太重视这些数字，通用在相当长的时间内偏离了产品本质，为追求短期财务报表的亮眼而不惜破坏品牌。比如，20世纪80年代，通用汽车在美国市场大量推出廉价的凯迪拉克汽车，极大损害了凯迪拉克的高端品牌形象，把富人客户群体拱手让给了奔驰、宝马等海外汽车品牌。

其实对于未来，斯隆可能早有预料。他说过："我希望在我描述通用汽车的时候，没有留下一种认为它是完美产品的印象。没有一个公司是一成不变的。改革有可能带来好处，也有可能带来坏处。"对于通用来说，甚至对于所有的企业人来说，每一代都必须迎接自己的使命和挑战，创造性的工作永无止境。

斯隆，优秀到没朋友

文 / 王晶晶

很多人都觉得斯隆是个一板一眼、很冷酷的人，这正是斯隆想为自己打造的职业形象。他坚信，一个首席执行官一定不能产生工作上的朋友。他甚至觉得美国历史上最值得称道的总统是亚伯拉罕·林肯和富兰克林·罗斯福，因为这两位在同事中都没有什么小伙伴，而那些有朋友的总统，像艾森豪威尔、格兰特、杜鲁门，最后都会被朋友出卖。所以在斯隆这里，朋友不可靠，只能相信组织。

但这些，并不是说斯隆是一个把组织凌驾于人的管理者。相反，他很重视个体。他极为关心人、注重人、尊重人。

有时，他对人的关注简直到了走火入魔的地步。比如，他的自传《我在通用汽车的岁月》1954年就写完了，但他硬生生等了10年，才最终出版。原因是只要书中提到的通用汽车的员工仍然健在，就不能出版，"我在书中提及的一些事情可能会被理解为批评，而一个经理人不会公开批评自己的下属"。

斯隆80多岁时，身体开始变得不好，出版社还在苦苦等待，因为有一位员工仍然健在，而且他比斯隆小了整整15岁。出版社编辑都快熬不住了，跑去半请求半威胁地吓唬斯隆："斯隆先生，你在冒险，你也许活不到这本书的出版。"其实编辑为了能出书，已经在最初就拜访过所有斯隆提到的员工，他们都说自己一点都不觉得受到了批评，并且都表示乐于见到此书出版。现在只剩下最后一个了，斯隆身体又不好了，就不能稍微妥协一下吗？

斯隆毫不让步："如果我活不到那一天，你们就等我死了再出版吧，人比出版计划更重要。"最后，他竟然活过了所有人。

没朋友的斯隆，人生中却从不缺真感情。

　　管理学家彼得·德鲁克很佩服斯隆，虽然两人一开始完全是以尬聊碰面的。德鲁克被通用请来做咨询研究，斯隆一见面就说："德鲁克先生，你或许已经听说了，我不是提议让你来通用进行研究的人。我认为根本没有这个必要，可是我的同事看法不同，还是希望你能对通用进行研究。因此，我得尽到自己的责任，确定你能愉快地胜任……我不会告诉你该研究什么，或是该提出何种建议……你只要告诉我，你认为什么是对的，而不要管'谁'才是对的。别担心管理层的成员，包括我自己，是不是能采纳你的建议或同意你的研究结果。如果对你来说是对的，在我看来却是个错误的话，我会立刻告诉你的。"德鲁克无言以对，内心很失望。可研究了一番之后，他就成了斯隆的"铁粉"。别人问他，最佳的管理工具是什么？他回答，斯隆的助听器。

　　克莱斯勒汽车创始人沃尔特·克莱斯勒和斯隆曾一起效力于通用，任别克总经理。通用创始人杜兰特引发危机后，克莱斯勒决定离开这艘破船，另起炉灶。走就走吧，斯隆却说服他创立一个属于自己的汽车品牌，这才诞生了美国第三大汽车巨头克莱斯勒。斯隆这样做完全是在给自己挖坑，平白多出了一个强大的竞争对手。斯隆对此是这样考虑的：福特已经在走下坡路了，只和它较劲没有太大的意义，通用需要一个更加厉害的敌人。

　　这种格局和气魄，完全是宗师级别的，让人只能拜服。所以，不难理解为什么没朋友的斯隆，反而得到了那么多商业大牛的一致赞誉。

"组织平衡"是斯隆的成功秘诀

北京大学领导力研究中心创始人　杨思卓

1875 年 5 月 23 日，小艾尔弗雷德·斯隆出生于美国康涅狄格州的纽海文，10 岁随父母搬迁纽约；1895 年毕业于麻省理工学院，获电子工程学士学位，他把自己的一生献给了汽车行业；1918 年加盟通用汽车公司；1923 年 5 月，成为通用汽车公司的总裁。作为汽车行业管理模式创新的杰出代表，他让濒临破产的通用汽车反败为胜，迅速发展成为世界上最大的汽车公司，为企业管理立下了世纪典范，成为 20 世纪最伟大的 CEO。他在汽车行业五十多年的管理经验，对管理理论的发展也做出了伟大的贡献。他对企业的组织结构、计划和战略、持续成长、财务成长以及领导的职能和作用的研究，对职业经理人概念和职能的首次提出，都对现代管理理论的形成和发展产生了极大的影响。

如果用一个关键词概括一下斯隆和他的贡献的话，那就是"组织平衡"。作为 20 世纪初汽车制造业的创新者，斯隆把分工原理用到企业对生产经营的管理活动中，在通用公司创立了多部门的组织机构，建立了企业管理制度的原型。他找到了管理的平衡器，最终制造了企业的加速器。他曾经的竞争对手亨利·福特写道："最危险的思想就是有时被人称为'组织天才的东西'。"但有意思的是，最危险的思想就是对危险视而不见。斯隆就是这样的组织天才，加上他对市场的正确预测，使斯隆推翻了福特在汽车工业中的统治地位。他用组织与个人的平衡演绎了通用完胜福特的传奇。

在斯隆管理时代到来之前，通用汽车的组织结构存在一个基本问题：缺乏一套正式有效的反馈模式，公司管理层无法听取来自雇员的不同意见。公司高层并不重视已经出现的意见分歧，更不相信这种分歧有利于解决问题，所以在工作时也并不提倡开诚布公。这种做法的结果是，公司成为老板的"一言堂"。

斯隆上任后的第一个目标就是将"鼓励员工及时提出异议"的做法系统化，并进行推广。他的目标在于使通用的气氛更加民主，以便听取意见，而绝不是培植出一群对自己唯唯诺诺的人。他鼓励成员互相交流意见，允许他们在会议上和报告里宣扬他们自己的立场。他认为，要让分歧走向一致，最好的方法就是召开公司会议，让所有持不同意见的人全部出席。要将众多的分歧集中，以便让每个人都能了解不同的想法，明白不同观点的基本理念。同时，他还指导员工如何反映意见；对于提出异议的人，他绝不处罚。

一言未必九鼎，人微未必言轻。及时听取员工意见，可以帮助企业避免"闭门造车"，也正是这样开放的管理模式，才使通用汽车走出了一条"不通用"的路。评价通用汽车的成功，常人会有市场创新视角：代表未来的通用汽车战胜了代表传统的福特汽车；而高人还要有管理创新视角：代表未来的斯隆的管理新法，超越了代表传统的福特管理旧法。

20 ADVANCED
COURSES
OF BUSINESS
THINKING

11

阿曼西奥·奥特加

阿曼西奥·奥特加：小镇青年的逆袭

文 / 余驰疆

世界首富往往出自那么几个行业。比如能源业有洛克菲勒家族，金融业有巴菲特，IT 行业有比尔·盖茨和贝索斯。不过，有一位世界首富却与众不同，他靠卖衣服起家，数十年待在西班牙的一个偏远的小城，外流的照片不超过 5 张，从《福布斯》杂志创立富豪排行榜至今，他是唯一来自传统轻工业的首富，也是最低调的首富。他就是阿曼西奥·奥特加。

人们可能对这个名字不是很熟悉，但说起他创立的服装品牌 ZARA，可谓家喻户晓。ZARA 在全球拥有 2000 多家门店，市值超过 148 亿欧元，在世界服装品牌中排名第三。而 ZARA 的母公司，也就是奥特加一手创立的 Inditex 集团，更是全球最大的时装零售集团。《商业评论》曾经将 ZARA 称为"时装业中的戴尔电脑"。

靠着这两个法宝，奥特加四度登顶全球富豪榜，连续 7 年蝉联欧洲首富。虽然传统零售业不景气，快消品牌也竞争激烈，但他依然稳坐西班牙首富的位置。2001 年，他虽然登上了《福布斯》富豪排行榜，但只有 66 亿美元的财富。15 年后，他的财富暴增十多倍，净资产达到了 795 亿美元，超过比尔·盖茨当时的 785 亿美元身家，夺下世界首富的宝座。《2018 年胡润全球富豪排行榜》中，奥特加排名第六。

可以说，奥特加的人生就是典型的小镇青年逆袭故事，一个最标准的实业家成功范本。ZARA 公司就像一个等级森严的城镇帝国，而奥特加就是帝国里的皇帝，而且，这皇帝还是个乞丐皇帝。有人说他是个冷血的赚钱机器。这话没毛病，这确实是他性格中的一面，也是他成功的一个条件。但从他的出身、家庭、发家史，到他的性格和创业故事，以及他的管理哲学和超前理念，他的成功还有更多的秘诀。在他身上，有成功人士共有的特点，那就是勤奋、果敢、有远见。

勤奋果敢：成功的两大基础

毫无疑问，勤奋是成功者最需要具备的素质，对于奥特加来说，这一点是家族遗传。

1936 年，奥特加出生在西班牙西北的一个贫穷小城——拉科鲁尼亚。他的外祖父是个瓦匠，后来开餐馆、开酒吧、开舞厅，最后开出了一条街；他父亲在铁路公司工作，年年被评为优秀员工，永远是公司劳模。放到现在来说，他们一家就是模范家庭。

可惜那个时候整个欧洲都在打仗，这家人很快也就穷困潦倒。全家生活相当窘迫，母亲想给奥特加买糖的钱都没有。因家庭贫困，奥特加 14 岁就辍学打工了，做的就是服装店的送货员。这是一家专为富人定制高级衬衫的商店，奥特加每天把新做好的衬衫送到客人家里。后来，他开始给裁缝当助手，接触到服装制作的关键技术。据说他那时候就保持一周工作 60 个小时的状态，还要抽出时间学习、读书、看新闻。三年时间，他就从一个低端服装店的送货小弟成长为高级商店的金牌销售。

奥特加的员工曾说："我们上午 9 点半上班，阿曼西奥已经在那儿了；我们晚上 7 点下班，他还没有回家；有时候他去伦敦出差，你以为可以歇一口气了，没想到他中午就赶回来上班了；他不休息，也从不给别人喘息的时间，他休年假从来不超过 3 天。"奥特加一路从魔鬼员工进化成魔鬼老板，走的也是一条血路。

除了勤奋，奥特加成功的另外两个因素就是善于分析、敢于决断。就像奥特加创业，完全是理性与冲动的双重作用。他在高级服装店工作时就发现，女性总喜欢盯着店里的家居服看，但买的人不多，因为家居服款式不多，性价比低。所以，奥特加就认定这里有钱可赚，决定辞去工作，带着老婆、亲戚一起开店。在一间酒吧里，他们这批初创者决定开辟一个新的市场，让女性用普通的价格买到最高端的设计。

奥特加设计出了当时最流行的款式，大量购进巴塞罗那出产的廉价布料，在自家客厅中生产出物美价廉的睡袍，在市场上大获成功。而且，当时的奥特加就启用了全新的定价模式，他不根据成本定价，而是根据预期销售数量定价。无论是时尚廉价化还是销量定价法，都是奥特加沿用至今的经营理念。

即时生产：快快快加抄抄抄

要想做个成功者，勤奋和决断力只是标配。而奥特加真正的进阶之路，其实是两大法宝，可以说，正是这两大法宝，奠定了 ZARA 模式的基础，也成就了 ZARA 快速扩张的事业。

第一个法宝叫作即时生产系统，用大白话来说就是快快快加上抄抄抄。其实这个系统最早诞生的原因是去库存。在完成原始资本积累后，1975 年，奥特加就开了第一家 ZARA 店，那时候他发现价格低廉的快消服装，最大的敌人就是库存。要怎么消灭这个敌人呢？那就是要做到比敌人更快。他决定走出国门，搜罗第一手时尚信息，紧跟潮流。他到巴黎去学习、观摩，回来后马上进行设计、制造，然后迅速摆在店里。往往，巴黎那边的更新速度是按照季度计算，但奥特加的速度是按照月甚至星期计算，因为他除了去巴黎，还会去伦敦、米兰，等等。后来，许多商学院的教授就把奥特加的这套生产方式称为即时生产系统。顾名思义，就是边看边做，边做边卖，把流行与购买的时间差降到最低。

对于即时生产系统，奥特加有一句话非常经典，他说："时尚的快速变化在许多纺织业者看来简直是灾难，但在我看来，那恰恰意味着机遇。"市场学要关注"SWOT"分析法，也就是优势（strength）、劣势（weakness）、机遇（opportunity）和威胁（threaten）。当时大部分服装品牌都认为潮流变化是威胁，会让你成为流行的弃儿，会给你带来怎么也消耗不掉的库存；而奥特加则是将它视为机遇，一个让你可以成为先进入者的机遇，一个让你随时能售罄的机遇。所以渐渐地，捕捉流行、预测销量、加快生产，成为奥特加最重要的三项工作。

　　为了捕捉流行，奥特加用最大的预算聘请设计师，他们一年集中出去两次，参加四大时装周，其他时间则分散行动，笔、纸、钱就是出门的全部家当。他们只要看到可能会受欢迎的设计就立刻买下来，不能买的就直接现场画下来，然后传回总部。为了预测销量，奥特加在全国乃至全欧洲各地签约大量代理商，他们负责研究设计师的产品，走街串巷调研产品的竞争力，然后决定是否应该生产设计师设计的服装，因为代理商的终端是客户，他们最了解客户需求，所以他们对设计有一票否决权，就像奥特加说的，"ZARA只生产顾客想要的东西"。最后，为了加快生产，奥特加还派出了大量商务经理，他们就是负责和供应商、工厂打交道，不断催催催，压低成本，更换面料。说实话，大概就是这些商务经理的存在，让ZARA服装的质量一直有缺陷，不过也没人在意，反正速度是第一位的。

　　这三种人，成了即时生产系统里最重要的部分。也因为有他们，ZARA从设计到生产到销售，整个流程只要12天。而这样快速的服装生产，不仅有效去除了库存，还给消费者带来了紧迫感，让他们觉得今天不买，明天这衣服就没了，大大促进了消费。到现在，即时生产系统已经发展得很完善了：在ZARA，有50%～60%的设计是固定的，称为基本款，就是不会过时的款式；还有40%～50%叫作机会款，基本上是两周一换。ZARA一年内能生产超过15000款机会款，这个速度绝对是行业翘楚了。

油渍模式：在最好的地方开店

　　除了即时生产系统，奥特加另一个秘密武器就是油渍模式，也就是ZARA的开店模式。很多人觉得奥特加这个人很冒进，喜欢疯狂扩张店面。2018年Inditex集团发布的2017年业绩显示，全年营收253.36亿欧元，净利润达33.6亿欧元，Inditex集团在全球的店面总数达7475间，遍及96个国家。

　　但如果仔细研究，就会发现他其实是在有策略、有布局地扩张。他总是先在一个地方开一家分店，然后把这家店当作信息采集处，网罗这个地区消费者的审美风格、消费习惯，等等，再根据这些采集到的信息决定扩张力度和方式。

在扩张中，奥特加还有个我们中国人很熟悉的论点，那就是不管白猫黑猫，能抓到老鼠的就是好猫。比如说，很多服装品牌在扩张时坚决要求自营，从而保证自主性和统一性，但奥特加不是，他很会审时度势，比如在法国、美国这些时尚嗅觉灵敏、潜力高的国家，阿曼西奥就坚持要开子公司，全权掌握销售大全；而在日本这种行业壁垒较重的国家，奥特加就选择与当地企业合资，既能增长知识，还能快速实现本土化；而对于中东那种风险大、时尚灵敏度低的国家，奥特加觉得在那儿开发太费劲，就直接卖出特许经营权，让当地人自己开发去吧。像这种完全机动的扩张方式，ZARA 是快消服装品牌里做得最好的，所以这些年来，它的扩张也是最成功的。

另一个不得不提的，是奥特加对门店的选址。他非常懂得追求时尚的消费者爱炫耀的心理，所以他总是选择在最昂贵的地段开店。在纽约，他把店开在第五大道；在巴黎，他选择香榭丽舍大街；在上海，他瞄准了南京路。ZARA 的模特也是最好的，全球最当红的名模都会出现在 ZARA 的海报上。消费者觉得自己能在最繁华的地方买到超模穿的衣服，性价比又那么高，何乐而不为呢？

可以说，奥特加的经商理念是非常简单粗暴的，服装要快、要新、要便宜；店面要美、要大、要繁华。虽然这些让奥特加遇到了许多争议，比如抄袭问题，但也的确让他一举成为快消服装品牌的老大。

固守家乡：有情怀也有算计

奥特加的固执和迷信在西班牙可是出了名的。他出生在西班牙西北的拉科鲁尼亚，创业、发展也是在这里，即便后来公司做大了，他也只是搬到附近土地更多的阿尔泰修萨邦工业区里。可以说，从出生到现在，奥特加和他的公司就一直在西班牙的西北角待着。

要是一般小公司就算了，可奥特加的 ZARA 和 ZARA 的母公司 Inditex 是世界级的大公司，必然少不了与马德里以及全球各地其他重要城市的往来。阿尔泰修萨邦工业区和马德里的公路 2002 年才开通，之前不知给 Inditex 增加了多少无谓的运输成本。

所以，公司一直有人劝奥特加"迁都"，迁到马德里或者更国际化的城市去，可奥特加怎么也劝不动。他给的理由是，总部迁了，风水就变了。听起来是不是太迷信了？其实这只是奥特加的玩笑话，他不迁都的真正理由，是经过缜密计算的。比如，虽然把总部设在马德里，减少了运输成本，但其实也增加了其他成本。在西班牙西北部开公司，人力成本低，电费、水费低，这些节省的成本算一算，搞不好比路费多多了。

其次，对于奥特加的故乡来说，Inditex 就是这片土地的产业支柱。Inditex 总公司几乎就是半个城市的模样。集团总面积 60 万平方米，集团外有两条隧道和 1 条 212 千米的铁路，连接着 16 座工厂。每周，从这些工厂出产 200 万件服装，能摆满 100 多个足球场。而出生在 20 世纪 30 年代的奥特加，经历过战争，对于建设家乡的感情十分深厚。因此他也不愿意让家乡失去依靠。

不过这些年，随着当地经济的发展，奥特加老家的人力成本也是越来越高了。所以，他也逐渐将工厂开在了周边的许多城市，以及摩洛哥等国家。

奥特加的确是个念旧的人，然而他的不迁都策略也惹怒了公司一大批骨干分子。对于公司许多骨干来说，待在西班牙的西北角落，就像被囚禁在笼子里一样；更主要的原因是，这里奥特加家族的势力太大了，外姓人在公司里的话语权非常有限，他们觉得自己得不到晋升的空间。

为了解决这个问题，奥特加逐渐开始缩小家族内部的话语权，开始更多地起用职业经理人。他去商学院寻找名师做他的左膀右臂，比如找来当时在省立商学院担任教授的何塞·玛丽亚做副总裁，成为二把手。之后，越来越多的外姓骨干走入公司高层，Inditex 集团也从一个纯粹的家族制企业转化为管理得当的股份制集团。

事实上，这种管理上的转变，与奥特加个人的不断学习进步密不可分。他开设第一家 ZARA 专卖店的时候是 39 岁，Inditex 集团成为股份制企业时他 43 岁。无论工作多忙，他都在不断学习。当年何塞·玛利亚做他的副手，就向他传授了非常多的专业的企业管理知识。

超前思维：身上有互联网精神

奥特加身上很重要的特质是具有互联网精神。ZARA 不是以门店为主的吗？不是传统轻工业吗？不是快消品吗？怎么就具有互联网精神了？事实上，很早之前，ZARA 的生产、运输、销售就和互联网搭上了线，而年过花甲的奥特加，也是最早开始接触互联网的传统服装制造商。他这种超前的思维，绝对值得好好讲上一课。

奥特加并不是一个顽固不化的老古板。他不忘和时代接轨，对互联网的直觉绝对是快消服装领域最敏锐的。1989 年，53 岁的奥特加意识到未来互联网会成为大趋势，于是立刻在公司建立内网，让供应商可以通过代码进入一个系统，可以迅速看到集团内所有产品从设计到生产到包装的全部过程，从而供应商可以迅速制造商品，快速响应客户需求。这之后，奥特加就开始研究起了互联网技术。1995 年，他发现订单每次通过传真送至总部，总部再录入电脑，过程缓慢且容易出错，于是就花大价钱给每一个门店配备了苹果公司出产的掌上电脑，又找人设计了管理程序，全球门店联网，所有数据都由总部管理，大大节省了时间，提高了效率。

在 ZARA 工厂，一切裁剪都是通过电脑完成的，使得衣服的制造统一且精确；在 ZARA 门店，还有 24 小时运转的数据库，时刻追踪网络上顾客想要的东西。每半个月，ZARA 门店的经理就会根据店内的销量以及人们的各种反馈，向总部发送货品订单。也就是说，每位顾客的喜好，ZARA 全都听进去了，这些意见甚至会影响它的下一波设计。

除此之外，奥特加还给 ZARA 引进了可以自动转换国际货币的光学处理器，能帮 Inditex 集团省下一大笔贴出口标签码的钱；还有著名的 RFID 技术，可以用仓库里的无线电信号识别服装并记录服装数据，只要服装离开仓库，总部立马就能知道哪个国家、哪个城市卖出了那件衣服，这大大增加了 ZARA 大数据搜集的能力。所有这些技术，ZARA 都是全球快消服装里第一个甚至唯一使用的。还有，ZARA 也是最早开设网店的服装品牌之一。这些，都不得不让人佩服奥特加的远见。

　　除了对互联网的直接应用，奥特加在 ZARA 店面的布置上，也相当有互联网思维，直到今天仍非常具有参考价值。1975 年，奥特加开设第一家 ZARA 店时，他就定下了几条规定：第一，橱窗展示必须令人瞩目；第二，内部空间必须让人舒服；第三，陈设必须科学讲究。

　　奥特加有个数据，90% 的服装销量都依赖于橱窗展示。当年刚创业时，他就特地从巴塞罗那请来一位艺术家，专门为他设计橱窗。而且，橱窗里的衣服，全部都被奥特加用别针重新调整过，看起来更合展示模特的身材。据说奥特加还把农场的鸡、鸭、兔子搬到橱窗里，就为了展示春季田园风的设计，最后还引来动物保护协会的谴责；他还试过把橱窗里放满水，上面漂着帆船，就为了配合海滩风的夏装。

　　为了让顾客安心地购物，店内的灯光、镜子位置，都是经过多次比对设计的。ZARA 也是最早开辟儿童接待区的服装店之一。有时会遇上专门把小孩放到儿童接待区，自己不买衣服却去喝咖啡的顾客，奥特加也不会拆穿，而是让人好好把小孩照顾好。这种贴心的举动反而让那些顾客产生了内疚感，他们往往最后抱着感恩的态度在 ZARA 消费一番。现在，西班牙的一些 ZARA 店甚至还提供美发、按摩、红酒，等等，可以说奥特加的下个目标，就是把 ZARA 做成快消界的海底捞。

　　还有一个重中之重，就是服装陈列。看起来 ZARA 的陈列杂乱无章，其实井然有序。目的就是方便年轻人闲逛。这里面学问可大了，奥特加最喜欢看顾客购买的过程，他发现男女有着完全不同的购物习惯，所以，他也在 ZARA 内部设计了两套相对应的陈列方式。在男装部，服装的顺序是严格规定的，首先是运动服，然后是按照颜色配套的其他服饰，而且服饰常常配套出现，比如衬衫边上就能找到对应的裤子。这样的安排就是为了满足男性化繁为简的需求。而女装部门则要体现创造性和搭配性，服装往往是根据不同颜色摆放，好让客人按照自己喜欢的颜色搭配。

　　在奥特加的经营过程中，不难看出他一直在进行长远的计算。无论是花大价钱建设内网，完善数据系统，还是打造海底捞一般的店面服务，都是为了增加效率而进行的投资，都有一种放长线钓大鱼的智慧。可以说，这一点，也是奥特加区别于其他快消品牌创始人的地方之一。

广告策略：不惜一切保持低调

除了对互联网的应用，奥特加值得大家借鉴参考的理念还有很多。他的广告策略正是当下最红的一些广告理论的体现。

比如，最好的广告就是没有广告。现在，一部分广告学研究者认为，真正强大的产品是不需要广告的，或者说是不需要显性广告的。往往越是行业领导者，他们的广告费越低。当年的苹果手机就是这样。而一直以来，ZARA 的广告策略始终让人有些摸不着头脑。西班牙的广告专家们常常开玩笑说："ZARA 的宣传原则就是不惜一切保持低调。"而奥特加也常说，企业千万不能大肆宣扬、自我吹嘘，更不能买断大众媒体。在他看来，这些做法都是企业对自己的产品不自信的证明。所以，奥特加一年只会花 0.3% 的预算来做广告，远远低于其他同行的 3% ~ 4%。

奥特加也会打广告，但只会打两种。第一种是折扣广告，吸引年轻人进入店面来。随着这些年轻人慢慢有了购买力，他们会向父母宣传这个品牌的好处，可能一开始只是一件毛衣，然后是一件衬衫，最后家长自己就会迈进 ZARA 了。这就是口碑营销。另一种广告就是名人效应。这倒不是请明星来拍摄电视广告或者海报，而是奥特加通过个人关系向西班牙王室或者娱乐圈推荐服装，然后再通知特定的媒体，拍摄名流们走进 ZARA 或者身穿 ZARA 的照片。可以说，奥特加就是快消领域最牛的带货推手。

说到 ZARA 的名人效应，在 2018 年年底的阿根廷 20 国集团峰会中，美国总统特朗普的女儿、白宫高级顾问伊万卡也出席了。第一千金伊万卡身穿一件大衣亮相，气场惊人。这件看起来十分高级的大衣，也是来自 ZARA，官网售价 199 美元。

表面上看，奥特加是一个听不进别人意见的人，其实，他是个很容易吸收意见并且寻求改进的人。比如，当全球设计师联合起来抗议他的抄袭时，他一面让公司发函攻击这些设计师的设计不独特，谁都能想出来，一面又花大价钱跟这些设计师合作推出联名产品，从而笼络人心，轻轻松松解决掉了抄袭问题，以便以后继续抄。

再比如，ZARA 一向被诟病的质量问题和环保问题，奥特加就在纸袋、盒子上做文章，推出可回收纸袋，又瞬间取得了环保主义者的原谅。可以说，奥特加从来不直接对抗争议，而是选择曲线救国、迂回化解的方式。也正因此，ZARA 在消费者心中的好感度向来高于同类型品牌。

广告很低调，奥特加为人也低调。只要在公司，他就会跟着员工去食堂吃饭，每天只要一个土豆，而且一定会吃得干干净净，不留一点残渣。更重要的是，他会在吃饭时听听员工们的意见，或者是探听一些市场上的反馈。所以，他在 Inditex 公司上市前，从来不在人前表露身份，也没有人见过他的照片，许多食堂员工都以为他只是普通老人家，有一次集团安保人员还把他拦在门外，不让他进去。

身为全球最大的快消服装品牌创始人，奥特加最常穿的衣服却是一套简单的西装和 Polo 衫，连一条像样的领带也没有；他没有自己的办公室，最常待的地方就是总部的女装设计部，不是和设计师在一起，就是跟面料专家、买手讨论产品；下班后，他还要带着孙子孙女散步、玩耍，完全就是一个和蔼可亲的老爷爷。他说自己的梦想就是能毫无障碍地走在大街上，可惜现在已经没办法实现了。自从 Inditex 公司上市，奥特加成为欧洲乃至世界首富，他在西班牙已经是无人不知、无人不晓了。

奥特加人生有三大原则：不打领带、不拍照、不浪费粮食。可以说，从小贫穷的经历让他培养出了一种低调、踏实的生活作风。但他毕竟是首富，看起来朴素，只是因为他不讲究吃穿，却不意味着他真的抠门。他也有爱好，而且非常昂贵。

首先，奥特加喜欢马术，主要是他女儿喜欢。他直接在市里建了一个马术场，造价将近 8000 万元人民币；他还喜欢在世界各个国家买飞机、买游艇、买别墅，主要是想借助这些东西感受自由，因为他在西班牙实在是太不自由了。

身为首富，奥特加一出现在镇上就会被围观，镇民对他的爱戴甚至超过了西班牙国王，他们还一度考虑把镇改名叫 ZARA 镇。所以奥特加就得一整天在保镖的保护下生活，去吃早餐，保镖得跟着；去遛狗，保镖得跟着；去 ZARA 店看看产品，保镖也得一路紧跟。据说奥特加在镇上还安排了许多便衣保镖，比如在他经常出现的街道上，有几个卖水果的小贩，真实身份其实就是他的保镖。

  总的来说，奥特加有别于其他我们熟悉的世界首富，他低调却又充满争议，他传统又拥抱科技，他既踏踏实实又敢于冒险，这样矛盾的性格在他身上相辅相成，最终才塑造出了他成功的人生。曾经有人问奥特加，每天工作那么长时间，坚持了那么多年，是怎么做到的？奥特加回答说："工作很辛苦，但是如果你真心喜欢这份工作，哪怕一天工作十几个小时，也感觉不到辛苦。"可能对于他来说，这种对于工作的纯粹的热爱，就是他成为人生赢家的根本动力。

首富的教育经

文 / 余驰疆

奥特加在 2011 年就不再担任公司 CEO 了，但他依然会以董事长的身份出现在公司。2017 年年底，他正式宣布退休。不过由于公司的股份超过一半都掌握在他手里，所以他的话语权依然是最大的。虽然现在 Inditex 集团名义上的总裁是之前的副总裁帕保罗，但大部分人都相信，这个位置以后一定是奥特加小女儿的。

奥特加的小女儿叫作玛塔，是奥特加三个孩子里最受宠的，也是最有可能继承公司的，因为她的哥哥姐姐都不在 Inditex 集团工作。今天我们就来说说奥特加是如何培养小女儿的。

小女儿之所以受宠，很大一部分原因是她的出生和 Inditex 集团的诞生有关。正是因为小女儿的出生，让奥特加下定决心重组产业，为 ZARA 这一品牌创立一个母公司，实行股份制。加上大女儿对商业不感兴趣，儿子又有智力缺陷，因此，奥特加对小女儿格外看重，一心希望她能继承自己的商业帝国。

说起奥特加的教育风格，可以用两个字形容——狼爸。从小，他就要求女儿好好学习，不仅要上名校伦敦大学，读国际贸易，掌握西、英、法、意等多国语言，还得体育好、会骑马。在玛塔读大学前，奥特加就是把她当作名媛来培养的。当时，玛塔在学校不仅成绩名列前茅，还非常有个人魅力，政府官员的儿子、银行老总的儿子，都是其追求者。可以说，奥特加的名媛教育是非常成功的。

可是等小女儿大学快毕业了，奥特加的教育风格突然发生了 180 度大转弯，变成了走基层体验生活路线了。2002 年开始，年仅 22 岁的玛塔就被父亲安排到伦敦市区的一家 ZARA 店打工，每天从清点货架、补货、搬运开始……这整个过程都是隐姓埋名的，没有店员知道老总的女儿就在这里上班。根据 ZARA 的工作规定，玛塔每天早晨 7:30 就得到店里，监管货车把商品运到，必要的时候还得亲自上阵，扛着分量不轻的货包进仓库；此外还要做销售的工作，直到店长下班才能下班。总之，奥特加要求玛塔"做除收银员之外，一个普通店员可以做的任何工作"，甚至包括洗厕所，这位千金大小姐也不能逃避。

玛塔在这家店里干了整整 4 年，从百货员工干到分店店长，可以称得上是一次彻底的基层体验。2006 年，奥特加终于把小女儿任命为两家子公司的副总裁。当大家以为玛塔终于要上位的时候，奥特加又把女儿送到国外门店轮转去了。这次更严厉，还约法三章：第一是离家越远越好，减少别人认识她的机会；二是绝对不允许向他人透露自己的任何真实信息；三是与所有的普通员工一样，店长安排做什么，她都得做；四是不准在工作期间谈恋爱。玛塔在巴黎、上海等城市的 ZARA 门店都工作过一段时间。

奥特加让女儿去各个国家、城市实习，不仅仅是为了锻炼她的工作能力，更为了开拓她的眼界和世界观，也让她对全球贸易市场有个真实的了解。因此，每到一个国家，他就会找当地最好的老师，给女儿讲授当地的文化、传统和经济情况等。比如玛塔到上海实习前，奥特加就高薪聘请精通中国文化习俗的老师向女儿突击传授中国文化，同时还请在西班牙的中国朋友教女儿怎么使用筷子、怎么说问候语，以及怎么讲客气话。女儿出发前，奥特加还特别对她说："现在 ZARA 在中国的店面只有上海和北京两家，未来一定会快速扩张，这还需要你来计划和努力。"这样的教育模式，真可谓是用心良苦啊。

"环游世界"结束后，玛塔回到西班牙又接受了审计、财务等方面的训练，奥特加这才放心地让女儿进入公司高层，并直接领导 ZARA 的重要项目。而前些年 ZARA 店面在全球尤其是中国的迅速扩张，与玛塔的规划有着很密切的关系。或许这些都是她当年在中国打工时给自己订下的计划。

当然了，奥特加也不全是狼爸虎爸的教育方式，他也有舐犊情深的一面。比方说考虑到未来女儿真的接管公司了，万一有人不服气怎么办？所以，为了保证女儿未来能在公司有足够的话语权，奥特加早就想好把自己的股份藏起来，等到时机成熟再交给女儿。由于 Inditex 集团是上市公司，股权可能被出售，股份可能被稀释，所以奥特加就在去年退休前把自己的股份全部转移到一家新公司，就是为了给女儿的全面上位铺路。

如今的玛塔，已经是全欧洲最有钱的富二代之一，与 LVMH 的千金德尔菲娜·阿尔诺旗鼓相当。除此之外，她更重要的身份是一名企业家。在她的带领下，ZARA 在这些年逐渐超过 GAP、H&M 等强敌，成为全球最大的快消时装品牌。未来，她或许将接替父亲，成为世界首富。

实用主义的胜利者

中国人民大学国际货币研究所研究员　曲强

　　阿曼西奥·奥特加，人称平价时尚之父。他从小裁缝开始一步一步打造了 Inditex 集团，而如今最大的服装零售品牌 ZARA 正是其旗下最知名的品牌。阿曼西奥的本质就是时尚圈的比尔·盖茨、成衣界的马化腾。

　　这是个典型的浑不吝的白羊座男人，愤世嫉俗、崇尚权力、自傲自大，时刻准备和对手大打出手。他对时尚毫无感情，只对钱和带来的力量感兴趣。他成功的第一个关键词是：抓住时代。ZARA 的成功是"实用主义在一个理想主义没落时代的胜利"。社会发展到今天，社会整体生活水平提高，中产阶级崛起，对于时尚美的追求不再是少数富人的专利。而社交媒体兴起，整个社会浮躁化，人们不断需要变换新鲜玩意儿刺激自己的兴奋，炫耀消费越来越重。在这样的趋势交织下，一流设计、二流面料、三流价格的 ZARA 的定位就无比准确。

　　其第二个关键词是：重商务实。阿曼西奥和他的 ZARA 帝国以"实用主义"为最大标签。生产上，他首先通过抄袭当下受欢迎的"大牌设计"，最大限度降低产品上市销售的不确定性，降低库存压力；用几百个"设计民工"代替那些昂贵的大牌设计师，降低设计成本；他将最后的成衣生产环节全部外包到第三世界的落后地区，降低生产成本；同时，他不以成本定价，而是根据预期销售数量控制成本。这样的"超级抄抄抄"路线虽被骂，但 ZARA 却依旧在壮大。

　　其第三个关键词是：高效快捷。阿曼西奥擅长抓住主要矛盾，并集中最多资源解决最重要的问题。在这一思路指引下，ZARA 不打广告，不重公关，紧紧抓住高效和低价，服装从开始设计加工到销售只需 12 天。而 GAP、H&M 这样的品牌则需要 5 个月。反应如此快，以至于一有大牌衣服上市，消费者就能两周后在 ZARA

买到低价的类似产品。除了生产端的高效，阿曼西奥对于供应链的管控能力也出色，在库存、生产链、分销链上最大化地减少消耗。天下武功唯快不破，再加上简单廉价几乎就是无敌了。

近30年来，阿曼西奥打破了时尚界规则，建立了一个快消时尚帝国。无论你怎么骂它抄袭、嫌它劣质，他一直都是赢家。

阿奥西曼没什么朋友，也不在乎外界的看法。你的问题与他无关，他只是在埋头给自己赚钱。他是一部灰色励志传记，告诉我们，一个人可以没天赋，开局拿一手烂牌，但重要的是抓住时代大势，再形成好思路，然后用极致的做法和资源一步步去实现。你要搞清楚，你是要赚钱还是要实现理想？抓不住时代，任你多有才能都只是那风中的一滴血，只能用来祭时代的刀；搞不清重点，任你情怀万千，最后也不过是校园垃圾桶旁的一把破木吉他。

20 ADVANCED
COURSES
OF BUSINESS
THINKING

12

加布里埃·香奈儿

加布里埃·香奈儿：戏精女孩的无双传奇

文 / 王晶晶

在法国，有3个人的名字是不可磨灭的：戴高乐、毕加索和香奈儿。作为其中唯一的女性，香奈儿显得更加引人注目。她出生时，是个一贫如洗的私生女，别说继承什么家产了，连温饱都成问题，然而当她离开这个世界时，已经富甲天下，是当之无愧的时尚女王。直到今天，香奈儿作为奢侈品牌还在全球时尚界备受追捧。

香奈儿在世时，她的故事就吸引着众多作家。因为她实在是太传奇了，商业上的成功之外，个人情史也如一部波澜壮阔的戏剧，一群光彩夺目的名人都拜倒在她的石榴裙下。

香奈儿从小便显露出超人的智慧与才能。她创办了同名品牌可可·香奈儿，穿衣风格至今是女性效仿的对象。而她的经典名言至今流传甚广。她说过，"时尚会逝去，但风格却会永存""时尚不仅仅指服装而已，时尚存在于天空中、街道上。它和观念、生活方式，以及各种变化都有关系"。这是对时尚最精辟的概括之一。每个女孩都该做到两点：有品位并光芒四射。谈女人精心打扮的意义，她说："穿着破旧，则人们记住衣服；穿着无瑕，则人们记住衣服里的女人。"谈男人她一针见血："当你了解了男人都是小孩子，你就了解了人生所有的事情""如果你感觉到自己是某人一时激情的目标的话，逃离吧。激情会消退，但是厌倦的感觉是不会消退的"。她随机应变，因为"不要浪费时间敲一堵墙，你无法将其变作一扇门"。她坚持自我，因为"最勇敢的行为就是仍然坚持为自己着想"。她特立独行，因为"想要不可取代，就必须时刻与众不同"。

而最后，她悟透了生命，所以活得精彩。她说："你的生命只有一次，不妨有趣点儿。"

不安于现状：探索适合自己的位置

香奈儿喜欢编造故事。确切地说，第一是香奈儿喜欢编造童年，给自己一个更高雅点的出身；第二是她喜欢编造早年，遮掩积累人生第一桶金时的不光彩。

事实上，香奈儿的童年相当悲惨，她12岁失去母亲，父亲丢下一堆儿女跑得无影无踪。香奈儿的两个弟弟因为可以当劳力而被人收养，她和姐姐、妹妹却被亲戚们送到了修道院，饱尝人间冷暖。

香奈儿实现人生逆袭，第一步靠的是不安于现状的心，换句话说：走出舒适区。

18岁那年，以香奈儿的年龄，已经无法以孤儿的身份待在修道院里。在一家圣母院又被救济了一段时间，院长介绍香奈儿去了一家缝衣店当裁缝，和店主一家住在一起。

针线活儿对香奈儿这种修道院长大的女孩来说，是一门必修课。她的女红技艺拔尖，走针利索，绝对是那种能被老板赏识的"技术型骨干"。靠这门手艺，老板一家养她一辈子也愿意。但香奈儿不愿意一辈子当个小裁缝。待了一年半，她就拿出了所有积蓄，在当地贫困区租了一间房，坚决搬了出去。在那里，她拉了点针线私活儿，每周日上午都是为自己工作的时刻。客户里有以前的回头客，也有初次来的新朋友。

1904年的一天，6位上尉军官来这里改服装，发现这位裁缝竟然如此年轻美丽，还带着一位小姐妹，两人都将全部心神放在改衣服上。认真的女人最美，军官们立刻被打动了，约她们去咖啡厅唱歌。从此改变了香奈儿的一生。

咖啡厅的老板看中了香奈儿的美貌和社交能力，高薪聘请她做驻唱歌手。香奈儿有了艺名"Coco（可可）"，有了一帮粉丝，按如今娱乐圈的命名规则估计得叫"可可粉"。这帮可可粉里，不乏达官贵人。其中对香奈儿最深情的有两位，一名是富有的军官，一名是英国工业家。正是靠着他们的资助，香奈儿开起了属于自己的衣帽店，开启了自己非同一般的人生。

在香奈儿靠美貌也好，靠才情也好，结交了男友，进入到富豪圈子以后，她是野心勃勃的。她不愿永远做依附大树的菟丝花，希望能以一技之长赢得尊严，并且这个一技之长是高大上的。

刚开始，她醉心于歌舞剧表演，希望能成为一个明星。她满怀希望地去当地的剧场试演，一位钢琴师为她排曲，并教她舞台表演的基本功。结果演出完，香奈儿被现实啪啪地打脸：她的嗓音实在是不怎么好，台下都听不清她在唱什么，白白辜负了一副好样貌和一身好气质。

后来，香奈儿又去学了骑马。她无所畏惧，无论是风雨交加，还是风和日丽，都坚持不懈。男友亲自教她，男友不在，她就自己去找驯马师、赛马师、马夫和饲养员，学习各种技巧。在卓绝的努力下，她练出了超群的骑术。

可很快，她发现不能靠骑马来谋生。在学骑马的过程中，反倒是昔日的才华更加为人所瞩目。赛马场和其他地方不一样，不可能一副淑女打扮。就连不骑马的女士，对戴什么样的帽子都有要求。香奈儿因为要骑马，本身已经打扮得像个男生了，帽子选得格外精心，总会把骑马帽认认真真装饰一番。这样一来，往日的职业便用上了，不过生计变成了一项生活乐趣。她用各种蕾丝、彩带、帽檐布和嵌布装饰自己的帽子，骑着马在赛马场里遛一圈，就是活广告。贵妇名媛们都喜欢这个女骑手别出心裁的设计，总是找香奈儿帮忙，让她将帽子装饰得更漂亮。

没多久，她就开始为这些帽子日日奔忙，男友甚至都不相信她做起了生意。一次两次是偶然，十次八次是人缘，几十次上百次那可就是商机了。毕竟，群众的眼睛是雪亮的，固定的客户群和买买买的需求都已经在那儿，甚至口碑都立起来了，放着生意不做，傻吗？

经营自己：时尚圈的立足之本

经营一家衣帽店可不像穿衣脱帽那样简单。三百六十行，为什么香奈儿选择了开衣帽店来创业？第一，她认清了自己的"核心技术"；第二，她拥有客户群。这是创业者能越过生存线的必备条件，缺一不可。

香奈儿刚开店时，她的男友、法国贵族艾蒂安·巴尔桑很不理解。他说，为什么要在巴黎开一家衣帽店？巴黎最不缺卖帽子的！尽管他进行了投资，但实际上很不看好香奈儿的生意，投资也只是博美人一笑罢了。但香奈儿最终在巴黎的时装界占据一席之地，自有其经营之道。

首先，香奈儿知道，在时尚圈子里，表面上是在经营客户，说白了都是在经营自己。

香奈儿最初进入时尚界时，女性的服装是古典的、浪漫的，也是烦琐的、奢靡的。女帽有着宽大的檐边和堆叠的羽毛，裙装则有能把人勒断气的胸衣和高高的裙撑。香奈儿的时装呢？像男式西装的女性套装、运动服、针织面料，对比一看，简直是糙汉子风。

灵感从哪儿来？为什么一个没正经上过学，也没正经从过商的小姑娘能颠覆一个行业？她是怎么了解客户的？

答案是：不，她不了解客户，但她了解自己。

刚刚进入富豪圈时，香奈儿能敏锐地感觉到自己的不同。那些贵族女子有着"魅人的口是心非、新潮的生活方式、尖刻而又过于警觉的傲慢无礼"，只有她们知道如何在正确的时刻进入房间，如何在恰当的时候离开房间。

香奈儿则是一个"非典型女子"，她会穿着利落的男装去骑马，敢于接受新事物。当时汽车刚刚被制造出来，能买得起的都是有钱人。香奈儿最初也像很多淑女一样，觉得汽车又危险又难看，向人吐槽，这是多么吓人的东西啊，担心司机会掉下去。可是，她很快就借用别人的汽车和司机了。

还有一次，富豪们搞了一个假的乡村婚礼，把摄影师都蒙在鼓里。香奈儿负责服装和化妆工作，她最后把自己装扮成了伴郎。人们惊讶极了，但没有一个不承认她又帅气又漂亮。可以说，香奈儿人生的起点就是这种女性穿男装的创意，后来她把很多男装元素加入女装，修身女西装、女裤、海魂衫、T恤，莫不如此。

尽管香奈儿要依靠男人们的投资，但从内心来说，她是希望能与男人平起平坐的，她追求双方关系的对等。有一天晚上，她的一位投资人，也是她的真爱卡佩尔在用餐时告诉香奈儿，因为自己已经支付了担保她的抵押金，银行允许她的业务账户透支。潜台词就是：你就把做生意当玩好了，开心就好，出了事，大爷我兜底。

香奈儿很生气，感到万分羞辱，把自己的包甩到了卡佩尔的脸上，在倾盆大雨中扬长而去。情人蒙了一会儿，赶紧追过来哄，香奈儿泪如雨下，边走边哭，等哄好时，两个人都浇成落汤鸡了。

第二天一去店里，香奈儿就告诉员工："我在这儿是要发财的。此后要是没我的允许，任何人不得乱花一分钱。"一年后，香奈儿就还清了情人的投资款。开店第七年，她用 30 万法郎为情人买了一栋别墅，作为当年投资的报答。

从这些事里可以看到，香奈儿是新潮的，带点叛逆，自由自在，又不失贵族的优雅。而这，也正是香奈儿为自己的时装树立的品牌。

经营人脉：充分发挥身边人的潜力

香奈儿掌握的第二条经营之道是，经营人脉比经营自己更重要。

香奈儿是第一个有意识塑造自己形象的设计师，把时装设计师提升到了和艺术家同等重要的地位。她自述，"每一个人都想见我"，"我成了大名人，也是从那时起，我开创了一种时尚——像明星一样的女装设计师"。

可即便这样，她也没有被胜利冲昏头脑，完全以自我为中心，而是更加用心地经营起自己的朋友圈。

香奈儿的一号好闺密叫作米希娅。两人关系好到米希娅结婚，蜜月旅行时都要带着香奈儿一起。米希娅弹得一手好钢琴，师从名门，15 岁起就开始给大画家当模特了，与毕加索等艺术家关系非常好。整整 50 年，她都活跃在欧洲最伟大的艺术家的圈子里，有这样的钢铁姐妹情，香奈儿拿下艺术圈不在话下！

香奈儿的二号好闺密薇拉也不差。人家是皇室成员，给香奈儿当免费模特，穿着她家的服装进入各种名流场合，天天打活广告。英国首富威斯敏斯特公爵也是薇拉介绍给香奈儿的，差一点香奈儿就成了公爵夫人。能让好友如此倾心相待，香奈儿也算是非常有魅力了。

男人就更不用说了。香奈儿的一个俄国男友出身皇族，为她引荐了沙皇曾经的御用调香师，经典的香奈儿5号香水从此有机会问世。1960年，美国影星玛丽莲·梦露在回答记者"晚上穿什么睡衣入睡"时说："擦几滴香奈儿5号而已。"采访一经播出，香奈儿5号香水声名大振，成为当时最赚钱的产品。

香奈儿在和威斯敏斯特公爵相恋期间，爱上了英伦风，将西装背心变成时装，让女士开始戴贝雷帽，更用苏格兰呢打造了后来经典流芳的香奈儿套装。

从生产到经营，从布料到香氛，能把身边人的潜力发挥得如此充分，商业效益先不谈，光论友情、爱情，香奈儿就已经是人生赢家了。

以退为进：保住翻盘的希望

这个世界上，没有无缘无故的失败，也没有随随便便的成功。香奈儿人生中有过好几次艰难时刻，都是在迷雾重重的十字路口看不清方向，更看不到未来。这个时候，掌握以退为进的技巧就非常关键了。

1929年10月，美国华尔街股票崩盘，经济危机渐渐向欧洲蔓延，首当其冲的就是奢侈品行业。巴黎和平路上的珠宝商因为突如其来的订单取消潮而损失惨重。《纽约客》的报道说：依赖对美贸易的小公司两周之内，连一件仿冒的香奈儿套装都没能卖出去。

在当时的巴黎时装业，香奈儿女装是最贵的。为了减少冲击，香奈儿想了很多方法。经济型面料流行起来，她就紧紧跟上大做文章，在1931年的夏季时装展上推出35款带提花、花边、蝉翼纱和网眼面料的晚礼服；为了节约成本，她开始使用拉链等新设计；为了扩大市场，她把推广新系列的重点放在了英国；为了保住法国市场，她把时装沙龙的价格降了一半，等等。

所有这些，统统无效。

因为时局实在是太艰难了。美国富人都离开了欧洲，英镑在贬值，仅法国尼斯一地，就有四分之一的酒店关门大吉。在这样的情况下，香奈儿没有亮出什么"不抛弃、不放弃"之类的姿态，她解雇了工人，拿着美国电影制片人塞缪尔·高德温的邀请函，暂时放下法国这边的业务，跑去美国为电影行业设计服装了。对方希望她能在美国生活一段时间，为葛洛丽亚·斯旺森等女星设计全套服装，酬劳高达一年 100 万美元。

随着大萧条的深入，香奈儿的竞争对手们纷纷被危机击倒，连之前在巴黎坐过头把时尚交椅的保罗·波烈都不得不关闭在香榭丽舍圆形广场的服装设计公司，把品牌卖给债权人。而香奈儿却凭借每年 100 万美元的合同潇洒了两年，这才有机会在日后说出"生存的最好方法就是保持高档时装的手艺标准"这种话。

以攻为守：熬赢最强的对手

经济危机好不容易熬过去后，正当香奈儿在巴黎时装界一人独大时，另一个女人也开始绽放光芒。她就是意大利传奇设计师艾尔莎·夏帕瑞丽。

夏帕瑞丽出身罗马贵族，却遭逢了不幸的婚姻。她嫁给了一个波兰人，两人一起去了美国，在花光了她所有嫁妆，并有了一个孩子后，丈夫跑了。她只好独自谋生。1935 年，夏帕瑞丽在巴黎芳登广场 21 号创立了自己的时装屋。她和香奈儿一样都找到有钱人来投资，背后有贵族的支持，艺术圈里，香奈儿与毕加索关系好，夏帕瑞丽则和达利等非常密切。并且，夏帕瑞丽比香奈儿年轻 12 岁，比香奈儿的设计更新奇大胆，比香奈儿更受媒体的喜欢。

两人都视对方为死对头，夏帕瑞丽说起香奈儿时，评价她不过"是个沉闷的小资产阶级"，而香奈儿从来不提夏帕瑞丽的名字，总是用"那个做衣服的意大利艺术家"来带过。

面对年轻貌美的小后辈的挑战，香奈儿曾试图装作若无其事，不将其放在眼里。现代管理专家对这种情况有个说法——成熟的市场和弱化了的品牌。一直以来，香奈儿时装的色彩都以黑白为主，走的是简约利落的中性大气风；夏帕瑞丽则大胆采用罂粟红、紫罗兰、猩红等浓烈的颜色。如果说香奈儿是古典风，那夏帕瑞丽就是巴洛克风；如果说香奈儿是简约的、解放的，那夏帕瑞丽就是再次引入了奢华。没有任何时装设计师可以一成不变，还能保持客户的忠诚。夏帕瑞丽用新鲜感抢走了很多买家，可以理解。

香奈儿对此是有点消沉的。她甚至去咨询了一个算命师，说自己 54 岁了，现在似乎是事业巅峰，可眼看着新对手就要赶上，没有夏帕瑞丽，也会有别人，要不要在局面变得更惨之前赶快隐退，省得最后难堪地下台。

不知道算命师说了什么，反正香奈儿振作起来，开始了一系列的大动作：为让·雷诺阿设计电影《马赛曲》里的服装，继续在年度时装季大搞宣传，一副与夏帕瑞丽不分出胜负不罢休的姿态。

竞争看起来不好也不坏，舆论还是对夏帕瑞丽更热情，但香奈儿也没有变成明日黄花。到了 1939 年，第二次世界大战爆发，形势大逆转。夏帕瑞丽逃往了美国，放弃了欧洲市场；香奈儿虽然也一度关闭时装店，可是她最终还是回到了巴黎。是战争，更是坚持，帮她打败了竞争对手。

以假当真：犯了狂妄而无知的错

进入时装界之后，香奈儿就像是开了挂的电影女主角，遇神杀神、遇佛杀佛，老对手、新对手统统不在话下，为自己铺就一条星光坦途。只可惜世事难料，有时候，成也萧何，败也萧何。"二战"让香奈儿赢得竞争，也让她遭受挫折。

当时的巴黎被德军占领，大部分时装公司关门歇业，也有一些时装人还在坚持。有 12 家时装公司在准备 1941 年的时装季，客户是有钱的黑市商人、德国夫人们以及德国军官的法国情妇。

作为被占领地区，抵抗运动与德军的报复交替发生。任何一个德国士兵被杀，盖世太保都会枪毙一个法国人质。香奈儿属于名流，生命安全有保障，但是她也有烦心的事。她的外甥安德烈·帕拉斯被德军俘虏了。香奈儿决定去找一个德国人帮忙，他穿便装，能说完美的法语。

见面后，香奈儿了解到，这个德国男人一直担任德国驻法使馆的外交官，在巴黎待了10多年，因此法语很好。他的母亲其实是英国人，他自己也更愿意把自己看成是英国人。关于香奈儿的外甥，他虽然帮不上忙，但介绍了一个插得上手的关键人物。

"二战"中，很多人都在做一些莫名其妙的事，具体到香奈儿身上，就是她和这个德国外交官成了情人。香奈儿时年58岁，德国男人则比她小十几岁。周围有些人善意提醒她小心点，香奈儿显得满不在乎："不要紧，他是英国人，不是德国人。"

只可惜，事情没有这么简单。有一次，香奈儿和德国男友以及另一位德国军官一起讨论战争的未来。当时德军的陆上攻势遇到了挫折，男友很担心自己会被送往前线。两个男人讨论有没有可能与英国签订停战条约，讨论得热火朝天时，香奈儿打断了他们："你们德国人不懂得对付英国人！但我懂！"

后来的事情大家都知道了，香奈儿参与了一个代号为"时装帽"的行动，前往英国，希望能接触丘吉尔，商定停战，结果失败而归。战后，她被怀疑为纳粹间谍，被关起来审问了3个小时，靠着积累多年的人脉才没有陷入牢狱之灾。

香奈儿试图结束战争，不是因为她胸怀天下、热爱和平。说实在的，她不是一个内心多么善良的角色。尽管她也经历过一无所有，对底层员工却并无多少同情。她认为女人最佳的奋斗方式就是寻找好的归宿，当有人劝她给模特们提高薪酬时，她气急败坏地回答道："提高她们的薪酬，你的脑子出毛病了吧？她们是漂亮的女郎，为什么她们不找情人呢？她们应该很容易找到养她们的有钱人。"她之所以卷入到政治中，主要原因是她觉得自己足以用魅力影响一国首相，犯了狂妄而无知的错。

像当年营救外甥一样，香奈儿一得到自由，就赶紧找人营救成为战俘的德国男友。男友出狱后，两人一起到瑞士生活。

以旧胜新：71 岁重新在巴黎崛起

传奇人物之所以成为传奇，就在于他们的人生总是充满了各种反转与不可能。当所有人都认为香奈儿和男友要在瑞士终老时，她又以 71 岁的高龄，突然杀回巴黎时装界。

香奈儿是被一个男人激起了斗志，他叫克里斯汀·迪奥。

1947 年，迪奥的威名在时装界爆发。42 岁的他，举办了两场发布会，各推出一个服装系列。当第一场发布会结束的时候，他获得了一项奥斯卡奖，这可能是第一位赢得该奖项的法国设计师。于是第二场发布会只能用场面疯狂来形容。

只用了一个下午，迪奥就确立了自己在巴黎时装界的领袖地位。

香奈儿在报纸上读到了这一切。当她读到迪奥和团队每天要工作 18 个小时才能满足客户需求，名人多如牛毛地去邀请他定制服装时，她既好奇又生气，于是回到了巴黎。

进酒店时，香奈儿碰到了一个时尚杂志的朋友，她指责朋友替人吹嘘，要毁掉法国时装界。朋友很不客气地怼了回来："不要再假装你能代表巴黎时装了。"其后几年，香奈儿眼睁睁看着迪奥成为顶级设计师。

促使香奈儿复出最直接的原因还有一件事。1953 年，罗斯柴尔德家族的一位贵妇为一个重要场合买了件晚礼服。晚会前一天，贵妇穿出来展示，想问问香奈儿的建议。结果香奈儿被那件奇丑无比的衣服惊呆了，忍不住用一块巨大的深红色窗帘布重新赶制了一件晚装。第二天，所有人都惊讶于贵妇服装的美丽，询问设计师是谁。

香奈儿极受鼓舞，当时圈子里已经流传了好几年她要重新出山，这一次，她感觉时机刚刚好。

时装行业已经发生了巨大的改变。香奈儿刚入行时，面料只有丝、毛、棉；50 年过去了，市面上的面料有几十种，防水的、反光的、抗油的，等等。一天换一身衣服曾经是约瑟芬皇后的怪癖，如今普通女人都能实现这个愿望。

新面料和成衣所代表的新规模化生产加快了时装业的节奏，香奈儿不但想跟上节奏，而且想站在前沿。在正式出山前的采访宣传中，她评价迪奥给女人设计的衣服像是给靠背椅穿的，是在束缚女人。她相信自己的经典系列可以让女人更美，又让她们舒适，永不过时。

1954 年 2 月 5 日，香奈儿复出后的第一个时装发布会举办。兴奋的时尚名流、买家、记者、摄影师济济一堂，期望香奈儿像过去用"非正装"颠覆时尚界一样，再次创造奇迹。当模特们陆续走出来时，看到似乎未曾改变过的设计，观众们交换起了眼神，气氛突然尴尬起来，祝贺声听起来都成了安慰，评论是毁灭性的。媒体甚至用了《20 世纪 30 年代的可可·香奈儿落伍了》这样的标题，国外媒体也没怎么留情面，称香奈儿不是复兴而是惨败。

面对无可争议的败局，香奈儿以很有尊严的态度接受了。她告诉商业伙伴："我想继续，不断继续下去。"

3 个月后，舆论渐渐开始反转。因为消费者埋单了，与那些紧束腰身、面料硬邦邦的衣服相比，香奈儿的设计更舒适得体，更受女性青睐。从第二届香奈儿发布会开始，时装界已然分成两个阵营。迪奥、纪梵希等同属一拨，他们设计的服装有所谓的"衣架魅力"，看着很美、很有型，但你要想穿上就得看自身啥条件了，身材好的还算是在穿衣服，身材不好的那简直是给自己套了一件刑具。另一派则以香奈儿为首，设计的服装以柔性面料为主，以穿着者的体形定型。您是哪种身材，就为您设计哪种衣服，扬长避短。

在这之后，香奈儿继续工作了 17 年，直到 88 岁时在巴黎的一家酒店去世。她的真实人生比她的那些传说要阴暗，充满了各种争议。现代心理学家有个理论，认为会撒谎的孩子智商和情商更高。因为首先，要编出一个能骗过别人的谎话很不容易；其次，要摸透听众的心理，让对方寻不出破绽，表演得像真的，也很不容易；最后，一旦被质疑了，还得临时救场，随机应变的能力也要很强。香奈儿就是这样一个会说谎的孩子，长大了她也要继续编造故事。

当然了，日久见人心的交情不是靠骗来的，但编造故事能锻炼出香奈儿的好口才，口才则是一个人最直接的魅力。记者们喜欢追着香奈儿要名言警句。她说出的话，如同智者的语言一般富有哲理。比如关于女性心理，她告诉记者："女人可以带着微笑献出一切，然后用眼泪收回所有。"

　　香奈儿的外貌也是她魅力的加分项。从照片看，香奈儿 50 多岁的时候依然身段动人、妆容精致，美艳不可方物，的确有吸引人目光的资本。

　　内涵上更不要因为香奈儿出身低就小瞧她。她还在修道院的时候就非常爱读书了，经常在阁楼上躲着看书。后来虽然戏剧梦没有实现，但她对这个行当还是抱有一腔热情，为很多戏剧设计戏服，要是没点涵养，能混在巴黎艺术圈子里吗？她绝对不属于"花瓶儿"，而是属于"高颜值实力派"，一无所有时需要用美貌换未来，但只要给她机会，她就能靠实力改变人生，变得和香奈儿广告词一样，"时刻与众不同"。

　　香奈儿的商业更是成功的。时尚从来不是理性的，香奈儿证明了，创新可以是基本的，便服可以是优雅的，所谓的摩登，不必和当下的执迷相比，而应与过去的卓越较量。正如香奈儿的朋友科莱特所说："我们必须在她作品的秘密中寻找这位沉思的征服者。"

香奈儿背后的男人

文 / 王晶晶

香奈儿浪漫了一生。她没有结过婚，却从来不缺少爱情，也不乏结婚对象。在与她交往的男人中，有一个人从没有像卡佩尔、威斯敏斯特公爵那样因为绯闻而暴露于公众，而是一直默默无闻，是香奈儿背后的真正的男人。

不同于其他男人总是与香奈儿合则来、不合则散，潇潇洒洒地相忘于江湖，这个男人用一纸合约与香奈儿绑在了一起。他们合作了半生，也斗了半生，香奈儿会称他"那个黑我的土匪"，他则叫香奈儿"那个该死的女人"。他就是香奈儿品牌幕后的真正老板，法国最大的化妆品和香水公司夜巴黎的老板：皮埃尔·韦尔泰梅。

韦尔泰梅家族是犹太人，和罗斯柴尔德家族一样，他们的起源可以追溯到中世纪的德国，后来已经彻底法国化了。他们是真正的影子富豪，千方百计掩盖自己所拥有的财富。

香奈儿靠自身的人脉找到香氛师，设计出香奈儿5号香水之后，很快就有人引荐皮埃尔·韦尔泰梅与她相见。两个人都是直来直去的性子，一个问："你想为我生产和销售香水？"另一个回答："为什么不呢？"交易很快敲定。

1924年，以香奈儿为名字的香水公司成立，韦尔泰梅提供90%的运营资金来分销香水，香奈儿只占有10%的股份，同样在分成上也只分走10%的利润。

只是香奈儿没有料到，在韦尔泰梅手上，香奈儿5号成了世界上销售最好的香水。专利费和分成足以让她富有，但韦尔泰梅无疑赚得更多。随着香奈儿在时尚界站稳脚跟，她控制了一个帝国，包括巴黎、戛纳和伦敦的时装精品店、布料和珠宝工厂，但扎心的是，最赚钱的香水控制权不在自己手上。

1934年，韦尔泰梅推出了一款香奈儿清洗乳液，香奈儿抓住机会大做文章，说对方侵权。双方开始打官司，一直打到了"二战"开始。

从法律证据上来说，香奈儿是不占优势的，因为她自己签署了文件，放弃了香水的专利权以换取10%的股份，又授权韦尔泰梅控制的香水公司以香奈儿的名义生产香水产品、化妆品和香皂等。

"二战"时期，香奈儿给自己找了个德国男友当靠山，自以为胜券在握。可精明的韦尔泰梅也不是吃素的，虽然犹太人那段时间很惨，但他们家族设法找了一个非犹太人充当临时掌门，并且也找到了一个德国军官当靠山，再加上证据确凿，香奈儿败诉了。

让人佩服的是，官司都打成这样了，香奈儿和韦尔泰梅之间交情还在，或许双方已经被"香奈儿"这个名字绑在了一起，不分你我，一荣俱荣，一损俱损。"二战"结束后，韦尔泰梅重新执掌公司。见到在"二战"中留下人生污点的香奈儿时，韦尔泰梅没有露出得胜者的嘴脸，而是告诉老对手："你赢得的特许使用费我帮你存入瑞士银行账户了，怎么样，贴心吧？"

香奈儿一脸蒙："什么特许使用费？"

原来，战争期间，韦尔泰梅去了美国，在那里拼命工作，找到了一个合伙人，是美国化妆品牌雅诗兰黛创始人雅诗兰黛夫人的男朋友。他们一起推广香奈儿5号，从马尼拉到法兰克福，从安哥拉到迈阿密。香奈儿和德国男友正妄想着搞定英国时，韦尔泰梅已经在美国赚翻了。光是特许使用费就有1.5万美元。香奈儿都不知道是该高兴在瑞士多了笔存款，还是该生气自己又被这个男人利用了。

战后和德国男友隐居瑞士的那段日子，香奈儿与韦尔泰梅已然化干戈为玉帛。毕竟，香奈儿时装公司已经关闭了，经济上，韦尔泰梅是香奈儿唯一的稳定来源。

香奈儿做出再度出山的决定，韦尔泰梅其实也帮忙添了一把柴。他在1953年夏天去瑞士探望香奈儿，当面告诉了她一个好消息和一个坏消息。好消息是，时装杂志引用了玛丽莲·梦露的名言，说她晚上穿着上床的只有香奈儿5号。坏消息是，30年以来，这款香水的销售额首次出现了下滑。就是这个消息，让香奈儿觉得时不我待，要是再不回巴黎，自己就真的一点影响力都没有了。

香奈儿和韦尔泰梅，与其说是朋友，倒不如说更像队友。为了事业，为了利益，他们一辈子纠葛在一起，有争斗，有合作，但始终坦诚、公正，最终相互成就。

香奈儿，柔如水的坚韧女人

中国人民大学国际货币研究所研究员　曲强

　　提起香奈儿，大部分人第一印象就是独立的新女性，这个名字和她创立的品牌一样，是一个永恒的传奇。的确，她从一无所有的平民女孩成为时尚界的革命者，用自己的一生诠释解放女性、独立自主的女权思想。1999 年，美国《时代》周刊评出 100 年来最具影响力的 20 位艺术家，香奈儿的名字醒目地排在第二位。

　　香奈儿的第一个关键词是：弹簧。你越压她越强。她跟全世界顶着劲儿，外界的压力和困难越大，她跳得越高。

　　她出生在法国一个贫困山区，低微困苦。母亲早逝，自己和兄弟姐妹被父亲遗弃，从此寄养长大。这样的童年经历没有打垮她，反而让她变得异常独立坚强。这个狮子座的女人身上充分体现出了火象星座的特征：叛逆坚定，越是遇到压力和困难，就越有斗志。

　　她的反叛和顶劲儿也让她成为特立独行的革新者。她的设计向过去繁复的女装宣战，去掉不便活动的紧身胸衣、冗余复杂的饰品，让女人适应了精干的短发、修身的西装式套装和裤子；她将下层社会平民的服饰，如海魂衫、码头工人 T 恤、粉刷工人的白外套等都变成一种时尚。她改变的不光是着装理念，更是要向把女人当作笼中鸟、金丝雀的旧文化宣战。同时，为更广大的平民文化发声，让他们走向社会主流。香奈儿推动了一个时代朝新形象前进。

　　她的第二个关键词是：上善若水。

　　香奈儿很霸气，但一点不虎。她总是知道把每个时段自己手中的牌打到最好，发掘人脉资源，找到贵人。她知道女人有自己的优势，不是和男性一样用火的力量去进攻，而是用女性的水的特质去感染、环绕、冲击。

　　她的身边有无数可被称作时代骄子的男男女女。香奈儿一生未嫁，但恋爱对象众多：军官、王子、贵族、诗人和音乐家。她并不贪慕金钱，她喜欢能让自己学到东西、做成事情的男人。她在每一段感情中投入真诚，却从不迷失自我。她总能从恋人身上汲取养分，寻找灵感，以此滋养和成就自己。

　　看一个女人的水平和能力，不光看捧她的男人的档次，更要看捧她的女人的档次。她最好的闺密米希娅，带香奈儿进入艺术上层圈子，结识包括毕加索这样的大家，使香奈儿超脱出一个服装业者，成为文化圈中一个灵魂人物。

　　香奈儿是一个略有争议的人物。她美丽，独立，永远不安于现状，与命运抗争，勇于变革，交际广泛。她的成功，其一，是她自身的才华和努力。其二，是她对人性的深刻理解、高超的情商和独特的个人魅力，让广泛的社交为她服务。其三，是顺应时代的潮流。香奈儿崛起的那个时代，正是女性解放、社会阶层被打破的大潮流发生之时。她无意地顺应了这个潮流，立在潮头呐喊，为他们发声代言，从而使自己成为时代骄子。顺应时代者，时代将给你更多。

20 ADVANCED
COURSES
OF BUSINESS
THINKING

13

理查德·布兰森

理查德·布兰森：因为疯狂，所以成功

文 / 张勉

维珍创始人理查德·布兰森是疯狂人生的最佳诠释者。这个长得像狮子一样的英国人，16岁开始办杂志，作为一个乳臭未干的中学生，采访了米克·贾格尔和约翰·列侬这两位在那个年代被奉为半神半人一般的人物；21岁买下一座城堡当录音棚，成立唱片邮购公司——维珍正式起步。

他被称为最抢镜头的"嬉皮士资本家"，曾经裸奔宣传公司产品，驾驶热气球驶入纽约的时代广场，还在海湾战争时驾驶自己的飞机进入巴格达解救人质；他是知名企业家、亿万富翁。维珍集团的业务分为旅游休闲、通信和媒体、音乐娱乐、金融服务、健康以及人类和太空六大板块，涉足唱片、航天、航空、铁路、饮料、银行、保险、化妆品等300多个行业，并在进入一个行业时就疯狂地颠覆了这些行业的既定规则，铸就全球"单一品牌跨产业经营"的典范。

他在英国媒体的民意测验中被评选为"英国最聪明的人"，1999年，英国伊丽莎白女王册封他为布兰森爵士……

正是这些天马行空、看似毫无关联的因素构成了理查德·布兰森。他是一个顽童，也是一个有谋略、有头脑的商人。从一个有阅读障碍的寄宿学校男生，到成长为家喻户晓的明星企业家，他的经历对每一个渴望创业、创造自身价值的年轻人——甚至并不一定准备创业，而只是希望从既定的规则中跳出来，走一条不寻常道路的年轻人来说，都是非常可贵的经验。

经验之一：不好玩儿，就别做

在很多人看来，布兰森是个喜欢惹是生非的人，他和他的维珍集团都是不按规矩、野蛮生长。但实际上，正如他自己所说："不管是我的一系列气球飞行活动，还是我建立的一系列维珍公司，都是一连串彼此紧密联系的挑战。"

布兰森有着清晰的商业逻辑，而且比一般人格局更大。他做的都是宏大而有趣的事情。2018 年年底，他说，维珍银河将在圣诞节前将其首批宇航员送入太空。维珍银河的目标是最终将"太空游客"送入轨道，但该公司必须首先将专业宇航员送往太空，再开始运送付费乘客。在最初的几次试飞之后，布兰森说他将是第一个飞往太空的乘客。自 2007 年以来，他一直承诺推进并即将完成空间旅行计划。2018 年 7 月，他说自己希望在 2018 年年底之前去太空。10 月，他说维珍银河将"在几周内而不是几个月内进入太空"。

商学院的规矩——条理在布兰森这里完全不起作用，他将自己对人生意义的理解和对商业价值的理解奇妙地混合到了一起。对大部分企业家来说，企业代表了他的经营理念，但对布兰森而言，维珍映射的是他的精神世界。

布兰森曾公开给年轻的创业者传授成功的秘诀，其中最重要的一条就是：不好玩儿，就别做。从中学时和好友一起办《学子》杂志，不知疲倦地打电话拉广告，到最近这几年不遗余力地推进航空发射计划，要让布兰森下决心做一件事，无论这件事有怎样的意义，首先必须具备一个前提：有趣。他说："人们一生中大多数时间都是在工作中度过的，因此对我们所从事的工作感兴趣、感到开心简直是太重要了。投入到自己感兴趣的工作中去是人生最大的乐趣。"

虽然后来布兰森做了很多了不起的事，但 17 岁时他一手缔造的《学子》杂志，毫无疑问是他传奇的起步，也奠定了他"工作一定要快乐"这一信念的基础。他办杂志那段经历完全可以拍成一部好莱坞青春励志片。在几个十几岁孩子租住的地下室里，高保真音响每天都放着鲍勃·迪伦、披头士或滚石乐队刺耳的音乐。布兰森时不时会透过脏兮兮的窗户往外看，如果天气好，他就关掉音乐，跟大家说"我们必须出去散步"，一群人一路闲逛，穿过海德公园，高兴时干脆跳到河里游泳。

就连去公用电话亭打电话，都能让少年布兰森无比兴奋，他想方设法骗过接线员，打 5 分钟免费电话，并努力在 5 分钟内说服一个广告客户。在办这本学生刊物的过程中，布兰森给他自己上了一堂精彩的课：学习树立信心。可以想象，如果他的年龄再大个五六岁，那么只需想想这些事有多荒谬——试图让各大公司在一份尚未出版的杂志上打广告，而其编辑不过是两个十几岁的男生，他就不可能拿起电话。而 17 岁的他根本不会去考虑失败的问题。

在那时的布兰森身上，人们看到了一个激情澎湃、生机勃勃的年轻创业者形象。他对"如何才能创业成功"做出了完美的诠释：每天早上，如果你迫不及待地想要工作，而且也很享受工作，那你就距离成功不远了。

在回忆那段创业经历时，布兰森说："我从没有把自己视为商人。所谓商人，就是伦敦金融城里的那些中年人，沉迷于赚钱，身穿细条纹西服，家住郊区，娶了老婆，平均拥有 2.4 个孩子。当然，我也想通过《学子》杂志赚钱，我们需要钱维持生活，但我们主要是把它视为富于创意的事业，而非赚钱的生意。后来我慢慢明白了，生意本身也能成为富于创意的事业。出版一份杂志，就是努力创造出某种新颖的东西，创造出某种卓尔不群的东西，它能经久不衰。最重要的是，你希望创造出让你感到骄傲的东西，这就是我的商业哲学。"

2007 年 7 月，布兰森在"阿斯彭创意节"上接受一小时的采访，采访者是前 CBS 晚间新闻主播鲍勃·希弗。他曾主持 1994 年美国总统候选人小布什和克里之间的总统竞选辩论节目。鲍勃问布兰森为什么要在 15 岁时辍学创办《学子》杂志，并从此走上经商之路。布兰森盯着鲍勃，突然意识到自己从未对所谓的"经商"感兴趣。情急之下，他告诉鲍勃："因为我喜欢创造新东西。"虽然这个答案听起来不那么铿锵有力，但布兰森说，这正是他创业至今的切身体会。所谓创业的价值，不应该是游离于自我之外，也不是雾里花、水中月。如果情况不是这样，那一定是哪里出毛病了。

经验之二：好玩儿，就想做

和"不好玩儿，就不做"相对应的另一面，是"好玩儿，就想做"。只要是布兰森觉得足够好玩儿、有趣的事，他就控制不住地想去尝试。这些年来，维珍业务发展得很快，遍及多个领域：铁路运输、建造太空飞船、在非洲成立新的航空公司，以及协助防治艾滋病等。布兰森说，一些记者批评维珍的经营不符合一般意义上的企业经营理念，这说得没错，但维珍集团最重要的独特之处就在于"我们一直谨记企业经营的目的"。

布兰森曾尝试乘热气球环球飞行这样的冒险。涉及公司的发展大业，他也一样疯狂，甚至不惜和合作伙伴闹僵。1984 年 2 月，一个美国人找到他，问他是否有兴趣经营航空公司。那时，维珍唱片刚刚度过危机，走向正轨。虽然一再提醒自己，千万别受诱惑，但布兰森还是实实在在地被这个主意吸引住了。两天后，他给自己当时最重要的两个合作伙伴西蒙和肯打电话，"你们觉得创办一家航空公司怎么样？"布兰森喜气洋洋地说。西蒙直接打断他："你疯了，别胡思乱想了。"西蒙和布兰森十几岁时就是好朋友了，维珍唱片的成功很大程度上得益于西蒙高超的音乐鉴赏力。但这一次他坚决反对，直言不讳地对布兰森说："等我死了你再打这个主意吧。"肯比较温和，但也认为，把唱片公司和航空公司合并，这个主意颇为诡异。

布兰森继续软磨硬泡，他拿出了自己的撒手锏，郑重其事地告诉他们，"这事很有趣"。当他说出"有趣"时，西蒙和肯都畏缩了。因为他们知道，对布兰森来说，这是一个意味深长的口头禅，是他的首要商业标准。合作伙伴们关心的是公司的股票价值，而布兰森对生活的兴趣，则来自战胜那些表面上看起来不可完成的巨大挑战。纯粹从商业角度讲，布兰森明白朋友们是对的，然而，他总希望能活得尽情尽兴。为了实现一个"有趣的人生"，他不惜违背最好朋友的意愿，一意孤行。

有趣战胜了一切。维珍航空的首航就是一次长达 8 小时的派对，飞机上装了 70 箱香槟，伴着麦当娜的最新热门歌曲《宛如处子》，人们在机舱过道里翩然起舞。

空服人员给大家发巧克力冰激凌，维珍航空的这一传统由此开始。

维珍成功的秘密恰恰就在于乐趣，而非其他。其实布兰森心里很清楚，认为经商有趣的观点和传统不符，这完全不是商学院教学生做生意的方式。在大部分人看来，做生意意味着苦差事，意味着"贴现现金流""净利润"等生硬的词汇和概念。可对布兰森而言，生意就是乐趣。

从这个角度讲，布兰森毫无疑问给所有立志于经商创业的年轻人以莫大的鼓励。从一脚踏入商业世界到现在的 50 年时间里，布兰森几乎没有坐过一天办公室。因为他从不认为工作是工作，娱乐是娱乐。布兰森不喜欢 PPT，他喜欢面对面的交流，喜欢眼神的接触。他曾经说，他喜欢在遇到陌生人的 30 秒钟内对其做出判断，同样，他也会在看到一份商业计划书的 30 秒内，断定自己是否对它感兴趣——维珍航空的商业计划书就是这么确定下来的。他主要依靠的是直觉，而绝对不是对大量统计数据的研究。这也许是因为他小时候有阅读障碍，他不信任数字，觉得人们会扭曲数据来证明任何事情。

也正是这种将有趣作为核心的不羁性格，使得布兰森和他一手打造的维珍，在消费者心目中成为一种追求自由，体验创新和乐趣，享受人生价值的象征，而不仅仅是一家公司、一个商品。

经验之三：做事的方式天马行空

在"有趣、好玩"之后，布兰森做事最显著的特点是天马行空。

他一生都在搞一些稀奇古怪的行为艺术，比如他曾经只穿三角短裤，和美国肥皂剧《海滩护卫队》的女主角帕梅拉·安德森合拍维珍健力饮料的广告；他开着坦克驶入纽约时代广场宣传维珍唱片连锁进军美国；他飞到新德里，骑着一头白象到印度国会演讲；他曾经沿着英吉利海峡的沙滩裸跑。

但最为人所知的还是他为维珍航空做的一系列推广活动。

维珍航空刚成立没多久，就把在纽约曼哈顿街角一个普通的街椅改造成了"头等舱椅"。没有任何标志和提示，只要有路人坐在椅子上，就会有穿着维珍航空制服的空姐端着各种饮料酒水来为他服务。而这对于公众对品牌的认知来说，是一次既愉快又深刻的体验。

布兰森与亚洲航空的老板费尔南德斯打赌的赌局，更是全球商界最著名也最有趣的赌局之一。2010年，两人以各自名下的F1车队排名打赌，输者得穿上空姐制服，到对方的客机上服务。结果布兰森的车队败北，他兑现承诺，化浓妆、涂口红甚至还刮了腿毛，穿上空姐制服为费尔南德斯端茶倒水。

有人问这位亿万富翁扮空姐的感受如何，他大笑说："我觉得我是最漂亮的空姐，哈哈！这真不是一份简单的工作，我有好几次差点把饮料倒在其他乘客身上，当空姐后，我更能体恤空服人员的辛劳。"

2012年6月2日，伦敦奥运会开幕前夕，同时为了纪念英国女王伊丽莎白二世登基60周年，维珍航空公司在纽约联合广场举办了一场脑洞大开的"逗笑皇家卫兵"的营销活动。

活动规则是：谁能在一分钟之内逗笑皇家卫兵，就能领取一张去伦敦看奥运会的免费机票！

于是，在艳阳高照、蝉声悠悠的夏日，一位身着红色制服、头戴熊皮帽，身边还有两名美丽空姐陪伴左右的皇家卫兵，出现在纽约联合广场，很快引来大批路人围观。

有人学牛叫，有人说笑话，有老人在跳舞，还有小孩做鬼脸，为了逗乐以"黑脸"著称的皇家卫兵，大家各显神通。原本一场看似平淡无趣的航空公司机票促销活动，演变成了一场男女老少皆参与的全民逗笑大互动。

据统计，大约有15000人以各种各样的方式参与到这个活动中；活动图片、视频在各大新闻网站和社交平台上吸引了超过340万人的转发和关注；《纽约时报》《路透社》《图片社》等30多家英、美主流媒体也竞相免费报道。

这种以小博大的游戏式营销，除了布兰森，谁又能想得出来、干得出来呢？

人们常好奇，布兰森做了那么多在旁人看来特立独行的事，他是真的本性如此，还是为了作秀而作秀？或者是出于商业的目的才这样包装自己？对很多成功人士而言，有时很难判断他表现在人前的是不是他真实的一面，他所宣扬的企业文化是不是他自己精神的折射，但是，对布兰森而言，他是本性就如此，是表里如一的。

首先，他的冒险、天马行空不是一次两次，而是几十年如一日。他的那头乱蓬蓬的长发、咧嘴大笑的形象基本没有变过。至于说他这么做是不是有商业上的考虑？那应该是有的，但客观地说，结果是他个人和品牌彼此成就，并不是刻意包装。就像那次他因为打赌输了而去亚航的飞机上当空姐，有记者问他会不会觉得这是在出丑，他笑着回答："我觉得做人不必太严肃。维珍就是和好玩画等号的，我觉得假如能逗大家笑，就算让自己出丑，也对品牌无害。为什么大家要使用维珍的服务呢？因为我们好玩、不沉闷、不拘谨，我们创造了一个大家都想接触的品牌。事实上，我当空姐的消息曝光后，维珍和亚航就成了世界各地大家议论的话题。反过来讲，一个沉闷的总裁，是很难带出一个成功的企业的。"

可以说，维珍多元化的力量来自它的品牌价值观：反叛、独立、自由思想等。其中最吸引人的，就是蕴含于品牌中的那种无法言说，但绝对可以感受到的趣味感。而这又与布兰森那特立独行的嬉皮士性格一脉相承。

再往深一层来说，布兰森的蔑视规则、坚持自我，这种特性并不仅仅属于他个人，而是一个时代的产物。二十世纪六七十年代，对西方而言，是一个在政治、文化、社会意识等方面产生了巨大影响的时代。那个时代的精神影响了一代人，而他们又继续影响着今天的我们。在商业领域最完美继承了六七十年代精神遗产的，大家公认有两个人，一个是乔布斯，另一个就是布兰森。而他们也可以说是仅有的两个将自己的个性与自己一手创立的品牌完全融合在一起的成功的企业家。从某种意义上来讲，他们的成功更令人佩服，因为他们不仅给人们留下了物质财富，也留下了精神财富。

布兰森一连串天马行空行为的背后，是深思熟虑，是执着、坚定和不懈的努力。在"不好玩，就别做"的第一驱动力原则下，他恣意而行，赢得了"全世界最引人注目的嬉皮士资本家"的名号。

经验之四：不惧风险

作为企业家，布兰森有三点做得非常突出：不惧风险、善待员工、正视失误。这说起来并不新鲜，但布兰森的厉害之处，就是把每一点都赋予了他自己的鲜明特点。

先说冒险。冒险几乎就是布兰森的标签，很多人即使不了解他的商业成绩，也知道他的冒险传奇：二十世纪八九十年代，他乘坐汽艇和热气球参加了各种打破世界纪录的挑战，几次穿越大西洋和太平洋的壮举绝对是标杆式的事件。

1997 年 1 月，布兰森第一次尝试乘坐热气球进行全球飞行。这是一场以生命为赌注的冒险，布兰森却乐此不疲。经常有人问他为何要参加这些挑战。作为一个有钱的成功人士，有一个幸福的家庭，应该停止此类对自己和家庭、事业都构成威胁的活动。布兰森也感到过恐惧。但是，另一部分想法又驱使他不断尝试新的冒险，因为这些冒险活动赋予他的生活一个特殊的维度，增强了他在商业中获得的愉悦感。

除了人生中的冒险经历，维珍集团的发展壮大也有好多次兵行险着。布兰森在商业帝国里无所畏惧、纵横驰骋的劲头，一点不逊于他在天空中和大海上所进行的冒险。

一方面，他把冒险当作商业噱头。比如说，乘坐热气球跨越大西洋的壮举从某种程度上来讲，也是商业上的冒险——当时维珍航空正面临着运营挑战。

布兰森要与英国航空抗衡，然而当时他只有一架飞机和有限的预算。他很快意识到，为了让航空公司能够活下去，他需要用大胆冒险的故事帮助公司"上头条"。

当最后报纸的头条被诸如《厉害！布兰森做到了！》这样的标题占据时，这些冒险就变成了讲述勇气、决心、希望和最终胜利的故事。而这些标签不仅贴在布兰森身上，也贴在维珍的每一个产品上。

另一方面，布兰森就走得更远了。传统的品牌竞争观念一般认为，新的品牌要尽量避免和行业领导性品牌正面交锋，要通过涉足他们所忽略的领域来取得成功。

而维珍却是超越自己的资产与能力，不断向大品牌直接挑战。

布兰森从未念过商学院，也从不被所谓的"正确方法"所捆绑。正因如此，他才能另辟蹊径，敢于不要蓝海，却要红海——进入那些已经有大公司垄断的行业，作为一家有活力、注重消费体验的小公司，以叛逆者、挑战者的形象，去吸引那些对垄断巨头们反感的消费者，在大公司的淫威下，分市场一杯羹。

布兰森的原则是：如果你决定进入一个已相当拥挤的细分市场，最好能为客户提供最优质的服务，让竞争对手望尘莫及。比如说，当维珍航空挑战航空业的惯例与逻辑时，首先是取消了飞机上的头等舱，把以前用于头等舱的投资全部用于商务舱，安装了大规格的睡椅，将商务舱改造得远远超过其他航空公司商务舱的标准，并进行服务的创新。这样不仅进一步吸引了商务旅客，还将竞争对手的头等舱及经济舱旅客都吸引过来。

布兰森在商业上的勇气还表现在他敢于突破领域的界限，建立起一个庞大的维珍矩阵。

知道一些品牌理论的人都知道：品牌延伸既是品牌成长的重要策略，又是品牌发展的陷阱。

教科书上讲过太多品牌延伸失败的例子。而布兰森追求的却是"什么事情都可以做，什么条件都可以创造"的理念，他认为，只要一个行业能带来价值的增长，那维珍品牌就可以延伸进去。

所以，在开疆拓土的过程中，维珍并没有建立某个领域的单个大型公司，而是建立起 200 个，直至 300 个、400 个独立的公司，每个管理团队都专注于自己的业务和企业目标，每个公司都能自己生存。维珍则只是一个将它们联系起来的品牌。

在布兰森看来，勇气是区分成功和平庸的那道坎。他说："什么是企业家？我认为简单来说就是能把好点子变成现实，而且有勇气去尝试。当人们长大以后，大部分人就很难有勇气。他们可能有抵押贷款、有一套公寓、有孩子，这些就构成了挑战，带来难以战胜的恐惧，比如担心不能支付账单，这成了主要的障碍。"

对于每一个渴望成功的年轻人来说，勇气是和初心一样重要的东西。有一天，当你觉得瞻前顾后、不敢冒险的时候，也许你已经成了一个油腻中年。想想布兰森的这段话，赶快警醒吧。

经验之五：善待员工

经常有人要布兰森给他的"商业哲学"下个定义，通常他不会这么做，因为他不相信这能像食谱那样教给别人，他总是说，没有什么因素或技巧能确保成功。但如果必须给成功找到一个保证的话，布兰森会说是"员工"。

维珍帝国的核心在于"服务体系"，这是布兰森涉足任何行业的灵魂。而服务的核心则是员工，尤其是一线员工。布兰森办公司的理念，从来都是把员工排在顾客和股东的前面。他说过："对我们来说，员工是最重要的。如果你拥有一群心情愉快、干劲十足的员工，就更有可能获得愉悦的顾客。不久，最终的利润也会让你的股东感到愉快。"

在大多数的公司里，"家庭"是一个被滥用的词汇，但真正能做到像对待家人那样去对待员工的，没有几个，布兰森算是做到了。

在维珍创立初期，每一个新员工都会得到布兰森家的电话号码，布兰森鼓励他们，若有任何好的想法，或者有任何不满，可以随时打电话给他，也可以来他的私人住所找他。

在员工眼中，布兰森是一个不拘一格的好老板。在与英航的官司中胜诉并获得61万英镑赔偿后，布兰森将这笔钱平均分给维珍每一位员工，每人都分到166英镑的"英航奖金"。这就等于传递了一条信息，是全体员工共同打赢了这场大胜仗。

他还曾花费500万澳元买下了澳大利亚东部面积达10公顷的一座小岛，专供自己公司的员工度假之用。

布兰森相信，无论是处在顺境还是逆境，都要善待员工。他说："困难的时候我们想尽办法避免裁员，有些员工可以采取领半薪的方式办理休假，但他们知道，如果业务好转时，他们想回来工作就可以回来。"

维珍有一个由来已久的传统，就是对员工不支付过高的薪酬，但维珍也设法为那些一直效忠公司的员工提供一种长期的事业保障，这使许多员工都情愿留在这里。

当然，维珍公司那种忙碌而多姿多彩的工作气氛，也的确具有不凡的吸引力。

对于表现出色的员工，布兰森从来都不吝啬给予嘉奖。有一次在旧金山，维珍有一趟飞往美国的航班因大雾而延误起飞，空服人员主动为所有等候的乘客提供头等舱饮料。布兰森知道了这件事，亲自打电话给空服人员，大力褒奖他们。

而另一方面，他不止一次地说过，作为一名领导者，切勿公开批评员工，也绝对不要发脾气。他说，企业最悲哀的事，莫过于听到员工说他们对于自己任职的公司感到羞耻。如果员工能以他们任职的公司为荣，就会衷心拥护公司并为之努力工作。在这平庸、无差别的世界里，员工的心态是构成极大差异化的因子。

经验之六：善于从失败中学习

有一句老掉牙的俗语：失败乃成功之母。事实上，如何客观看待失败，正是衡量一个企业家的标尺。大多数投资人在确定投资前，都会关注创业者过去的经历。并不是因为他们担心创业者有失败的过往，而是因为他们想要看看这个人是否能够经受得住困难的打击。

能屈能伸，是一名创业者必备的素质之一。而生性狂放不羁的布兰森在面对失败时，竟然能比大部分人都更坦然，不回避，不遮掩，显示了一个成熟企业家的气度。所以说，他能成功确实不是偶然。

1981 年，在维珍唱片飞速发展的时候，布兰森想，既然维珍是一家娱乐公司，何不出版一份自己的娱乐指南杂志呢？他自以为找到了一个完美的机会，为这本杂志起名《社交生活》，名字是好名字，可惜《社交生活》失败了。所幸的是，《社交生活》虽然是场灾难，但它是可控范围内的灾难。

1992 年，维珍航空和英航的斗争日趋白热化，简直到了你死我活的地步，而银行不断收缩资金也成了这时期布兰森最大的困境。为了挽救维珍大西洋公司，他不得不卖掉当时如日中天的维珍唱片。他觉得就像是失去了自己的孩子。当布兰森把这个消息告诉员工后，他离开房间，泪流满面，一路狂奔。他不顾路人的注视，跑了差不多一英里，眼泪顺着他的脸哗哗流淌……

成立于 1994 年的维珍可乐，为抗衡可口可乐和百事可乐，也的确曾在短时间内取得辉煌的战绩，但是最终还是以失败告终，成了维珍集团，也成了布兰森本人反复提及的失败案例。经此一役，他不再低估世界领先饮料制造商的能力，也不再认为大的主导型企业会"打盹儿"了。

同样的还有 1996 年在英格兰开张的维珍婚纱。当时为了庆祝，布兰森甚至还专门刮了胡子，然后穿上婚纱为新公司站台，不过这家公司依旧短命，经历了婚纱市场的残酷竞争之后于 2007 年 12 月关门大吉。

布兰森毫不讳言他的失败："我会尽我所能避免失败，但是如果真的失败了，第二天我会遗忘这个事儿继续前行。"

更难得的是，他能够从失败中学习。比如《社交生活》杂志的失败，对布兰森就有积极的一面，让他意识到将维珍各公司分开有多重要，这样一来，就不会将鸡蛋放在一个篮子里，即使一家公司破产，也不会对维珍集团的其他公司造成威胁。比如维珍婚纱的关门，让他明白了，如果没有什么特别的差异性，就会失败。

回顾维珍的历史，良好的应变能力也帮助布兰森减少了不少损失。当一项业务败象初露时，他总能快速地接受事实，要么设法改变，要么关门大吉。

在布兰森看来，企业家跟艺术家有很多相似之处。公司在创立初期就像一张空白的画布，你的责任就是在上面进行创作。优秀的艺术家必须能处理好画布上的每个细节，同样，企业家在创业时也必须把每个细节都做好。只是，企业与艺术作品的不同之处在于它没有"完成时"，企业会不断向前发展，此外，如果在经营上犯了错，也不可能像艺术作品那样可以很容易地修饰掩盖。所以，企业家需要更理性、更有责任感。

当被问及在职业生涯中遭遇过那些失败后，从中得到什么收获时，布兰森回答说："第一次踏上滑雪板时，教练曾对我说：'你要有心理准备，不摔上几次，永远成不了滑雪高手。'对于创业者而言也同样如此，但你必须很快学会一个道理，就是世上没有彻底失败这回事。"

布兰森最喜欢的一句格言是："勇敢的人也许活不长，不过畏首畏尾的人一定虚度此生。"这句话好像现在已经变成他自己的一句名言了。

　　布兰森能成为当今世上最具传奇色彩的企业家之一，靠的是他对"有趣"的执着追求，天马行空的做事方式。但他能真正取得成功，是在不墨守成规、不安于现状之上，还有不惧怕任何挑战、不服输的劲头以及对自己一手创立的品牌、公司、企业文化坚定的自信和维护。

　　布兰森用他的经历告诉我们，不是每个人都要去成为一个"狂人"，但我们每个人都可以用更广阔的视角去看待生活和世界——因为你无法想象生活的可能性有多大。

疯狂布兰森的幸福家庭

文 / 张勉

　　布兰森曾说："在风起云涌的岁月里，维珍既没有跨国公司的优势，又享受不到国家垄断的舒适，不得不在逆境中向前航行。在这里，我再次感谢命运之神赐给我一个稳定的家庭。可怜的霍华德·休斯，他没法向任何人征求真诚的建议，也没有我所拥有的朋友和家人。在生活中，他们的机智、魅力和智慧常常能够帮助我们所有人在仰望星空的同时脚踏实地。"

　　同样蔑视规则，同样我行我素，同样敢于以身犯险，布兰森却过得远比"钢铁侠"休斯幸福得多。和休斯的偏执多疑比起来，布兰森虽也是个"狂人"，但他的性格是健康的。原因或许正如布兰森所说——他有一个幸福稳定的家庭。

　　不仅是他成年后自己组建的家庭，当他还是个孩子的时候，在父母身边度过的日子，甚至于他的整个家族、那些亲戚给他的影响都是幸福而快乐的。

　　布兰森的外婆多萝西创造了两项英国纪录：89 岁时，外婆通过了高级拉丁美洲国际标准舞考试，成为英国通过这项考试年龄最大的人；90 岁时，她成为高尔夫球场上一杆击球入洞年龄最大的人。外婆去世时已经 99 岁了，在去世前不久，她乘坐一艘游轮周游世界，还写信给布兰森说，在她的一生中，过去 10 年是最美好的。外婆一直好学不辍，她的人生态度就是：生命只有一次，因此一定要活出精彩来。

　　布兰森的姨妈克莱尔很有创业精神，成功拯救了当时已是濒危物种的威尔士山地绵羊。接着，她建立了一家黑绵羊营销公司，出售装饰着黑绵羊图案的陶器，有种杯子侧面写着"咩咩黑绵羊"的童谣，非常畅销。若干年后，在维珍唱片的草创阶段，布兰森接到克莱尔姨妈的一个电话，告诉他，"有一头绵羊开始唱歌了"，并且要求："现在，我想给它灌一张唱片，但它未必愿意到录音棚里唱歌，所以，你能不能派几名录音师过来？最好快点，因为它会随时停止唱歌。"那天下午，一群录音师带着一个 24 声道的移动录音棚为克莱尔姨妈那头会唱歌的绵羊录音。然后维珍发行了单品《咩咩黑绵羊》，获得了排行榜第四名的成绩。

这一家人都喜欢标新立异，更难得的是，他们相亲相爱、互相支持。

布兰森父母对他的教育方式值得今天望子成龙的父母们借鉴——爱护而不是溺爱，宽容而不是纵容。父母一向以平等的姿态对待他和他的两个妹妹，鼓励他们独立思考，而不是指指点点地提意见。

布兰森五六岁时，和乔伊丝姑姑打赌，在假期结束时学会游泳，赌金 10 先令。到了假期最后一天，他拼命一试，跳进了水流湍急的河里，并成功游上岸。当他拿着那张 10 先令钞票时，扭头一看，发现爸爸全身也湿透了——爸爸没有阻拦他，而是在他后面跳进了河里。

在他 12 岁时，父母就让他自己骑车去 50 英里外，只给他包里装了几个三明治还有几个苹果，父母相信这有助于培养他的毅力和方向感。布兰森回忆："妈妈从不过分保护我，她让我爬树，不怕我跌下受伤，让我学习独立。假如我说别人的坏话，她会拉我到镜子面前，叫我看清楚自己的嘴脸，教我不要说别人坏话。是她告诉我，称赞别人会获得最好的回报，人就好像花朵一样，你浇水，它就会盛开。"

17 岁那年，布兰森创办了《学子》杂志，他和同伴住在地下室里，隔几天，他的妈妈就会闯进门来，手里拎着野餐盒，大声地说："红十字会的救济食品到了！"为了帮他凑钱买下一座庄园当录音棚，父母拿出了为他存的储备金，他的姑姑乔伊丝还抵押了自己的房子。甚至在他因走私唱片，违反了海关法案，被控逃税时，父母依然信任他，竭尽全力帮助他，用家里的农场做担保让他免于入狱。在法庭上，他望着妈妈潸然泪下，下定决心必须报答家人的信任。妈妈则对他说："你不用道歉，我知道你已经得到了一个教训。事已至此，哭没有用，我们必须挺过这一关。"

一直到成年，布兰森都和父母保持着非常亲密的关系，他们是最好的朋友，无话不谈。2004 年的春天，布兰森陪伴刚刚从髋关节手术中康复的父亲去露营。50多岁的儿子和 80 多岁的父亲在帐篷里度过了 10 天，仰望星空，促膝长谈至深夜。其情其景，令人感动。

在这样的家庭中长大，一方面让布兰森有足够的勇气放飞自我，另一方面，他对家庭、对感情则是一心一意。他与妻子琼相亲相爱了40年，每次谈起妻子，布兰森从不掩饰他的深情。

当有记者问他最浪漫的度假地是哪里时，他给了最简单也是最明确的回答："与妻子琼在一起的任何地方。"

布兰森：勇敢、灵活、人性化

中国人民大学国际货币研究所研究员　曲强

　　理查德·布兰森是一位具有传奇色彩的亿万富翁，以特立独行著称。这个曾被英国女王封为爵士的男人一点也不像踏实谨慎的巨蟹座。

　　他人生的第一个关键句是：追求本心，追求乐趣。

　　布兰森觉得人生的核心意义在于追求自己的乐趣所在。大胆、疯狂、吸引眼球是他的标志。他不需要吸引媒体去上头条，他本身就是头条。他常会尝试些稀奇古怪的行为艺术，比如在百老汇大街上开战场，冒生命之险进行一些胆大、几近特技的行动；比如乘着热气球环球飞行。他一辈子做的每一件事，包括生意，基本都是出自乐趣。

　　这样的行为并不是纯粹的个人主义和嬉皮士风格。通过出位却不出格的商业和个人冒险活动，布兰森使自己成了大众关注的焦点和羡慕的偶像，实际上也给自己的所有业务都带来了巨大的曝光和影响力杠杆效应。维珍品牌长期在各类品牌评选中名列前茅，布兰森本人，也成为大众的宠儿。

　　所以，从商业角度上来看，布兰森的"混业经营"，基本完全不符合商学院关于现有资源协调发展和战略性配合布局的要求。他玩的是人生逻辑大过商业逻辑。他不做一片土，只固定滋养一方物，而是一条河，所到之处都沾上他的雨露，处处开花。

　　他人生的第二个关键句是：敢破敢立，灵活思考。

　　布兰森从最初仅仅依靠母亲的4英镑，和好友办杂志，靠采访当红乐队如甲壳虫等，一举成功地完成了原始积累。随后又转向邮购生意和唱片零售。唱片业转冷后，布兰森虽热爱这个领域，但依旧坚定地将公司出售，用获得的10亿美元资金拓展到包括航空、消费等更多领域，并走向了全世界。每次他的转型看似极其大胆，而且没有什么协同关系，但值得注意的是，每个关键时刻他都能很快意识到业务中的问题，发现难以维系的时候，能迅速认识错误，坚决地退出和转型。退出后又能迅速调整自己的心态，学习新的东西，进入下一个领域。

另外，维珍有着自己的商业逻辑，常跳出框架思考，敢走不寻常的路。大部分企业起步时，往往选择新兴领域，避开已经集中和垄断的地方，这样阻力小些。但布兰森把自己坏小子和搅局者的特质用到了极致。他认为越是这样的地方越有利可图。新行业、小行业吃一大口也不如在大行业吃一小口。

他人生的第三个关键句是：表面疯狂，熟稔人性。

如今的布兰森在多元化进程中越走越远。我们很多企业，天天叫转型转不动，不妨在这方面思考一下布兰森的哲学。企业家就是一个企业的灵魂，这个灵魂足够勇敢、灵活、人性化，他的企业就会常胜不败。

20 ADVANCED COURSES OF BUSINESS THINKING

14

霍华德·舒尔茨

霍华德·舒尔茨：将心注入，成就咖啡传奇

文 / 刘心印

2018年6月，星巴克的灵魂人物霍华德·舒尔茨正式辞去星巴克董事会主席的职务。此前，他已经辞去了星巴克CEO的职务。这位在某种意义上改变了一代人喝咖啡习惯的"星爸爸"，正式离开他工作了近40年的地方。舒尔茨的下一站是什么？他说，自己可能会涉足政治，甚至在2020年参选美国总统。无论他会不会走进白宫，他留下的星巴克帝国依旧辉煌。

今天，生活在大城市里的中国人已经把星巴克当作空气一样的存在。它的绿色塞壬标志是高档写字楼和商业区的标配。在以爱喝咖啡著称的上海，星巴克已有超过600家门店。而在整个中国，星巴克有3000多家门店，且仍以疯狂的速度增长，15小时就有一家新店开出。这个速度对沙县小吃而言当然不算什么，但对咖啡馆来说就堪称传奇了，毕竟咖啡成为中国人的主流饮品也没有几年，且咖啡馆在人们的印象中总是个文艺小清新的赔钱货。而星巴克在2017年全球最有价值品牌排行榜上，位列第39位，在餐厅品牌中仅次于麦当劳，是全球第二品牌。

舒尔茨如何在过往的经历中学到关于经营企业与生活的重要课程？他怎样把咖啡馆变成一门赚钱的生意？这个从西雅图起步的小咖啡店为什么能风靡全美继而席卷全球？在遭遇黑天鹅，咖啡豆主产区大幅减产时，舒尔茨是根据什么做判断，并最终度过史上最大危机的？星巴克品牌成功的关键是什么？

这一切，都可以从一个小店说起。

发现星巴克：从小清新中找到创业良机

今天，第一家星巴克已经是西雅图著名的旅游景点，但它隐藏在派克市场内，周围是人声鼎沸的果蔬铺子、肉铺和海鲜铺。2018 年 6 月 5 日，舒尔茨来到这里。他摘下自己的绿色围裙，在墙上写下一句话："这是梦想开始的地方，一切都源于一杯咖啡。"几小时之后，他向全球 33 万名员工发送了一封信，告诉他们，自己将辞职。

舒尔茨在每年星巴克年会前都会到这里，喝一杯双份浓缩的玛奇朵。去年，他宣布卸任星巴克 CEO 的仪式也在这里举行，他将一把星巴克门店的前门钥匙交给了接班的凯文·约翰逊。偶尔在为内部员工宣讲时，他会从口袋里把这串钥匙掏出来，提醒人们，星巴克并没有忘记烘焙优秀咖啡豆的传统。

星巴克并不是舒尔茨建立的，而是他发现的。

在舒尔茨发现它之前，星巴克就已经存在了 10 年，并且和大多数咖啡馆一样，出自三个文艺青年之手。杰瑞、戈登和泽夫，这三个创始人对拍电影、写作、广播、古典音乐、美食、烹饪、优质咖啡有着共同的爱好，但就是没有一个人想把企业做强做大，他们创办星巴克只有一个理由，他们喜欢咖啡，想要煮出西雅图最好的咖啡。

那是在 1981 年，当时舒尔茨正在一家主营厨房设备和家居用品的瑞典公司上班，是一名领着高薪的职业经理人。这个出生于纽约布鲁克林区一个极度贫困家庭的孩子，大学毕业后，仅用 6 年，就凭借聪明的头脑和出众的口才，过上了好日子。舒尔茨在曼哈顿买了房，娶了一位美丽聪慧的太太，彻底改变了自己的社会阶层，过着中产阶级的幸福生活。

当时舒尔茨所在的公司卖一种特殊的咖啡研磨机，这种机器在欧洲有市场，美国人则不太会用。有一天，舒尔茨注意到了一件奇怪的事：在西雅图有一个小零售商订购了大批这种咖啡研磨机，其数量甚至超过了梅西百货。他们要用这些研磨机干什么呢？在好奇心的驱使下，舒尔茨做了一番调查，发现在西雅图有个只有 4 家店铺的咖啡专卖店叫星巴克。

大多数人，了解到这里，是不是最多打个电话问问就完了？舒尔茨没有。他决定专门去看看。在西雅图星巴克的门店里，舒尔茨喝到了生平喝过的最好的咖啡，还参观了星巴克的烘焙工场，见到了富有艺术气质的两位创始人杰瑞和戈登。他们选用来自全世界的最好的咖啡豆，用独特的手工烘焙工艺，让咖啡呈现出最好的味道，并且教客户如何在家中研磨、煮制咖啡。是的，早期的星巴克并不卖杯装咖啡，而只是卖烘焙好的咖啡豆，客户也主要是咖啡豆爱好者。

富有营销经验和商业头脑的舒尔茨敏感地发现了商机，他激动万分，当天就给太太打电话说："我在上帝的国度，我明白我应该待在哪儿了，那就是西雅图。"这里顺便说一句，舒尔茨的商业头脑是生活逼出来的。他出身贫寒，从小学开始就忙着打工，暑假在闷热的蒸汽车间里处理纱线，大学毕业后进入施乐公司从事推销，因为有可能赚到更多的钱。后来他跳槽到汉马普拉斯百货公司，最终成了该公司美国分部副总裁。大学毕业3年，他就还清了助学贷款，毕业6年就在纽约买下了房子，可见他的能干。

在舒尔茨看来，戈登他们怀里抱着一只能下金蛋的鸡，却不想让它下蛋，只想当宠物养着玩玩，这可把舒尔茨急坏了。他立刻提出想加入星巴克团队，负责市场营销和开拓海外零售店，并愿意降低工资，但前提是获得股份，完成从一个打工者到老板的身份转变。舒尔茨一开始就把目标设定在要在全美开星巴克的分店，还要把店开到加拿大去。这个想法把那几个文艺青年吓坏了，他们因此拒绝了舒尔茨，觉得他的想法与他们的企业文化不符，不知道这个聪明的纽约人要把星巴克弄成什么样子。但最终，舒尔茨还是说服了他们。

1984年，舒尔茨在一家星巴克门店里第一次卖起了浓缩咖啡，立刻获得了成功。但这种成功却引起了两位文艺创始人的不安，由于经营理念的分歧，舒尔茨一度不得不离开星巴克独立创业。但最终他的企业收购了星巴克，舒尔茨重新成为星巴克的老板，并带领它获得了新生。

总结舒尔茨的创业，其成功的关键在于发现机会，并不顾一切地去把握机会。可以想象一下，今天在昆明有一家很有前景的文艺小店，有多少在北京、上海已经有房有车，拿着百万年薪的中产愿意不顾一切去搏一下呢？舒尔茨曾经统计，在为新公司筹集资金的那几年，他和 242 个人谈过话，其中有 217 个人对他说"不"，告诉他，他的计划不值得投资。当时的投资者都更加青睐握有专利的高科技企业，对咖啡馆这种传统行业不屑一顾，因此也错过了资产增值 100 倍的机会。

从文艺小清新中发现商业潜力，重新定义传统行业，面对质疑从不动摇，这就是舒尔茨的第一条赢家密码。

给员工尊重：重视员工的感受

舒尔茨的第二条赢家密码是重视员工的感受，给员工尊严感。这句话听起来很像公司年会上老板们唱的高调。但对于直接面对客户的零售业和餐饮业而言，这其实是句大实话。这类企业的成败很大程度上取决于它服务顾客的水平，而这些企业雇员的收入往往却是最低的，福利也最差。

考虑到门店的员工们代表着企业的形象，为了增强员工的稳定性和提高他们的工作热情，舒尔茨在星巴克的财务状况并不宽裕的情况下，提出为每周工作超过 24 小时的兼职雇员提供医疗保险。那是在 20 世纪 80 年代后期，美国的医疗保险成本持续上涨，许多公司都在挖空心思控制医疗开销，舒尔茨的这一决定遭到了星巴克全体高层的反对。

但舒尔茨向他们解释说，表面上看，这样一来成本是上升了，但如果能减少人员流动性，就可以节省培训和招聘的开支。每招一个新的雇员，星巴克至少要为他提供 24 个小时的培训，每雇一个人就意味着一笔不小的开支。在当时，一个全职员工一年的福利只有 1500 美元，而培训一个新员工的费用则高达 3000 美元。

许多零售业都在有意无意地鼓励人员流动，据传这样可以维持一个低工资、低福利的运营成本。然而，高度的流动性反过来也会影响顾客的忠诚度。星巴克需要留住那些老顾客一进门就知道他要喝什么的老员工。

最终，舒尔茨成功说服了董事会，于 1988 年开始为所有的兼职雇员支付全额健康福利费用，虽然当时星巴克还没有实现赢利。这样做的效果很快显现出来，从全美范围看，许多零售店和快餐店的人员流动率已从 150% 飙升到 400%，而星巴克的咖啡师傅的流动率只有 60% ~ 65%。星巴克店面经理的流动率只有 25%，是其他企业的一半。好的福利待遇有效地稳定了员工。

事实上，直到今天愿意替包括兼职员工在内的所有员工提供医疗保险的企业仍然不多。也正是因为在这个问题上的突出表现，1994 年，舒尔茨被时任美国总统克林顿请到了白宫，专门介绍星巴克的医疗保险计划。

凝聚员工，激发他们的热情和创造力，仅靠医疗保险，当然是不能做到的。1990 年，也就是星巴克实现赢利的第一年，舒尔茨想出了一个大胆的计划——发行咖啡豆股票。简单地说，就是一个向员工赠予企业股票的计划，从最高领导层到最基层的咖啡师傅，以基本工资为基数按比例分割。

次年，在反复推敲之后，舒尔茨将最终方案提交给了董事会。董事们的主要顾虑是担心自己冒着风险投入的股份被稀释了。舒尔茨这样劝说他们："向员工赠送股份必然使公司获得强大的后援支持，这样做有利于促进销售和利润增长。投资者的股份比例虽然缩小了，但股份价值肯定会增长得更快。"由于舒尔茨的影响力，咖啡豆股票计划被董事会全体成员一致通过。

1991 年 9 月的一天，星巴克的全体员工都拿到了一个系着蓝色丝带的小包，里面有一本详细解释咖啡豆股票方案的小册子。也是从那一天开始，星巴克停止使用"员工"这个词，取而代之的是"伙伴"，凡是为星巴克工作 6 个月以上的人，都是合法的股权持有者。

第一次股票赠予是在 1991 年 10 月 1 日，每位星巴克的员工都可以在其年薪的基础上获得价值 12% 的股票期权。举例来说，如果一名员工的年薪是 2 万美元，他就能获得价值 2400 美元的股票期权。之后，他每年可以兑现其中的 1/5，即第一年低价的股票可以按当前较高的价格卖出，持股人可以一直保留这个差价。此后，借助星巴克良好的发展势头，又把每年的股权提升为基本工资的 14%。这样，只要这名员工一直在星巴克工作，他就会得到工资以外 14% 的收入。股票价格逐年上涨，股票期权也越来越值钱。

星巴克的第一只咖啡豆股票的价格是每股 6 美元，5 年后，每股价格已经达到 33 美元。其间由于股票经历了两次拆股，每一股原始股被分成了四股，其价值相当于 132 美元。也就是说，1991 年赚 2 万美元年薪的那名员工，此时，可以把他的股权兑换为 5 万多美元现金。

咖啡豆股票的效果立竿见影，舒尔茨明显感到员工对公司更有归属感了。人们主动搞创新、降低成本，最重要的是，发自内心地热情地对待顾客。神奇的"咖啡豆股票"，让星巴克成了咖啡馆界的海底捞。

舒尔茨离开星巴克以后，这种传统还在延续。美国总统特朗普推出减税计划后，2018 年 1 月，星巴克宣布为美国员工加薪、发放公司股票和扩大其他福利，总价值超过 2.5 亿美元，包括给公司的小时工和工薪员工加薪，向符合条件的员工提供额外的股票赠款。每名咖啡店员工将获得至少 500 美元的赠款，而经理将获得 2000 美元的赠款。从 7 月 1 日起，所有的员工可以在自己或亲人生病的时候带薪休假，这一福利相当于或超过员工在现有的地方或州法律规定下享受到的带薪病假福利。星巴克放宽员工产假政策，让准父母在迎接孩子降生的时候有 6 周的带薪假期。

引高手加盟：别被比你聪明的人吓倒

舒尔茨曾引用美国前总统西奥多·罗斯福的话说：最好的管理者是那些对优秀人才有着良好直觉的人，一方面善于调动能人去放手做事，另一方面则克制自己不对他们的行动横加干涉。要做到这两点，很不容易。许多企业家都会犯一个相似的错误：自己出点子，自己去包打天下。但问题是，他们自己不可能掌握实现创意的一切才能。他们不愿把事情派给别人，而是喜欢身边有一群忠心耿耿的支持者鞍前马后地簇拥着，他们害怕把真正具有聪明才智的人推到高层经理的位置上。

但对于一个公司的经营来说，有才智的主管团队是至关重要的。你周围有一群强有力且具有创新精神的人，肯定要比一帮只会拍马屁的人更令人兴奋。前者让你学到更多，后者只会揣摩你的意图，二话不说就接受你的命令，但他们不能帮助你更好地发展。

聘用那些在某些领域比自己强的人，需要企业家有强大的内心。舒尔茨显然有这份自信和胸怀，他在各种场合明确地向聘用来的管理团队传达一个信息：我聘用你们是因为你们比我聪明，现在去证明这一点吧。

霍华德·毕哈和奥林·史密斯可以说是舒尔茨引进的最成功的两位人才。没有他们的加盟，就不会有今天的星巴克。而两人的工作作风迥异，一开始，都与舒尔茨经历了艰难的磨合。毕哈加盟星巴克时，星巴克只有 28 家门店，急需一位有零售业专业知识的人帮助他们在一年内把门店数量翻一番。毕哈一进入公司就像旋风一样冲击着原有的管理层甚至是企业文化。

在毕哈加入之前，星巴克整个团队的氛围是一团和气的。和许多西雅图人一样，星巴克人大多较为内向谦和，一般不愿意在公开场合表示不同意见。由于这种特质，他们有时会说一些场面话而不愿触及实质，以避免伤及彼此的面子。毕哈则不同，从上班的第一天起，他就在会议室里、烘焙车间里甚至是在门厅里公开发表他的异议。一开始，他的直言不讳让包括舒尔茨在内的许多人吃不消。

但正是毕哈指出了星巴克过分注重咖啡的问题，当时星巴克的理念是引导顾客喜欢上自己的咖啡。但毕哈说："只要是道德的、正当的、符合伦理的，只要顾客喜欢，不管什么事我们都应该去做。"在毕哈的引导下，星巴克建立了以顾客为本的理念，即使是顾客从别的地方购买的咖啡豆，星巴克的店员也会帮忙煮咖啡，对于那些不满意的顾客，则提供免费的饮品。

舒尔茨总结说："坦率和直言不讳也许会伤人，也许会使人感到敌意，但是，正如我从毕哈身上学到的，如果我们还想依赖他们的热情和建议继续前进，这就是不可或缺的星巴克氛围。"

星巴克的另一位功臣奥林·史密斯的个性和毕哈截然相反。他是一个内向安静的人，舒尔茨说他总是缩在自己的壳里，像一只乌龟。史密斯解决问题的方式稳健而踏实，他的口袋里总是装着笔和笔记本。在遇到问题时，舒尔茨倾向于快速做出判断，马上采取行动，而史密斯总是平静地听意见、汇集信息，然后认真思考，最终找出合乎逻辑的解决方法。

1990 年，当史密斯加盟时，星巴克的行事风格可以用一个当时公司的口号来概括，那就是"准备、点火、瞄准目标"。整个公司倾向于冒进和理想主义，同时快速发展也逐渐暴露出公司内部的许多问题。正是史密斯为公司建立起了一套有效的管理体制，其中涉及信息系统、资金管理、会计统计、企业发展规划、法律事务和物流作业等。

许多年轻企业不能很快走向成熟，或是由于未能以坚实的基础和规程来支撑创造性精神，或是由于它们的行政管理部门的权力过于集中。找到能够弥补自己缺陷的人，并充分信赖和放权非常重要。舒尔茨说："奥林·史密斯使我看起来比我本人更出色。"

在星巴克选址的问题上，也显示了舒尔茨的用人眼光。星巴克的绝大多数店面都是租赁的，并且负责所有的装修费用。门店选址，一直是舒尔茨特别看重的，因为在创业初期，舒尔茨就曾经在选址问题上栽过跟头，有过惨痛的教训。那还是在他收购星巴克之前，做自己的咖啡品牌"天天"的时候。1987 年，舒尔茨想当然地以为芝加哥可以作为他进军全美的第一站。因为那里气候寒冷，很适合饮用热咖啡，而且它的城市中心区域比西雅图大得多，又是个充满邻里情谊的城市，人们喜欢聚集到本地一些公众场所。然而，直到芝加哥的第一家店关门，舒尔茨才意识到他应该把店门朝向商场大堂而不是大街。芝加哥的冬天很冷，风又大，没有人愿意跑到外面喝杯咖啡。并且，在那儿，他的咖啡价格也比平均水平高不少。

接下来，舒尔茨又有好几次选址失误，都直接导致店铺关门大吉。因此后来，舒尔茨充分吸取教训，在星巴克迅速扩张的前 5 年，他亲自负责每一家店的选址，足有 100 家。他瞄准的都是最醒目的地段，不是市中心的写字楼，就是人口密集的市区和郊外住宅区，最好靠近超市。星巴克和各地的房产代理商合作，舒尔茨还聘用了一位房产中介专门负责配合他工作。每一次选址都大费周折，因为彼时的星巴克承受不起一点儿差错。

后来，舒尔茨发现店面选址实在占用了他太多的时间和精力，就聘请了一位建筑师兼开发商来专门负责选址，并由他牵头联合各部门成立了统一的店面开发机构，最终使星巴克的每家店都能如期开张。事实证明，舒尔茨选人的眼光和选店面的眼光一样好，在最初发展的 1000 家门店里，只有两家因选址不当而关门，这实在是个了不起的成绩。

没有人是全知全能的，舒尔茨也没有把星巴克成功的功劳都划给自己，是一些优秀人才的加入成就了今天的星巴克。舒尔茨在用人方面的赢家密码是：不要被比你聪明的人吓倒，并尊重你们之间的差异。

向失败学习：度过最黑暗的一天

1994 年 6 月 27 日，是星巴克历史上最黑暗的一天。巧的是，那正是舒尔茨创业十年来的首次休假，他把公司交给刚任职总裁不久的奥林·史密斯，和全家人一起来到海边的度假屋。假期第三天早上，舒尔茨按照他十年来的习惯，往办公室打电话了解情况。秘书立刻把电话转给了奥林·史密斯，对方在电话里尽量保持冷静，说："巴西发生严重霜冻，咖啡豆价格涨疯了。"

尽管星巴克从来没有从巴西买过咖啡豆，但是舒尔茨很快理解了这意味着什么。巴西的咖啡豆产量超过世界总产量的 1/4，严重的短缺势必导致全球咖啡豆价格上涨。接下来，奥林告诉他，那天早上，咖啡豆合同的价格直线上升，从每磅 1.26 美元涨到 1.8 美元，是 8 年以来的最高价格。受其影响，企业的直接成本要涨一倍多，而生咖啡豆的价格还在上涨，星巴克的股票已经开始下跌了。

可参考的最近一次巴西遭受严重霜冻是在 1975 年，当时咖啡豆价格涨到了每磅 3.4 美元，而且在高价位盘桓数年。那时候星巴克只有 3 家店铺，而 1994 年时星巴克已经有 350 家店铺，如果咖啡豆价格再次翻倍，星巴克该怎么办呢？

挂了电话，舒尔茨的假期也随之结束了。他立即搭乘最早一班飞机返回了西雅图，并和公司各个重要部门的经理一起开会研究对策。会上，舒尔茨得知，在价格低迷时，星巴克幸运地曾以固定的期货价格事先锁定了 10 个月的生咖啡豆供应量。购买期货是星巴克自我保护的一贯策略，理论上是出于保证存货和维护投资者的资本金两方面的考虑，长期合同也使星巴克可以在优质咖啡豆供应量有限的局面下保证自己的进货。

尽管手中有粮心中不慌，但 10 个月之后怎么办呢？接下来生咖啡豆会不会一路上涨？是否应该现在买进？星巴克的咖啡要不要涨价？什么时候涨？涨多少？会不会影响销售？一大堆问题砸向舒尔茨。

虽然雀巢、卡夫和宝洁这三大咖啡供应商很快都涨价了，但一开始星巴克并没有涨价，舒尔茨决定再等等看。但等来的却是更坏的消息，两周后，巴西又霜冻一次！比上回还严重。新鲜咖啡豆的价格一下子涨到了原来的三倍。三大咖啡巨头应声而涨，星巴克也做出了提价 10% 的决定。

但有一个更重要的决定等着舒尔茨做出。7 月，咖啡豆的价格已经涨到了每磅 2.74 美元，而同年的前四个月只有 80 美分。星巴克是否应该在此时加大采购量，以备价格继续上涨？2.74 美元的价格是否已经到顶了，等一等也许会下来？这两个问题在舒尔茨脑中交替盘桓。

高管讨论会上，奥林·史密斯说："胡乱猜测市场价格是愚蠢的。让我们来看看眼下的局面。照推测，只有两种概率相等的冒险，咖啡豆价格可能继续上涨，也可能开始下跌。问题是，我们能接受的是哪种风险？"奥林理性地分析说："如果价格跌了，我们会被高价位的合同套住而遭受损失，但那样的话我们还能够撑下来；但如果价格真的涨到了 4 美元一磅，我们的财务就根本无法承受了。"于是，最终星巴克决定押涨。

之后，星巴克买进了一大批堪称天价的咖啡豆，这批高价购进的咖啡豆堆在仓库里，足够用两年。但舒尔茨和他的团队不知道的是，当时有一批投机商人正在哄抬市价，而当这批商人赚够了，撤出市场，咖啡豆价格很快就回落到了正常水平，到第二年年底，每磅咖啡豆的价格就只有 1.1 美元了，连舒尔茨囤货时的一半都不到。

星巴克押错了。并且由于当时的囤货量巨大，星巴克在接下来的几年都不得不把价格稍稍上涨一些。令舒尔茨感到欣慰的是，团队中没有任何人提出过通过掺一些劣质咖啡豆来降低成本，从而避免了更严重的危机。

既然押错了，星巴克就必须想办法来弥补这个错误、降低成本。通过反复研究生产和物流的各个环节，舒尔茨的团队找到了不少可以节省开支的空间。而在此前每年保持 50% 的增长时，没有人把心思花在节流上。最终，他们把成本降低了 8% ~ 10%。

巴西霜冻发生一年后，也就是 1995 年的秋天，高价咖啡豆存货开始影响星巴克的业绩。作为一家上市公司，华尔街的分析师每个季度都在用怀疑的眼光检查他们的业绩，有那么几个季度，情况看起来已经相当危急了。好在，到 1996 年年底，也就是说用了整整两年的时间，星巴克终于消化完了那批高价咖啡豆，实现了赢利，最终死里逃生。

回顾这次史上的最大危机，舒尔茨总结说，星巴克在 1994 年的夏天长大成人了。"在那之前，我们似乎有点石成金的手指。每一个项目、每一个机会，只要我们敢于尝试，都能获得成功。这次危机震撼了我们，没有一点儿预警，突如其来，它促使我们的团队更加紧密了。这件事也使我谦卑地认识到我们有多脆弱，外部力量可能瞬间改变一个企业的命运，我们需要随时有所准备。"

由于充分吸取了教训，当 1997 年咖啡豆价格再次翻倍时，星巴克表现得非常从容。著名的管理大师彼得·德鲁克有句名言："每当你看见一个成功的企业，必定是有人做出过勇敢的决策。"对于一个企业而言，最重要的也许并不是决策是否正确、好运气站在哪一边，而是有没有人在危急时愿意做出勇敢的决策，并为一切可能的后果负责。

对餐饮及零售业而言，员工的投入和热忱，是赢得源源不断客流的关键。所以，企业老板们，在费尽心思琢磨顾客是怎么想的同时，也要认真思考你的员工需要什么。创业时不要瞧不起传统行业，甚至是那些传统的不赚钱的行业，它们同样可能蕴含着无限商机。经营中要尊重你的员工，和员工分享企业发展的效益，这不是口号，而是餐饮零售业吸引顾客的关键因素，此外，不要被比你聪明的人吓倒，将能够承担哪个后果作为做决定的依据，并随时做好应对风险的准备。这些都是舒尔茨的成功经验。

星巴克的公关案例

文 / 刘心印

星巴克的品牌战略无疑是成功的，它不仅是一杯咖啡，还是当代美国生活的标志。在中国，星巴克被贴上了时尚、小资、白领、中产等标签，中国人按照自己的理解重新定义了星巴克代表的生活，尽管那显然不是舒尔茨的初衷，但并没有影响其在中国的飞速发展。很难用三言两语说清楚星巴克代表着什么，总之，如果一个女孩分别和两个男孩相亲，一个男孩提出在星巴克，另一个约在沙县小吃，后者成功的概率就会小一点儿。

那么，舒尔茨对品牌有一个清晰的定位吗？起初并没有。直到创业成功5年后，有人打电话采访他，请他谈谈是如何创立起星巴克这个国际品牌时，他才开始思考总结问题的答案。

舒尔茨曾从詹姆斯·申南那儿学到一些有关伟大品牌的知识。申南是星巴克的董事会成员，曾为宝洁、百事可乐、通用食品公司制定市场战略。他说，凡是伟大的品牌，都有鲜明的特征、令人难忘的品质，其产品会使人们看上去更好或是感觉更好，并且有着强大顺畅的销售渠道，这些特征基本都体现在星巴克的门店里。也正是看中了星巴克的品牌潜力，申南于1990年投资星巴克。

在零售业中，星巴克每年的广告投入比同行要少很多。舒尔茨解释说，不是我们不相信广告，而是我们的驱动力在于产品、价值观和人本身。今天市场上的许多产品在夸大它们的附加值，而我们的产品价值就摆在那儿，就是咖啡本身。当你的平均售价只有3.5美元时，必须保证顾客能够再次光顾，星巴克的情况是人均每月18次。

可以说，星巴克完全依赖口碑，做的是回头客的生意。星巴克的品牌就掌握在门店咖啡师傅的手里。舒尔茨认为，在星巴克，产品不仅是咖啡，还有"星巴克体验"。舒尔茨这样解释这种体验：一种洋溢于门店间的放松自如、时尚、惬意的氛围，一种独具风格的优雅。星巴克要创造的是一处"第三空间"，一种具有新鲜感的闲逸场所，以缓解来自工作或家庭的压力。舒尔茨希望人们来星巴克是为了抚慰心灵，忙中偷闲，小憩片刻，放松身心。要让顾客觉得，来星巴克很值。

因此，多年来，星巴克在人员培训方面的费用远远超过广告投入。每一名新入职的员工都要接受 24 小时的培训课程，内容包括"咖啡知识""如何烹煮一杯完美的咖啡""顾客服务技巧"，等等。每一家新店开张，更是要抽调明星店长和咖啡师傅，两人一组，进行一对一的培训。

虽然不开放加盟，但星巴克还是与百事可乐、美国联合航空公司及许多机场建立了合作关系。在选择合作伙伴时，星巴克负责这方面业务的文森特·爱德思有一套迅速排除法。他只是简单地问对方："如果一壶咖啡在灶具上搁了一个小时了，这时一个顾客走进来，你会把这壶咖啡卖给他吗？"如果答案是"是"，他就请对方走人。如果对方不愿意全部倒掉，只是掺入一半新煮的咖啡，他们对星巴克的形象也会构成威胁。

尽管小心翼翼地维护着星巴克的品牌形象，但舒尔茨并不总是成功的，也不是所有人都喜欢星巴克。1994 年圣诞节前夕，一个以芝加哥为基地的危地马拉劳工组织到星巴克门店里散发传单。传单的内容极富煽动性，他们声称，危地马拉的咖啡种植者在非人的生活条件下种出的咖啡豆每磅只能赚到两美分，而星巴克的咖啡豆每磅却标价 9 美元。他们的传单使人误认为，那些咖啡种植者是从星巴克领取工资的，是星巴克剥削了他们。传单的最后，他们号召大家给舒尔茨写信抗议，并发起抵制星巴克的活动。

一开始，星巴克的公关部门和舒尔茨本人都有点蒙，他们从未想到会遭到这样的指责。接下来的几个星期里，舒尔茨收到了上千封愤慨的来信，好心人要求他把咖啡种植者的工资提高 3 倍。其实尽管星巴克的咖啡采购量在全球占 1/20，却并不足以改变危地马拉的生产格局。星巴克采购的危地马拉咖啡豆来自几千个不同的种植场，他们也无法直接干预咖啡种植者的工资。

但宣布自己无能为力，显然不是一个好的公关方案。舒尔茨安排公司主管与那些激进组织的代表会面，还请美国援外合作组织及危地马拉咖啡协会的代表一起座谈，努力向公众传达一个信息：星巴克并不是一个不顾体面的企业，而是一个与批评者持有相同价值观和目标的公司，并且设立了一些特定的帮助改善咖啡生产国农民生活质量的短期项目，提供小额贷款。

树大招风，随着公司的发展壮大，星巴克遇到过种种责难，有些简直令人啼笑皆非。在温哥华，星巴克的门店曾被人喷油漆，因为他们赞助的温哥华水族馆养了几头鲸鱼。还有些团体要星巴克向其合作伙伴百事可乐公司施加压力，使其停止在缅甸的生意，因为那里的人权状况恶劣。问题是，为什么他们不直接找百事可乐呢？还有一些动物保护群体要星巴克保护候鸟，因为开辟咖啡园，把鸟类赖以生存的森林砍掉了。

面对种种指责，舒尔茨感到很委屈，他说："大的、成功的企业应该比小企业承担更大的社会责任，也理应慷慨大度，但是以不可理喻的高标准要求他们，也不现实。不管别人怎么评价，我们还会继续坚持自己的价值观和处事态度，不管有没有欢呼声。"

悟透了卖咖啡背后的人性

中国人民大学国际货币研究所研究员　曲强

霍华德·舒尔茨被誉为"咖啡业的乔布斯"，是星巴克的董事长、CEO，这个已经66岁的男人，保持着典型的巨蟹座男人的特色：热爱运动、生活自律、重视家庭、工作细致、井井有条。

这个生长于纽约贫民区的犹太孩子，年少时因父亲车祸失能而家境更加贫寒落败。年少时的艰难困窘锻造了他强大的内心和胆识，也让他下定决心改变命运。

他的性格有三个关键词。

第一个是：敢拼会做。儿时他就曾偷咖啡送给父亲，而不怕责罚。学生时期，因为打橄榄球可以获得大学奖学金，于是他就苦练橄榄球，进入校队。而他一入大学就决定放弃这项运动，专心学业，因为他知道什么对他更重要。为了补足后来的学费，他申请助学贷款，做各种兼职，包括做酒保，甚至去卖血。毕业后，他从旅馆业低层职务干起，后来进入施乐公司做销售，再进入一家大型瑞典家用品公司成为副总裁。但当他后来看到当时的星巴克时，他看到了这个企业的未来，立刻辞去副总裁去做只有4家分店的小企业的营销总监。他想从创始人手里买下只有几家店的星巴克，被拒绝。于是他自创意式每日咖啡连锁店，越做越成功，拿这笔钱和其他合伙人竟然又回来一起买下当时依旧很小的星巴克，并把星巴克做成全球的咖啡巨头。可见他有种面对困难障碍从不退缩的精神，翻过去、跳过去，甚至拆了墙也要过去。

第二个是：善用人性的优点。由于亲历童年的困苦，他更懂得希望和尊严的可贵，时刻不忘社会责任，并把这个信条上升到企业的核心价值。星巴克员工的社保非常完备，给员工股票期权十分大方，给员工读大学提供奖学金，每年给员工的加薪都走在全行业前列。他的企业活动都会反复突出社会责任，这或许是一种营销策略，但确实带来了很好的社会影响：在飓风大灾后积极进行灾后重建；雇用万名退伍老兵；特朗普宣布移民禁令后，宣布雇用万名难民。通过彰显企业责任，让社会都认可星巴克是一家以人文关怀为基础的公司。星巴克本身就成了中产阶级理想价值观的具体表现。

第三个是：严格细致。舒尔茨十分在意咖啡的标准化口感，为保证品质，他禁止门店使用头天剩下的奶。为此星巴克每天都要把价值数百万美元的剩牛奶倒掉。于是他发动员工找到解决方法。通过在蒸馏机里打上刻度，掌握每天实际需要的用奶量。通过这一极其简单的方法，星巴克大大减少了浪费、控制了成本。星巴克数年来能迅速扩张到全球，其管理看似奉行放任自流的政策，但这与舒尔茨在管理中放权、群策群力，同时又在放权中加强监督、时刻找问题，放权不放羊的严格细致有密切关系。

星巴克帝国的巨大成就，与舒尔茨的开拓进取、胆大心细、善用人性不可分割。做到了这些，即便如卖水这般商业模式简单到了极致的生意，同样可以成就大业。

20 ADVANCED
COURSES
OF BUSINESS
THINKING

15

约翰·皮尔庞特·摩根

约翰·皮尔庞特·摩根：资本天下的强盗帝王

文 / 凌云

　　说到摩根，人们很容易想到美国摩根大通银行。这是美国也是全球最大的商业银行之一，2018年年初，中国人民银行宣布由摩根大通银行担任美国人民币业务清算行。而早在中美关系破冰之初的20世纪70年代，它就是中国人民银行的合作伙伴。江湖地位几十年不变，仅仅这个小例子就可以看出其重要性。

　　摩根财团是乔治·皮博迪1838年在伦敦创办的，后来由摩根家族继承，迁到纽约，在"镀金时代"壮大。从将欧洲资本输入北美，支持美国的"大国崛起"，到在"一战""二战"及战后输出美国资本，支撑战争，重建欧洲，建立美国的全球金融霸权，摩根都是主角。在美国国内，摩根控制了铁路、钢铁、航运等众多行业；在世界，摩根的资本力量伸展到远东和拉美。

　　这个家族的核心人物是约翰·皮尔庞特·摩根（也叫J.P.摩根），儿子杰克·摩根长得和他有点像，名字英文缩写都是"J.P."，寿命也一样，都是76岁，只是相差了30年。为了区别，我们称皮尔庞特为老摩根。虽然今日摩根大通早就不再是摩根家族的私有企业，但它的根源、它的文化、它的气质乃至它的财富，都仍可以追溯到老摩根时代。

　　如果美国也有一个胡雪岩，那就应该是老摩根。美国文学家爱默生说，一个机构是一个人影响力的延伸，那么摩根这个机构，很大程度上就是老摩根影响力的延伸。在事业鼎盛期，他一手抓紧华尔街的钱袋子，一手托着正在野蛮生长的美国铁路业滚滚西去的车轮子，富可敌国，傲视全球，出则与全世界的国王、总统、首相们谈笑风生，入则把玩着全美最大的艺术品私人收藏，享受人生。

财富并不足以让人们对他心怀敬意，而只是他人生成功的度量单位而已。他借以创造财富的智慧、勇气和远见，才是人们关注的。他一生历尽起伏，所以对失败有深刻的洞察。他说，人生的失败往往起因于那种炫耀自己的心理。因为任何人都会有理想，也可以说是梦想，但其中也存在着骄傲，想对社会大众夸耀自己的成就，这种心理无论到多大岁数都还是会有的。不管那是个人的工作范围，还是公司的工作，或国家的工作，我认为人生的失败，全部都是从炫耀中萌芽的。

摩根深知宠辱不惊的道理。他说："任何人在光景凄惨的时候不必饮泣独处、向天悲叹，在风光无限的时候也不必昂首阔步、藐视别人。尤其是在热度较高、声音嘈杂的人群捧抬你的时候，不要忘了赶紧从忘乎所以中溜下地来，踏实行走。"被称为"股神"的沃伦·巴菲特说："一生能够积累多少财富，并不取决于你能够赚多少钱，而取决于你如何投资理财。我坦承我的投资哲学是建立在摩根的睿智之上的。"华尔街的智者——这或许是对老摩根最准确的定位。

冷静：赚钱的时候不谈情怀

英国经济学家巴杰特说，银行家的事业是世代相传的。这种世代相传的东西里，就有所谓的钱商。老摩根的成功，首先在于他是一个"经济人"，对金钱有很高的悟性，有钱赚绝不放过。

摩根家族是美国的老牌富豪，在"五月花号"抵达美洲大陆16年后，家族的美国第一代麦尔斯就来到马萨诸塞州，后来靠经营农场以及和印第安人打仗，积累了大片土地。他的后代约瑟夫靠经营保险发家致富，1847年去世留下了100多万美元的遗产，在当年这是天文数字。老摩根就是约瑟夫的孙子。

老摩根的父亲朱尼厄斯是波士顿最大的商务公司的合伙人，后来成为伦敦最富裕的美国银行家，家里有男仆伺候，穿着晚礼服进餐，晚餐后抽哈瓦那雪茄，喝波尔多红葡萄酒。但朱尼厄斯并不宠孩子，老摩根童年时，一周只有25美分的零花钱。

他把买糖果和橘子的钱都一笔一笔仔细地记在账上。12 岁时，小伙伴要看他收藏的哥伦布卡片，他都要收费。

刚工作时，老摩根在邓肯·舍曼公司担任低级职员。有一次去新奥尔良出差，他发现有一船巴西咖啡到岸了却没有买主，认定里面有钱可赚，就押上了公司的资金，不经授权就把咖啡全部买下，迅速脱手赚了一笔。正是对金钱的敏感，才让他日后琢磨出那么多生财之道。如果对赚钱机会无动于衷，那就不适合经商了。

在摩根家族发家的早期，赚钱就是赚钱，不太讲究什么仁义道德，只要不突破法律底线就可以。所以，战争对他家来说就是赚钱的机会。美国内战爆发以后，联邦军队兵源不足，老摩根接到了征兵令。他的外祖父当时已经入伍当了随军牧师，他却花了 300 美元找个穷人替自己入伍，还开玩笑说，这是"另一个摩根"。而他自己，则忙着利用战局的激烈变化做投机生意。有一次，他用汽船运走一大批黄金以操纵市场，一次就赚了 16 万美元。

1861 年，老摩根做了一笔军火生意。当时有个叫伊斯门的人，买了政府 5000 支老式步枪，每支 3.5 美元，存放在纽约的一个政府军械库里。老摩根贷款 2 万美元给一个叫史蒂文斯的人，后者以 11.5 美元的价格买下这批枪，然后在枪膛里加上了来复线，提高了精度，又以 22 美元的价格卖给政府。这样，政府花了 6 倍的价格买回了原本自己卖掉的、经过改装的枪，老摩根则通过贷款赚了一票。

有意思的是，后来很多人把老摩根看成是一个"爱国银行家"，因为他曾经在金融危机时拯救了华尔街乃至整个美国的金融体系。但这样吹捧老摩根会让他害臊的。对老摩根来说，一切行为的根本动力就是赚钱，如果顺便"爱了国"，那也是因为"爱国"有钱赚。内战时，南方的银行把在北方的存款统统取走，林肯总统的军费没了着落，急得团团转。当年的国际金融中心在英国伦敦，但英国的纺织厂和美国南方种棉花的庄园主们关系密切，所以伦敦的银行家们不愿意为美国联邦政府筹款出力。林肯只好通过费城的一位银行家发行联邦战争债券，利润大，风险也大。老摩根就和父亲朱尼厄斯一起做这种债券的投机生意。当年，联邦军队在布尔河被击败了，债券就跌；联邦军队挡住了南方军队的进攻，债券又反弹。1863 年，老摩根给父亲发出电报，告诉父亲，联邦军队攻下维克斯伯格，老摩根在随后的债券暴涨中获利不少。当时，银行界都把这种投机视为精明，并没有道德负担，罗斯柴尔德家族的一位成员有句名言："当巴黎街头血流成河的时候，就该买进了。"

对金钱毫不犹豫地追逐，这是老摩根成功的第一条经验。为了钱而帮助政府把债券发行好，最终帮助林肯总统赢得了南北战争。在老摩根所处的资本时代，那些高尚目标往往要靠自私的力量来驱动，而标榜"无私"的行动则可能在现实中处处碰壁而一事无成。

野蛮：赢了以后才有话语权

老摩根的第二个成功经验，是"该出手时就出手"的无畏，不怕做商场上的野蛮人。

说起来，老摩根的形象原本就是充满野性的。他的游艇叫"海盗号"，大家开玩笑说游艇上飘着一面米字旗，一面海盗旗，最下面才是星条旗。还传说他是海盗亨利·摩根的后代。对这一点，他一直闪烁其词。他膀大腰圆，头发浓黑，穿着精致的英国大衣，一双大手像拳击手一样，一副要打架的模样。

当然，老摩根不是个头脑简单的粗汉。他早就看出了铁路发展蕴藏的商机，战争期间就说，总有一天美国会以世界上自然资源最丰富的国家形象出现，因为铁路唤醒了沉睡的资源。当时，欧洲有资金，很想投资美国的铁路股票，但对美国的发展搞不清状况，需要美国银行家带着他们淘金。第一条横贯美国的铁路通车不久，老摩根就带着妻子进行了一次长途旅行，摸清了真实的情况。

当时，插手铁路生意的有很多地痞流氓，有的身为铁路公司董事却卖空自己公司的股票，有的为争夺铁路控制权而贿赂议员。这些流氓之间的争夺，却让老摩根看到了进入这个行业的机会。他不再满足于仅仅为铁路公司发行股票的传统银行家角色，而是要直接插手公司的管理。当时，有两个大亨在争夺奥萨铁路公司的经营权，一个叫古尔德，一个叫拉姆齐。两人都想要终止对方的董事席位，后来各带了几百人乘火车找对方算账。火车在一条隧道里相撞，两帮人大打出手，死了十来个人，州长不得不派民兵去弹压。

　　这时候，拉姆齐找到老摩根帮忙。两派人马在奥萨公司董事会上碰面。据说，拉姆齐把藏在墓地里的认股簿一页一页从后窗递进屋里，以防对方抢到。老摩根则把古尔德的一个主要助手推下楼梯。最后，老摩根指点拉姆齐找了一位法官帮忙，终于让他重掌董事会。而他自己也当上了奥萨铁路公司的董事。这是银行家第一次担任公司董事，预示着一个新时代的到来。

　　在那个混乱的年代，市场动荡是常态。但是对老摩根这样的商战高手来说，动荡就是机会。1873 年，华盛顿决定以较低的利率发行新的债券。当时，统治金融圈的是一个叫库克的人，他靠销售政府债券发了大财，在费城建起了一座有 52 个房间的城堡。他当时看上了这笔高达 3 亿美元的债券发行业务，准备和罗斯柴尔德家族等联手吞下这个生意。但老摩根也想插一脚。

　　此前，库克竭力推销北太平洋铁路公司债券，为了吸引欧洲移民住到有铁路的城镇，他把小城镇吹嘘成大都市，在广告中把铁路两旁的荒凉之地都画上了硕果累累的果树林。但普法战争后国际粮价下跌，铁路的价值也下降了，铁路债券开始卖不动。此时，老摩根为了打击库克，到处散布谣言，说库克为了弥补北太平洋铁路债券的亏空，急需拿到新债券的发行业务。同时，老摩根又通过合伙人与格兰特总统的关系施加影响，最终财政部不得不给两个银团一家一半债券发行业务。

　　但是，北太平洋铁路的丑闻还在发酵，影响到所有美国债券的发行。到 1873 年 8 月，伦敦市场的说法是："即便天使来签字，美国债券也没人碰。"当年 9 月 18 日，股灾爆发，显赫一时的库克财团一败涂地，造成 5000 家商业公司和 57 家证券公司倒闭。精明的老摩根及时收回了款项，并在这场动荡中赚了 100 多万美元。随着库克的垮台，老摩根的公司脱颖而出。

　　不过，这场恐慌让欧洲的投资者在美国铁路公司股票上损失了 6 亿美元。看到大批铁路公司破产，老摩根得出了一个结论，以后做生意要集中在精英公司上。这后来演变为摩根战略：只和实力最雄厚的公司打交道，避开那些投机公司。他说："我愿意接手的债券在推荐出去时，不能让人心存一丝疑虑，到期时还本付息，不能让人有一点担忧。"

　　老摩根很自负。当年，他在华尔街 23 号的合伙人房间里，叼着大雪茄听别人报出外汇出价，然后吼叫"行"或者"不行"，从不讨价还价。老摩根的风格是这样的：他百分之百地相信自己的观点的正确性，意志坚定，固执己见，坚信自己一切突如其来的念头。而他做出的仓促决定总是对的，这实在匪夷所思。

值得一提的是，老摩根和同时代那些"强盗领主"相比还有点不同，其他人只是出于贪婪而进行掠夺，老摩根在贪得无厌的同时还有点理想主义的成分。他认为自己不但懂得怎样管理经济，还懂得如何引导人们的生活。他曾经活跃于积极阻止劳工阶层赌博的基督教男青年会，也主张复兴宗教信仰，甚至支持一个叫康斯托克的人，此人认为应该把所有的裸体塑像都遮挡起来。

粗野而坚定地追逐利润，毫不客气地当野蛮人，这两招不太中看却很中用，让老摩根迅速成为华尔街一言九鼎的人物。

公平：成为大亨的基本修养

老摩根的崛起是"海盗风格"的，他对赚取利润的机会非常敏感，为了赚钱开足马力，并且不怕当野蛮人。但如果他仅仅停留在这个层次，他就只是有钱的大款，不是后来叱咤风云的那个华尔街大亨。所以，老摩根在以"强盗式"的方法快速聚敛财富的同时，必然要向 2.0 版的大亨发展，建立起自己伟大银行家的声誉。

老摩根在华尔街是有江湖地位的。不管外界怎么看待摩根财团，商人们还是尊重他们办事诚实的态度。有一种说法是，老摩根是个"鲁莽而公平"的大亨。有一个故事鲜明地反映了老摩根这个特点。

1873 年，钢铁大王安德鲁·卡内基曾经委托摩根财团出售自己的一笔铁路股票，得到 1 万美元。当时，他在老摩根那里已经存了 5 万美元。他提出索要自己的 6 万美元，老摩根却坚持给他 7 万美元，说他们低估了卡内基的账目。卡内基不想要，老摩根却给得很坚决。后来，卡内基表示，绝不会做对不起摩根财团的事情。有意思的是，卡内基和老摩根后来其实常有摩擦。1876 年，老摩根与卡内基见面时，以非常无礼的语言指责他，批驳他在一起诉讼案中的辩词。

这种姿态，后来成为老摩根做大生意的一个秘诀。当年，银行家要对自己发行的债券负责。如果出了问题，银行家有义务进行干预。由于铁路投资的风险大，1871 年，伊利铁路筹资不顺畅。证券发行者就想了个办法，让煤炭界、银行界的持股人以股权信托的方式来运营铁路,制约铁路公司。后来，老摩根利用这种股权信托，把美国国家铁路系统置于自己的控制下，成为美国最有势力的人。

1879 年，老摩根拿到了纽约中央铁路公司的 25 万股股票销售权。这是范德比尔特财团旗下的产业。两年前，老范德比尔特去世，留下了 1 亿美元财产。为了保持铁路的家族所有，他把 87% 的股份赠给了大儿子威廉。但老头子一直不喜欢这个儿子，曾经把他赶到一座荒芜的农场里待了很多年。威廉显然不适合管理这个庞大的帝国。当时，纽约州政府也插手了，向中央铁路征收重税，希望逼威廉卖掉大部分股票。威廉选中了老摩根来帮他，抛售 25 万股票，价格还不能暴跌。老摩根和威廉约定，一年内范德比尔特家族不能再出售股票，或者至少要等老摩根牵头的银团把股票售出后再进行。结果，老摩根靠他的信用，奇迹般地把股票卖掉了，而且大部分在国外销售。光是佣金，他就拿了 300 万美元。

更重要的是，他在中央铁路公司拿到了一个董事席位，代表的是欧洲的股东。当时，美国的铁路公司经营有很多猫腻，破产倒闭、拖欠股东红利，等等。欧洲的股东们很生气，他们很高兴老摩根能够成为他们利益的保护者。而老摩根也果然有股东们需要的霸气。有一次，他怒斥一家铁路公司总裁："你的铁路？你的铁路是属于我的客户的！"

经营铁路需要源源不断的资金投入。老摩根为企业提供资金，进而成为这些铁路公司的"律师、祭司长和知己"。

忠于股东，建立公正的名声，这让老摩根在商界混得风生水起。除了赚钱，老摩根确实还有建立良好市场秩序的道德冲动。当铁路大亨们打价格战的时候，老摩根把他们召集在一起，给他们提出一个建议，如果他们停止无序竞争，金融家们就停止为他们的对手承销证券。1888 年，大亨们搞出了一个绅士协定：60 天运价不变。当然这种做法违反大亨们的逐利天性和竞争规律，注定长不了。1889 年，老摩根在书房里又召开了一次铁路大亨碰头会，决定建立一个由他当老大的铁路协会，以规定运费，制裁违规。但协会在西部运输费用竞争压力下很快分崩离析了。1890 年，他又开会想搞一个西部交通协会，很快也化为泡影。说到底，他无法控制协会之外的小铁路公司的竞争，而美国经济制度也没什么"扶持骨干企业"之说。

不过，老摩根在铁路界的江湖地位还是无人质疑的，连火车都得听他指挥。有一次，一位圣公会主教拜访了老摩根的庄园。为了让主教当天能够返回曼哈顿，老摩根在半夜为他拦下一辆行驶中的火车。

老摩根的江湖地位，还来自他的内行。他非常注重细节，并以自己能够操作银行中任何一项业务而自豪。他说："我可以在任何一个职员的办公桌边坐下来，继续他未做完的任何工作。我不喜欢受人支配。"每天，他都会核对现金收入账目，他可以一眼看出舞弊的数字。他用人也是唯才是举，比如他的交通顾问斯潘塞，号称比任何人都了解铁路，从车厢的车闸价格到建造火车站的费用估算，什么都糊弄不了他。这种精明让铁路公司那些猫腻无法逃脱老摩根的眼睛，也让股东们深深地信赖他。

知政：成为金融帝王的关键一步

但是，真正要进入超一流的企业家之列，"在商言商"是不够的，还得搞点政治。否则，就要"被政治搞"。

当年的老摩根，坚决维护英国股东和债权人的利益，屁股经常是坐在伦敦那一头的。所以，人们就开始怀疑他政治上的忠诚。摩根帝国业务横跨英、美，更加深了人们的种种疑虑。有人说，老摩根是伦敦银行家的附庸，说他就像殖民地时代的官员，是英国势力在美国的代表。老摩根很苦恼，甚至给自己的表兄写信表达了郁闷的心情。

其实，老摩根是愿意替美国政府办事的，特别是有钱赚的时候。前面一课我们就讲到过他内战期间为林肯发行债券，至少客观上也为美国的国家统一出了力。类似的事情还重演过。比如1877年，美国国会发生争执，耽误了应该支付给迈尔斯将军的军饷。当时，迈尔斯将军担负着扩张领土的使命，正在和印第安人打仗。老摩根夸下海口，提出收1%的代理费，他就把军饷先垫付了。这个举动让美国大兵们都爱上了老摩根。

随着业务的发展，老摩根逐步将权力中心从伦敦转移到了纽约。1895年，德雷克塞尔－摩根公司改名为 J.P. 摩根公司。原来跟老摩根合伙的德雷克塞尔家族已经交出了实权，老摩根大权独揽，成为华尔街的金融帝王。老摩根的办公室，即便他的合伙人也从不主动走进来。因为他们进去时同样惶惶不安，并要尊称他为摩根先生。

老摩根通常从上午十一点工作到下午三四点，中间休息时吃点三明治，喝杯咖啡。来客待的时间一长，他就埋头写字，让来客手足无措。他对奉承之词也已经无感。有一次，他挽救了一位商人的事业，商人对他感激涕零，他却说："够了，今天很忙，没空听你说这些。再见吧。"而他用人也是帝王式的：在不幸早逝的公司合伙人斯科特的葬礼上，老摩根宣布请公司律师查尔斯·斯蒂尔接替斯科特。他说："查尔斯，仿佛上帝对此已经做好了安排。我将进一步拟定合伙人协定。"斯蒂尔后来成了36家公司的董事，财富可以和老摩根的儿子杰克相匹敌。

这个时候，老摩根已经一统江湖——不是靠协定，而是靠实力。由于当时铁路公司大部分运力过剩，负债累累，大约1/3将被接管。老摩根对公司进行重组，把控制权掌握在自己手里，就不会受制于政府或者各个铁路巨头了，这叫"摩根化"。最终，占美国铁路总长1/6的铁路都被"摩根化"，这些公司收入总和相当于美国政府年财政收入的一半。到1900年左右，美国铁路合并为六大系统，都受以老摩根为首的华尔街银行家控制。铁路公司向政客们提供免费车票，老摩根与政界的关系，已经到了"不想有也会有"的程度了。

1895年，老摩根干了一件大事。他和时任总统克利夫兰一起挽救了美国的金本位制度。所谓金本位，简单说就是政府从1879年1月起承诺美元可以兑换成黄金，以保证美元的价值。为此，政府手上至少控制着一亿美元的黄金和金条。到1890年，美国通过《白银法案》，规定货币由黄金或白银同时支撑，以便扩大货币供应。这引起欧洲人的恐慌，担心美元贬值，欧洲的银行家纷纷将手里的美元换成黄金运回欧洲。老摩根认为这是危险的，和其他银行家一起施压，废除了《白银法案》。但是，美国西部的农民强烈反对金本位。他们希望货币发行量扩大，要求政府铸造银币，以便他们的农产品可以卖出更好的价格。那些拥有银矿的州也支持这样做。农民们把老摩根等银行家看成恶魔,西部很多州甚至在法律上取缔了银行。社会底层开始流传一种说法:老摩根等人是"被英国黄金收买的叛国者"。

1894年,美国黄金储备跌到了一亿美元的危险线以下。在纽约,人们看到黄金装船运往欧洲。曼哈顿的高级餐馆,赌棍们在打赌美国什么时候破产,宣布无力以黄金兑付美元。此时,执政的克利夫兰总统支持的是金本位。他曾经在老摩根岳父的律师事务所工作,还是老摩根负责铁路公司重组的律师斯特森的朋友。

当时,克利夫兰的情况很危急。到1895年1月24日,黄金储备降低到6800万美元,财政部的金币已经很稀少。克利夫兰决定向伦敦的罗斯柴尔德家族求助。罗斯柴尔德请老摩根一起处理。1月30日,老摩根和罗斯柴尔德的代表贝尔蒙特在纽约见面。

在持民粹立场的人民党政客们看来,这次会面证明了华尔街和华盛顿在搞阴谋诡计。2月初,财政部长通知老摩根和贝尔蒙特,内阁已经拒绝了他们以私募方式筹款的建议。老摩根决定当面劝说总统。他拉上了克利夫兰的老朋友斯特森,还有新搭档培根。他告诉伦敦的合伙人,美国处在金融混乱边缘,他要帮助美国政府避免灾难。

老摩根一行的私人车厢挂在国会专列后面,进了华盛顿。陆军部长接见了他们,说总统决定不采用私人银团,所以不见他们了。老摩根正色道:"我是来见总统的。我要在这里等他,直到我见到他为止。"当晚,他玩了一宿纸牌稳定情绪。第二天清晨,老摩根穿过白雪覆盖的拉菲特广场,走向白宫。

在白宫,克利夫兰总统和他的财政部长、司法部长争吵不休。老摩根一言不发坐在一边,但很紧张,捻碎了一支没抽过的雪茄。克利夫兰希望公开募款,以免被国会指责为"勾结华尔街"。但当一名工作人员告诉财长,政府的金库里只剩900万美元的金币储备时,老摩根开口了,说他知道有张1000万美元的汇票要承兑。"不到下午3点,你们就完了。"

克利夫兰问:"摩根先生,你有什么建议吗?"

老摩根拿出了一个大胆的计划:他和罗斯柴尔德家族一起筹集350万盎司黄金,至少一半来自欧洲;政府则发行价值6500万美元的30年期黄金债券。事情谈好后,克利夫兰给老摩根递上了一支雪茄。

2月20日，银团债券开始发行，两个小时内在伦敦被一抢而空，而在纽约，22分钟内债券就被售空。债券价格迅速上涨，银行家们几十分钟内就赚了六七百万美元。但人民党非常愤慨，称克利夫兰是"犹太银行家和英国黄金的工具"。

这次黄金行动是老摩根的杰作，他起到了中央银行的作用。克利夫兰称赞他是个"目光敏锐、有远见的爱国者"。老摩根在伦敦受过金融培训，他知道英国银行家认为英镑的稳定是英国富裕的基础，在19世纪，英镑是每个投资者都想拥有的货币，他认为美元也应是这样。

关于老摩根的地位，同时代的人们有许多段子。比利时国王利奥波德想和他谈生意，但他不想去布鲁塞尔，国王就开着游艇来见他。1904年，老摩根把一件被盗的珍贵教士斗篷还给意大利的阿斯科利皮切诺大教堂，意大利国王伊曼纽尔授予他一个荣誉称号，任何时候老摩根去意大利，都能享受到相当于国王陛下表哥的待遇。1905年，老摩根拜会教皇庇护十世，教皇说："真遗憾没想起请摩根先生为我们的财政状况提点建议。"后来，老摩根的伙伴还真的给教皇建议过买美国股票的事。

摩根有很多外号——托拉斯之王、金融界的拿破仑，甚至众神之神宙斯。他的事业可以用一句话归纳：往来无白丁，处处有黄金。

冷酷而有情的超级富豪

文/凌云

老摩根被外界视为冷酷的资本家,但是他也有温情的一面。事实上,有情和无情,一直是他身上矛盾统一的两个侧面。

老摩根的情,首先是父子情。老摩根原本有个小弟弟,12岁就不幸夭折了。父亲朱尼厄斯把全部希望寄托在老摩根这唯一的儿子身上,送他到瑞士的寄宿学校学习,让他能够讲流利的外语,并锻炼他进行全球贸易的能力,培养他的理性和责任心。

朱尼厄斯在老摩根21岁的时候告诉他:"如果我不中用了,你是家里唯一可以想办法、拿主意的人。我想让你牢记,你必须准备担起这些责任。无论什么时候责任落到你肩上,你都要准备好承担,并履行这些责任。"对一个有抱负的青年来说,父亲的信任和期待是最有价值的精神财富之一。

大学时代,老摩根经常穿着圆点花纹的马甲和格子裤,戴着色彩艳丽的围巾,看起来像个花花公子。但是,他从来不参加当时大学生中很流行的决斗,不冒无价值的风险。后来,老摩根与表兄古德温一起创业,合伙成立J.P.摩根公司,当时他24岁,但特意留起两撇胡子,看起来稳重可靠了很多。

在父亲眼里,儿子有天赋,但不够稳重,所以一直在他身边安插了一个在紧急时刻能够踩刹车的长辈当助手。经商之初,父亲在伦敦经营银行,需要美国的政治和金融情报。在纽约工作的老摩根就每星期二和星期五给父亲写长信,介绍这些情况。父子两人的感情很好,每年秋天,父亲去美国看儿子;春天,儿子去英国看父亲。

老摩根从来不瞎扯什么自己是"白手起家"。他曾经说:"如果我在自己的人生旅途中取得过什么成就的话,我最应该感谢的是父亲和朋友们给我的支持。"在老摩根事业发展的关键时刻,父亲力推他成为一位有实力的银行家德雷克塞尔的合伙人，成立新公司。老摩根当时资产只有 35 万美元，对方资产有 700 万美元，父亲又投入了 500 万美元，让老摩根有更多的话语权。这个公司就是 J.P. 摩根的前身。

朱尼厄斯总是摆出很严厉的面孔，但其实他很欣赏儿子。1876 年，他决定给儿子买一件奢侈的礼物——德文郡公爵夫人像，这是当时名气很大的一幅肖像，罗斯柴尔德家族已经出价打算买下，朱尼厄斯计划付给阿格纽商店 5 万美元压住他们。但是，画还没有买到，就被偷走了，悬赏 1000 英镑都没找回来。1901 年，朱尼厄斯已经去世，这幅画在市场上出现，老摩根马上花 15 万美元买了下来。为了表示对父亲的纪念，老摩根把画挂在伦敦的宅子里。

老摩根的有情，还表现在他有一颗文艺心。大学时代，他学得最好的是数学，同时，他也有一颗钟情艺术的心。他喜欢搜集总统和名人的亲笔签名，也喜欢搜集在教堂院子里找到的彩色玻璃碎片，后来这些碎片都镶嵌在他图书馆的西厅窗户上。他是大都会博物馆和美国自然历史博物馆最早的捐助人之一，在大都会剧院拥有私人包厢，他喜欢在那里欣赏歌剧。

许多大富豪都是艺术爱好者，这并不是巧合。有艺术气质意味着对美有直觉和领悟力，而这在财富创造过程中也是不可或缺的。而老摩根的文艺心浓厚到极点，他和第一个妻子咪咪的结合完全是一场《红楼梦》式的悲剧。

1861 年，老摩根爱上了患有肺结核的咪咪。她的父亲是哈得孙艺术学校赞助人，母亲是钢琴家。他和咪咪结婚的时候，咪咪已经到了病情的晚期，老摩根把她背下楼，婚礼中一直扶着她。他们的蜜月很感人，老摩根带着咪咪游玩了地中海沿岸那些温暖的港口。婚后 4 个月，咪咪在尼斯病故了。老摩根痛不欲生。后来，他买了人生中的第一张画，画的是一位即将去世的女郎。老摩根一直把这幅画挂在壁炉的上方。50 年后，他在遗嘱里专门安排了 10 万美元，盖一座肺结核病人疗养院，作为对咪咪的纪念。每年他和咪咪的结婚纪念日或者咪咪的忌日，他都要去墓地悼念故人。

后来，老摩根娶了著名律师查尔斯·特雷西的女儿范妮。她容貌俊秀，有大家闺秀的温柔，老摩根却一直思念咪咪，和范妮格格不入。老摩根热衷社交，范妮却喜欢安静地阅读，和朋友们谈论宗教问题。两人都十分敏感，情绪容易失控。从 1877 年开始，老摩根养成了带着一个女儿到欧洲旅行的习惯，借此和妻子分居，并寻欢作乐。他们的婚姻最后失败了。

　　老摩根热衷游艇，1882 年买下第一艘游艇"海盗号"，随后加入了纽约游艇俱乐部。这条 165 英尺长的黑色蒸汽游艇是他的第二个家，尤其是范妮和孩子们在夏天回到庄园消夏时，老摩根喜欢在船上吃完饭，把船停在曼哈顿港里消磨长夜。朋友们会带着女人来游艇上看他，这条船留下了他许多秘密。

　　虽是超级富豪，但老摩根对房地产却不感兴趣。他曾经说，自己活着只要一个住处，死了只要一块坟地。当然，作为美国最大土豪之一的老摩根，住所还是很体面的。他早年和范妮住在纽约曼哈顿东 40 街 6 号的褐石建筑里，离今天的纽约公共图书馆不远。他的家里很舒适，但是也凌乱，到处铺着地毯，摆着笨重的桃花心木家具，在镀金的画框里是一张张的画。

　　后来，老摩根买下靠近西点军校的一处庄园，占地几百英亩，到处都是游廊，满眼是哈得孙河的壮丽景色。庄园里有马厩、奶牛房和养长毛大牧羊犬的饲养场。后来因为牧羊犬成天叫，他又改为养纯种的牛。从庄园去华尔街，老摩根总是驾驶自己的能乘坐 8 个人的汽艇"路易莎号"过河，然后坐火车去曼哈顿。

　　19 世纪 80 年代，老摩根在曼哈顿的麦迪逊大街 219 号买了一栋房子，就在 36 街的东北角。这里闹中取静，推开窗户就能眺望东河的清波。大门的侧翼是希腊风格的廊柱，房间里摆着庄重的木制家具，书房里四壁镶嵌着圣多明各的红木嵌板。这个书房气氛阴郁，豪宅里的 12 个仆人都叫它"黑色书房"。老摩根的这栋房子是曼哈顿第一栋用电照明的私人住宅。1878 年，发明家也是通用电气创始人爱迪生从包括摩根公司在内的一些财阀那里得到了一笔钱，创办了爱迪生电业照明公司。后来，摩根银行在华尔街的办公室率先从爱迪生公司获得电力。输送电力那天，爱迪生本人穿着大礼服出席仪式，后来他也一直在摩根银行开设私人账户。

　　老摩根身上，有一种贵族派头。他穿衣服很考究，冬季戴圆顶礼帽，夏季换成巴拿马帽。访问埃及时是标准的帝国旅行者打扮：灯笼裤，表链，轻便的遮阳帽。在办公室，他总是穿着衣领上浆的衬衫，戴着宽幅领带，只有酷热难当的时候才稍微松开点领子。他也非常注意保护自己的隐私，人们经常看到这位戴着高帽的大亨朝记者挥舞着手杖。他参加了 19 个私人俱乐部，成员都是盎格鲁－撒克逊基督徒。他喜欢和年长的、事业有成的朋友做伴，玩玩惠斯特牌，或者下下国际象棋，很少打网球，偶尔举举哑铃。不过后来，医生建议他停止一切体育锻炼，他照办了。他喜欢抽又粗又长的哈瓦那雪茄，晚餐喜欢喝几杯鸡尾酒，或者以波尔多红葡萄酒佐餐。逐渐地，他的身材越来越粗壮，成了典型的银行大亨体形。

在老摩根的眼里，一个绅士不一定要富有，但一定是上流社会的成员。他看不起那些暴发户新贵，也非常轻视游手好闲的纨绔子弟。他有两句关于游艇的话流传很广，一句是：你可以和任何人做买卖，但只能和一位绅士去泛舟。另一句是：任何询问游艇保养开支的人，都不够资格购买游艇。

也许正是这种骨子里的贵族做派，使老摩根打造的摩根帝国始终有底线，始终有追求。

黄金时代造就的淘金英雄

中国人民大学国际货币研究所研究员　曲强

约翰·皮尔庞特·摩根（J.P.Morgan）是美国商业与金融大鳄。从在父亲的支持下建立 J.P 摩根公司，到形成垄断财团，他的名字在全世界几乎无人不知，他被称为托拉斯之王、金融界的拿破仑。

在美国经济崛起中，老摩根有着不朽的地位。可以说，他是支撑 19 世纪末 20 世纪初整个金融界的巨人！他和爱迪生、卡内基、罗斯福总统，乃至英王爱德华七世、德国皇帝凯撒·威廉都交往甚密；他极大地支持了美国工业化，是当时世界上最大的钢铁公司的掌控者，世界最大证券公司的创始者，也是美国历史上最伟大的收藏家，是当时最受尊敬和争议的伟大人物。

摩根在投机方面有着十分敏锐的洞察力和行动力。大学毕业时，摩根凭借独特的判断力投机咖啡生意大赚了一笔。随后，美国内战期间，他凭借秘密情报，投机大量黄金，又大发其财。后来，摩根通过银行业渗透到实体产业，进行了多次著名资产重组。重组铁路系统，创立了高效的"摩根"体制铁路；买下钢铁大王卡内基的产业，成立了美国钢铁公司；之后，又眼光独到地收购石油大王洛克菲勒的矿山，投资航运业，等等。摩根最后封神是在 19 世纪后期，数次在战争中豪赌国运，并通过承销各国国债获取了超额收益。他这种对局势超常的准确判断和魄力，让他在几次战争中获利丰厚。

老摩根为什么会如此成功，过去人们总是倾向于从他的家世和个人特质上找答案。的确，他极具智慧胆识，坦诚义气；他具有镀金年代典型的美国实干、务实精神；关键时刻坚定国家的利益，并在追逐商业利益时也不忘平衡公益与社会责任；极其擅长交友……摩根拥有这些优秀特质，很大程度上有赖于父亲的优秀教育。他自幼身体不好，但父亲依旧坚持让他赴欧洲学习，同时，父亲很早就让他接触商业，熟悉各种公司的业务，这也练就了他敏锐的洞察力和灵活的交际能力。当然了，摩根并不是完人，他的性格非常复杂，既冲动，又保守；既敢赌，又求稳。这样矛盾的特质在同一个人身上合体，令人惊异。父亲的严格管教近乎专制，养成了他性格中叛逆、冲动的一面。但是，当他年岁渐长，竟然越来越像他父亲，也变成了一个独断专制的人，相信自己观点百分之百正确。但神奇的地方就在于，他很多拍脑瓜的决定总是对的。他和镀金时代的很多强人财阀一样，既贪婪又有权欲，只是贪得无厌里又有不少理想主义。

老摩根的一生，就是一部美国商业波澜壮阔的历史。他的成功，关键还在于整个美国经济崛起的黄金大环境，加上独特的家庭背景和大力支持，以及他果断、敢干的个人特质。大时代下，无论你聪明还是鲁钝，看准了，然后乐观、敢干，很大程度就可能成功，而犹豫不决、只想不做，注定无法成功。

20 ADVANCED
COURSES
OF BUSINESS
THINKING

16

查理·芒格

查理·芒格：勤奋的智者

文 / 凌云

　　查理·芒格在美国鼎鼎大名，是唯一能和"股神"沃伦·巴菲特比肩的投资家。他是世界上最富有的人之一，是伯克希尔·哈撒韦公司的副主席兼第二大股东。近半个世纪以来，伟大的公司不断涌现，牛人辈出。但在投资界，巴菲特和芒格执掌的伯克希尔·哈撒韦就是一座屹立不倒的高山，创造出投资史上前无古人的业绩，他们两个人也成为全世界金融从业者学习的榜样。

　　很多人把芒格当作"神一样的存在"，但他的成功秘密又是如此简洁而有效，每一个人都可以掌握。他经常讲一些可以改变人生的大道理，但他不做琐碎的指导，而是交给众人一张藏宝图。这张图看起来极为简单，但你只有领悟了指令的真正含义，并坚持到底，才能找到智慧的宝藏。

　　很多中国投资者把股市看作赌场。芒格说："如果把投资当作在赌场赌钱，以赌博的方式投资，那就不会做得很好。因为你会很在意目前的结果，没有耐心。这种和我的投资风格不一样，不是我的理念，这样不能做到知行合一。资本市场有许多愚蠢的赌博者，这些人的成绩不如有耐心的投资者成绩好。我建议中国的投资者，少赌博多投资。投资追求的是一个长期的结果，而不是像在赌场一样立刻就有回报。"

　　做投资的成功诀窍其实说到底就两点：能让人信任，能帮人赚钱。被信任才有客户，能赚钱才有业绩。芒格这两件事都做得非常好，这是他成为投资界传奇的根本。

赢得朋友：做一个让人舒服的人

　　芒格曾说自己非常幸运，很小的时候就明白一个道理：要得到某样东西，最可靠的办法是让你自己配得上它。要学会己所不欲，勿施于人。拥有这种精神的人，在生活中能赢得许多东西，不只是金钱和名誉，还赢得尊敬，并理所当然地赢得信任。而他很小就明白的第二个道理是，正确的爱应该以仰慕为基础，我们应该去爱那些对我们有教育意义的先贤。

芒格是一个让人舒服的人，情商很高。他让人舒服，人们才会愿意接近他，这是得到信任的前提。《华盛顿邮报》的出版人凯瑟琳·格雷厄姆回忆说："我和查理·芒格的第一次近距离接触相当奇特。当初向他咨询，是因为有一天我发现自己要做的不仅仅是管理一家公司，更要对孩子和孙辈的信托基金负责，而对此我毫无经验。"格雷厄姆曾请巴菲特给她点建议，巴菲特讲了一通后说："这是我的想法，但你最好和我的搭档查理谈谈。在绝大部分问题上我们的看法一致。"于是，格雷厄姆去了芒格位于洛杉矶的办公室，掏出一本黄线笔记本恭恭敬敬地求教。这一聊，两人非常投缘，开始了近十年的书信往来。在信中，他们天马行空，畅所欲言，既会互相炫耀，也会讲笑话。内向、腼腆的格雷厄姆总担心自己竭尽全力仍不能实现目标，最后发现大部分情况下，"是他鼓励了我，并让我了解我做得比我自己认为的要好"。

让人舒服的第一条，就是善于积极鼓励对方，传播正能量。芒格牢牢地记着一位前辈在他刚入行的时候告诉他的话："你的职责是约束自己的言行，让别人认为你是一个房间里第三聪明的人。显得最聪明的应该是客户，其次是我，然后才轮得到你。"

让人舒服的第二条，则是低调。在伯克希尔的股东大会上，巴菲特讲完话，芒格的典型反应是一动不动、面无表情地说："我没有什么要补充的。"这9个字已经变成了他的标志。听众也总是报以会心一笑。

巴菲特认识芒格之前，后者在镇上已经小有名气。1957年，巴菲特在奥马哈管理大约30万美元的一笔资金，戴维斯先生是镇上最好的医生。有一天巴菲特去戴维斯的公寓，解释如何运作资金。戴维斯并没有专心听，但巴菲特说完后，戴维斯就同意投资10万美元。戴维斯说："你让我想起了查理·芒格。"芒格是戴维斯一家的邻居。后来，他们把几乎全部财产都投给了巴菲特。1959年，戴维斯一家安排了一次聚会，让35岁的芒格和29岁的巴菲特见面。芒格的诚实、踏实和旺盛的好奇心，立刻得到了巴菲特的关注，两人一见如故。从1978年起，芒格担任伯克希尔·哈撒韦公司的副主席至今。

虽然两人都是超级富豪，但在生活上都不讲究，更与"奢侈秀"无缘。而且，芒格比巴菲特更抠门。当巴菲特买下一架商务飞机以减轻自己旅行的负担时，芒格还在买打折机票。他咆哮着批评巴菲特的浪费，巴菲特为此把商务飞机命名为"无法辩护号"，并说自己曾考虑命名为"查理·芒格号"，以回应芒格的谴责。直到1997 年伯克希尔公司买下一家飞行员训练公司以后，芒格可能看到了公司拥有商务机对业务的价值，才改变语气说，将把巴菲特的飞机改名为"不可缺少号"。而芒格本人一直喜欢搭乘航空公司的班机。他说，第一是坐专机太浪费油；第二是商用飞机更安全；第三是他一辈子都想要融入人群，不希望自己被孤立，成为高高在上的大亨。

谦和、低调的结果是朋友多。仓储式连锁零售公司好市多的首席执行官辛尼格说，芒格是全美国交游最广阔的商人之一。有次他想请芒格担当好市多的董事，两人在洛杉矶市中心最有名的洛杉矶俱乐部共进午餐。"那里有一大群人在吃午饭，我觉得这 400 个人都认识查理。"1997 年，芒格首次参加好市多董事局会议，辛尼格想为他介绍另一位董事、政治活动家拉克尔肖斯，却发现两人早已相识。芒格的朋友包括微软的盖茨、通用电气的韦尔奇以及众多政要。"查理认识谁都不值得大惊小怪。"

芒格和巴菲特堪称最佳拍档，也是最好的朋友，但两人的差别还蛮大的。巴菲特言辞简单，喜欢讲寓言和民间故事，芒格则从不使用稀松平常的词汇。巴菲特打扮随意，芒格衣着考究。巴菲特一直住在老房子里，芒格有 7 栋房屋。巴菲特倾向民主党，而芒格是共和党人。芒格早就和一些伙伴建立合作关系，巴菲特却一直以独家经营为主。巴菲特的圈子主要在内布拉斯加州，而芒格的基地在加州……但正如巴菲特说："我们永远会以不同方式结成伙伴关系。"他们每个星期总是不止一次地通电话交换意见，完成一笔买卖后会一起到场，如果一人没到，另一个人就有权决定。

巴菲特很赞赏芒格，曾经说："是查理拓展了我的视野，让我以非同寻常的速度从猩猩进化到人类，否则我会比现在贫穷得多。"在他眼里，芒格是一个非常好的朋友，虽然不懂得优雅细致，不做表面功夫，但所有的行为都发自内心。"我们在一起共事那么久，从来没有争吵过，有时意见不同，但没有任何一次有人发脾气或是不欢而散。如果你谈到一个想法，他绝不会带着情绪去考虑这个问题。但如果他有大量的事实或推断来支持自己的观点，那他也绝不会让步。我们都认为对方的意见值得洗耳恭听。"

而对芒格来说，巴菲特同样是让他走向富裕的恩人。芒格原先是个律师，业务也做得不错，但巴菲特劝他离开法律这一行，转向专业的投资生涯。芒格最终接受了这个建议，原因有三点。第一，他喜欢钱。第二，他喜欢和好人一起工作。因为他深知，完美的人会谨慎地避免卷入法律麻烦，而作为律师，打交道的主要对象未必是好人。第三，他了解人。虽然他没上过那些经济、会计之类的课程，但是，因为阅读和实践，也因为他好交朋友的天性，使他洞悉人性，这是一切经济活动的根本，也让他找到了自己最好的位置。

赢得客户：靠"有料"帮朋友发财

让人舒服的人，大家乐意交朋友。把朋友变成客户，则要靠"有料"。芒格就有这种真本事。早在他还是洛杉矶一家律师事务所合伙人的时候，他就如同一枚强大的客户吸铁石，吸引了石油公司、公共基础建设公司以及其他大型集团。

芒格给人的印象是在公开场合话不多。但是，每当芒格确实有话要说时，他说的话往往锋芒毕露，直指要害。他的一个朋友说，芒格并不是个内向的人，他只是很注意谈话是否有价值，坚持不讲废话。这一点就反映出芒格的"有料"。巴菲特曾经有一年在伯克希尔股东大会上宣称："查理负责说具体内容，我只是动动嘴皮子。"这也不完全是开玩笑。

芒格确实有很高的投资天赋。做过投资的人都知道，所谓投资高手，一是有眼光，二是有定力，而芒格就恰恰两者都有。1962 年，芒格成立了一家名为惠勒·芒格的证券公司，到 1972 年，公司的年均收益率达到 28.3%。20 世纪 70 年代，美国股市陷入动荡，芒格的公司在 1973 年至 1974 年也连续两年出现亏损，抹掉了公司前 11

年超过一半的盈利。但芒格顶住压力，持股不动，终于在 1975 年迎来 75% 的盈利反弹。

芒格和巴菲特很早就是投资合作伙伴，收购蓝筹印花公司是他们第一次成功合作。1970 年，加州几十家小型零售商联合起诉蓝筹印花公司垄断市场，美国司法部要求该公司出售 55% 的股份。芒格认定这是一个好机会，赶到奥马哈力劝巴菲特出手。巴菲特夫妇购买了蓝筹印花 45% 的股份，芒格买了 8% 的股份，共斥资 4000 万美元。3 年以后，这笔资产增值到 10 亿美元。

1978 年到 1980 年，巴菲特陆续卖掉了伯克希尔所持有的大都会通信公司股份，而芒格保留了私人名下的大都会股份，事实上，这家公司表现非常出色。巴菲特真是追悔莫及。

在处理伯克希尔公司的问题上，芒格也比巴菲特更有眼光。20 世纪 50 年代末到 60 年代初，巴菲特开始购入新英格兰一家纺织品、手帕和西装衬料制造商伯克希尔的股票。到 1969 年，巴菲特解散了自己的合伙公司，理由是当时的股票市场已经太热了，无法找到有投资价值的便宜股票。同时，他已经掌握了伯克希尔足够的股份，于是，他接管了这家公司，并把自己的大部分资金转到伯克希尔名下。此后的很多年，他一直努力让这家公司既生产纺织品，也进行投资。芒格却说，作为纺织品企业的伯克希尔，"规模很小，难逃一死"。到 1985 年，巴菲特终于意识到芒格是对的，最终将伯克希尔的纺织品业务清盘，集中于收购兼并，这才有了今天在全世界都如雷贯耳的这家投资界 No.1 的公司。

巴菲特和芒格都受到投资大师本杰明·格雷厄姆的影响。事实上，巴菲特和芒格结交之初，正值格雷厄姆告别投资行业，从纽约搬到了洛杉矶。巴菲特感到很失落，他需要一个和他有共鸣的人。而芒格是一个"比他自己以为的还要像格雷厄姆"的人，所以在第一时间就得到了巴菲特的关注。

格雷厄姆和芒格都有一种傻乎乎的幽默感会不时地发作，都对文学、科学和教育后代很有兴趣。而且，芒格和格雷厄姆一样，都以正直、忠于目标和尊重现实著称。和巴菲特一样，芒格赞同格雷厄姆最基本的理论："对于私人投资者来说，价值的最基本概念就是当你买进卖出证券时，衡量依据是内在价值而不是当时的价格——我认为这种理论永不过时。"但芒格的高明在于，他不拘泥于格雷厄姆的理论，甚至认为其观点"很多都是无稽之谈，完全无视现实情况"。

比如，格雷厄姆的投资理论把股票的内在价值看得非常重要，倾向于购买低价股，芒格对此不以为然。他当过一家收割机公司的经销代理，知道整治一家平庸的公司有多困难。他认为，平庸的企业股票再便宜也不值得买，而"有些生意值得花大本钱投入"。他说："投资游戏总是要同时考虑质量和价格，关键就是用付出的价格得到更好的质量。"巴菲特曾坦率地承认，是芒格，帮他在格雷厄姆之外，又打开了一扇窗。1972 年，伯克希尔的蓝筹印花公司以账面价值的三倍买下了喜诗糖果，后来收获甚丰，这就是巴菲特受芒格影响做出的决策。

人品靠谱：打造信任的底线

为人低调有亲和力，业绩过硬有才华，这都是赢得信任的重要因素。但是，关键的"临门一脚"还在于"靠谱"的人品。

有人说，芒格是"商才士魂"，有士大夫式的清高，本质上是一个道德哲学家。芒格认为，人性是天然地有着种种缺陷的，所以人要对自己严格要求，一生要不断提高修养，以克服人性本身的缺点。他说："虽然我的家庭没有留下大笔财产，但为我提供了良好的教育，为我的行为规范树立了一个了不起的榜样。归根结底，这些比实际的钱财更有价值。"芒格还说，从小在正确的价值观中成长是一笔巨大的财富，而巴菲特也有这样的财富。人们肯投资给他，部分原因是他是巴菲特家族的一员，而人们信任巴菲特家的人。

尽管许多人认为"做人要懂得随机应变"，但芒格坚持把有原则地获利当作最基本的底线。一次，伯克希尔要收购一家企业，当时有两位老太太持有该企业发行的债券，芒格本来能很轻易地以远低于面值的价格收购这些债券，但他坚持按照面值给她们钱。还有一次，他的合作伙伴要把合资成立的公司的一半股权卖给他，他说："你开个价吧。"合伙人说 13 万美元。他说不行，23 万美元才对。最后，他真给了那人那么多钱。在芒格看来，在股票交易所挑选便宜股票是一回事，占老太太或者合伙人的便宜是另一回事，而后者，芒格是绝对不会做的。他说："我们并不自称是道德高尚的人，但有很多即便合法的事情，也是我们不屑去做的。在你应该做的事情和做了也不会受到法律制裁的事情之间，应该有一条巨大的鸿沟。你应该远离那条线。"

因为正直、有底线，所以芒格对突破底线的事情更不能容忍。在担任所罗门兄弟公司董事期间，他很早就发现公司有欺诈行为，坚持要公司对国债交易中的错误向政府和公众做出全面解释，即使因此将所罗门利润丰厚的债券交易业务毁了，他也在所不惜。

芒格也非常警惕人性中的一些不良天性。他说，嫉妒、怨憎、仇恨和自怜都是灾难性的。过度自怜让人近乎偏执，而偏执是最难逆转的。芒格讲过一个朋友的故事。这个朋友总是随身携带一叠卡片，每当有人说了自怜的话，他就会慢慢地、夸张地掏出卡片，将最上面那张交给说话的人。卡片上写着："你的故事让我很感动，我从来没有听过有人像你这么倒霉。"芒格说，每当人们发现自己产生了自怜情绪，不管是什么原因，都要想到自怜于事无补。自怜总会产生负面影响，是一种错误的思维方式。

芒格有亲和力，又有着过硬的投资才华和正直的个性，由此而赢得了人们的信任，其结果是挡不住的财富滚滚而来。芒格曾经说，他的目标是让自己的财富恰好保持在《福布斯》富豪榜名单的水准之下，这样他就能避开聚光灯。但早在 1998 年，他的财富总值就超过了 12 亿美元，在全美富豪榜上的排名领先于李维·斯特劳斯、希尔顿酒店集团等老牌企业的继承人，也超过了白手起家的史蒂夫·乔布斯。

坚持学习：造就投资理性

芒格说话经常引经据典。他最喜欢亚里士多德的一句话："要避免嫉妒，最好的方法就是让自己的成功实至名归。"那么，他如何炼成令人称羡的股海淘金术的呢？

　　芒格曾总结说，自己的成功来自理性。他说，投资成功的关键因素是要有良好的性格。大部分人总是按捺不住，或者总是担心过度。成功意味着你要非常有耐心，要能够在你知道该行动的时候主动出击。"什么是理性呢？理性就是实事求是。绝大部分人看世界是看到自己希望看到的，如果这样，就像通过变形的眼镜看这个世界，无论有多少知识、耐心都没有用。因为你看到的世界就是脱节的，没有理性的态度，其他都没有用。你必须用心、努力去做到理性，而且你必须重视、在意理性。如果你自己都不在乎，就不会努力去做到理性。"

　　巴菲特说，芒格有一种本领，可以在两分钟之内把一个复杂商业问题的本质说清楚。芒格则经常告诫年轻的投资人："赚钱靠的是记住那些浅显的东西，而不是去掌握深奥的东西。"

　　这种化繁为简的本领，来自芒格的教育背景。在密歇根大学读书的时候，芒格最喜欢的是物理。他说，物理在用最基本的方式寻找答案，为这个世界节省了很多时间。他非常聪明，同时又善于自我分析。大学期间，因为战争的爆发，芒格和所有热血青年一样，毅然从军。军队有一种测试，120分就可以升军官，芒格很聪明，考了146分。军方把他送到加州理工学院，想培养他当气象官。就在那里，他理智地认识到了自己的不足。比如，他看到一位教授"一连几小时在黑板上写公式"，而自己永远做不到这一点，搞数学没前途；自己的智商测试很出色，但机械技能测试成绩很差，所以也成不了优秀的外科医生。最终，他选择了投资这条道路，既能发挥他理性思维的长处，又能满足他多方面的兴趣。

　　政府雇员保险公司联合主席路易斯·辛普森说，巴菲特以全身心扑在投资事务上著称，芒格的兴趣则非常广泛。他走的是学院派路线，但同时对各种事情感兴趣，书看得很杂。巴菲特也说："查理的思维跨度比我要宽得多。他每年要看几百本传记，还能全部吸收并记住。"年轻的时候，芒格就非常喜欢读书，那时他刚成为律师，时间非常紧，但每天给自己留一个小时读书。如今他已经94岁高龄，依旧对读书兴趣不减。他说："我是自己学会通过阅读获取想要的信息的，一生中常常如此。我经常更喜欢已经作古的伟大导师而非在世的老师。"

　　芒格左眼曾因白内障手术失败而失明。他最担心的是无法读书。于是，他不仅学会了用一只眼睛开车，甚至研究了如何阅读盲文，直到确认自己仍然可以阅读书报，才放弃了原来的想法。无论到什么地方，他都随身带着一本书。有一次，他错过了飞机航班，要等几个小时才能搭乘下一班飞机。他从口袋里掏出了一本书，不紧不慢地读起来，丝毫没有焦虑之色。他说："只要有书读，就没有浪费时间。"

芒格说过："我从没见过哪个聪明人是不读书的。当然，比读书更重要的是知道读什么书。"甚至他和巴菲特的友情，也与读书有关。他说："沃伦和我一开始就相处得非常融洽，自此以后就一直是朋友兼商业伙伴，虽然之前我们各自的多项投资之间并没有什么重合之处。以我的背景，怎么可能错过一个宁愿读书，考虑为杂货店开展送货上门服务，可以从任何读过的东西中有所收获的人呢？他甚至可以从他祖父留下的名为《如何运作一家杂货店以及我所了解的钓鱼技巧》这样的手写稿里学到有用的东西。"

除了向书本学习以外，芒格也积极地向内行人士学。和巴菲特不同，芒格是法学院毕业生，没有受过系统的投资训练。所以，他很热衷于参与这种圈内人的交流。1968 年，巴菲特在加州组织了一批投资伙伴开会，讨论应对股票熊市的最佳方法。芒格也参加了会议，并结识了包括红杉基金创始人比尔·鲁安在内的许多高水准投资者。后来，这个活动变成了两年一次的学习派对，参加者从 13 名投资者扩大到了包括比尔·盖茨在内的 60 多位顶级公司执行官和巴菲特的好友。他们在巴哈马、爱尔兰、加拿大等地都开过会，谁做东谁挑地方，有一次还包了一条邮轮开到英国去，可惜整个航程都在下雨。小组举行各种研讨会，话题覆盖公共政策、投资、慈善事业等。芒格有一次做了个有关爱因斯坦相对论的演讲，大家都觉得有必要去听一下。后来，一位成员回忆说："要是巴菲特在，他可能会听得懂。我觉得其他人都不懂他在说什么。"

从芒格的学习习惯可以看出他极为勤奋，这也是他的成功秘诀。他曾经说："你们一定要非常勤奋才行。我非常喜欢勤奋的人。我这辈子遇到的合伙人都极其勤奋。早期我曾有两位合伙人，他们俩在大萧条期间合资成立了一家建筑设计施工公司，达成了很简单的协议。这是两个人的合伙公司，一切平分。如果我们没有完成对客户的承诺，我们俩要每天工作 14 个小时，每星期工作 7 天，直到完成为止。"这家公司做得很成功。

集中投资：坚持买最好的企业

芒格和巴菲特都是成功的投资家，他们执掌的伯克希尔·哈撒韦公司，其股票是股票市场有史以来表现最佳者之一。如果一个投资者在 1965 年投入 1 万美元购买伯克希尔的股票，到 1998 年 12 月 1 日，价值是 5100 万美元。而众所周知，伯克希尔的投资哲学是坚持买最好的企业，买进并持有。用芒格自己的话说："我们的投资风格有一个名称——集中投资。好的投资项目很难得，所以要把钱集中投在少数几个项目上。"

芒格谈起过伯克希尔的收购策略。他说："三分之二的收购是失败的，而我们的收购很成功，那是因为我们从来不试图为收购而收购——我们等着那些不用多想也知道会成功的机会。"但是，芒格究竟是如何判断一家公司的价值的？芒格说："你应当从会计数据开始，但那仅仅是个开头。如果只是基于会计数据做出判断，你就会犯下一个个严重错误。"他的做法是实地考察，综合判断企业的实际价值。他说："早期的风险投资者往往只是坐在办公桌后面，坐等机会上门。我们从来不这么做——我们到处寻找值得收购的公司。20 年来，我们每年购买的企业只有一家或者两家。"

芒格喜欢给人讲喜诗糖果公司水管的故事。这个故事说：喜诗糖果雇了个新员工，人们带他参观厨房。他很困惑地问经理，水管在哪里？因为他只看到两根管子，一根写着鲜奶油，一根写着掼奶油。经理说，没有水管，因为喜诗的糖果在生产过程中根本不加水，真正兑现了其"质量至上"的口号。听说这个故事后，芒格和巴菲特在 1972 年花了三倍于账面价值的价钱购买了喜诗糖果。后来，当喜诗糖果庆祝成立 75 周年的时候，巴菲特穿着跳伞服，戴着风镜，驾驶一辆哈雷摩托车来到现场，后座上带着芒格。面对兴高采烈的人群，芒格说："保证产品和服务质量是商业的核心和灵魂。你们以友好的态度对待自己的顾客，你们就是一张文明网络中的一分子。"巴菲特后来说："如果我们不是购买了喜诗，就不会去购买可口可乐公司，也就不会有 120 亿美元的利润。"

芒格之所以能够通过现场考察等方法了解企业的真实价值，原因之一是他能够以商业视角看投资，并有实际的商业经验。早年他还在当律师的时候，有个客户叫布斯，两个人是很好的朋友，布斯的太太就是芒格介绍的，两人分别还是对方孩子的教父。一天，布斯找到芒格，想请他处理父亲留下的一块地皮。芒格说："你应该把这块地皮铲平，建成公寓出售产权。"布斯马上说："这确实是个好主意，如果你确信我们能成功，为什么不把你自己的钱也投进来？"芒格后来笑着说："他让我骑虎难下。"最终，两人一共投了10万美元，收回了50万美元。芒格很细心，他注意到底层的公寓卖得很快，但楼上的房子销售的速度就像蜗牛在爬。后来，他在开发的房地产项目中就坚持只造一层，虽然价格贵，但卖得很快。这种从细节入手的经验，他以后也应用到了投资上。

收购了一家企业，要不要去积极管理？芒格对这个问题是喜欢说"不"的。他对喜诗公司的态度就是这样，收购以后，他要求对方继续按照自己原来的方式经营。他判断，这家公司已经在自己的市场中成为领导者，有着强大的竞争优势。在一些行业中，经营的本质就是有一家公司会获得压倒性的优势。赢者全胜是大势所趋。

整个20世纪80年代一直到20世纪末，巴菲特和芒格展示了真正的交易艺术。当他们收购一家公司的时候，管理层通常都不会发生变动，他们更关心的是拿到利润，然后将资金最优化分配。他们绝对不会干扰那些办事卓有成效的经理人，特别是那些有点性格的人。

"我们对收购来的业务最主要的贡献就是什么都不做……正直、聪明、经验和奉献精神，这些都是一家公司要运作良好所必需的，我们非常幸运，这么多年来能和一群这样优秀的人才一起工作。我认为，要是让我们自己来管理的话，很难比现在做得更好。"这是芒格的名言。后来有人评价说，巴菲特和芒格创造了"可能是行业里最好的业务运作环境"。

芒格的桥牌打得不错，他常说这培养了自己做生意的能力，"面对困局，你要尽快处理，抓到好牌要藏好了，因为不是经常抓到好牌，有机会就要抓住"。

独立思考：著名的"说'不'大师"

在巴菲特和芒格这对搭档里，芒格是著名的"说'不'大师"。巴菲特曾经这样说："你千万要学会如何校准他的答案。如果你问查理某个项目，他说'不'，那么我们会用所有的钱来投资。如果他说'这是我听过的最愚蠢的事情'，那么我们就会适当地做一点投资。"在他俩合作之前，各自拥有一家投资公司。巴菲特经常打电话给芒格："我想做某件事。"芒格就会说："天啊，你在开玩笑吗？有这种风险和那种风险。"然后两人会讨论风险。如果巴菲特最后还是决定做，芒格有时会说："沃伦，如果你做这件事，我能不能参股？"

这正是芒格最有价值的地方：他能够识别风险，也能够识别可以参股的时机。他的父亲是律师，他本人毕业于哈佛大学法学院，也是一名出色的律师。并且，律师的思考方式伴随了他一生，让他尽力避免犯错。其实巴菲特的长处就是说"不"，而芒格更擅长。如果连芒格都找不到不去做一件事的理由时，他们就去做。这样通常就会成功。

芒格也一再告诫后辈："不要做错事。"他曾经说，所有的人都可以取得很大的成就，关键并不是要比别人更聪明，而是不要去做愚蠢的事。长此以往，就能积累起足够的优势。在2017年的伯克希尔股东大会上，他再次重申："别做蠢事，你也不需要多聪明。"

"不要做错事"说起来简单，但真正明白的人又有几个？即便芒格本人也犯错。比如，当年如果喜诗再多要10万美元甚至1万美元，他就不会买了。所以他后来总结说，伯克希尔历史上最严重的错误是错失良机的错误，"我们看到了很多好机会，却没有采取行动，为此损失了几十亿美元"。

芒格一直坚持一种"能力圈"的理念。所谓能力圈，就是我们通过学习和经验真正掌握的知识圈，而一旦走到这个圈子之外，事情就容易出错。芒格和巴菲特都知道自己的能力圈是什么。比如，他们在很长时间里都避免投资不熟悉的高科技企业，虽然错过了高科技股的暴涨，但也避开了泡沫破裂的巨大损失。

再比如，和巴菲特相比，芒格的人际交往能力更强，而投资技术略逊一筹，这在早期尤其如此。他很快认识到巴菲特的投资才华，不断为巴菲特介绍投资人。1963 年，芒格的合作伙伴奥迪斯·布斯来找他商议购买一家印刷厂，芒格建议他去和巴菲特谈谈。布斯这样做了，并加入到巴菲特的投资业务之中。后来，他坐拥 14 亿美元资产。芒格的另一位合作伙伴奥·马歇尔，也是听从了芒格的类似建议，如今在棕榈泉的豪宅享受退休生活。

当然，芒格也不排斥为扩大自己的能力圈而努力。不久前，他提到巴菲特投资苹果公司股票时说："我觉得买苹果的股票是很好的一个现象，这就是我们学习的过程。虽然巴菲特不喜欢他孙子用 iPad，但他还是买了他们的股票。"

避免犯错，就需要独立的思考能力。芒格总是在和客户们聊起投资时说："如果你在思考过程中完全依赖他人，总是购买别人的专业意见，免不了会大难临头。"他还有一句话，也可以被我们记在小本子里，那就是："最重要的是别愚弄你自己，而且要记住，你是最容易被自己愚弄的人。"

作为这个世界上最有钱的人之一，钱并不是芒格的终极追求。芒格从富兰克林那里学到了一种思想，那就是一定要变得富有，以便为人类做出贡献。他说："我常想做一个对人类有用的人，而不愿死得像一个守财奴一样。"

从商业的角度看投资，往往能看出投资的真正价值；从人生的角度看金钱，往往能驾驭更多的财富。

是天才，也是怪才

文 / 凌云

芒格的家族在 1637 年就从英格兰移民美国，不过芒格这个姓是德国姓，意思是卖鱼的小贩。芒格从小就有点"蔫儿坏"。小时候，他和母亲外出散步，看到路边有只死耗子。母亲露出厌恶的神情，芒格却捡起死耗子故意问："妈妈，这是什么？"母亲夺路而逃，芒格穷追不舍。后来，他还在家里的地下室养仓鼠，最多时养了 35只。有时候他放学晚了，仓鼠们饿了，整栋房子都能听到它们吱吱的叫声。

芒格家的传统是搞法律。他的爷爷是西奥多·罗斯福总统任命的联邦法官，父亲艾尔是一名律师。芒格和父亲的感情很好。"二战"时芒格应征入伍，父亲极为忧虑，就养了很多猪，让自己忙碌起来而顾不上为儿子担心。芒格大学本科毕业后，选择去法学院深造，并成为一名商务律师，也是受到父亲的影响。

艾尔去世后很多年，芒格每天夹着父亲的公文包上班，还在包上刻下父亲的生卒年月。芒格曾对巴菲特开玩笑说："如果我半夜回家说：'爸爸，你得帮我把一具尸首埋在地下室。'他肯定会帮我埋了，第二天让我自首，然后上班去。"

芒格和巴菲特在一起的趣事实在是太多了。1967 年，芒格和巴菲特一起去纽约收购一家小公司，两人在街上边走边聊，忽然，巴菲特发现自己在自言自语，而芒格已经消失了。后来他才知道，当时，芒格忽然想到自己要去赶飞机，就一声不吭地走了。

芒格喜欢钓鱼，也对新颖奇特的船特别感兴趣，随时可能被说服对某个项目给予支持。他的大女儿说："只要某个人对船有什么疯狂的想法，我父亲很容易就受到影响了。"他还曾带巴菲特去钓鱼，并坚持自己驾船，结果船沉了，巴菲特差点淹死。后来，巴菲特再也不肯和芒格一起钓鱼了。没想到，芒格又想出一个新花样，请巴菲特看一种所谓"毛利人的舞蹈"。巴菲特发现，那种舞姿和自己掉在水里挣扎的动作很相似。

芒格的另一爱好是打桥牌。对他的桥牌伙伴们包括巴菲特、比尔·盖茨等人来说，他是个牌技非常出色的玩家，但是又时不时地打出些不着边际的牌。伙伴们有时难以理解他为什么这样下注，或为什么出那张牌，而他只是在遵循自己的一些简单逻辑而已。

虽然做律师、做投资，需要的都是理性和冷静，但这两个职业都做过，而且都做得不错的芒格，倒是一个情感很丰富的人。他的长子得了白血病，当孩子躺在床上慢慢死去的时候，芒格进去抱了他一会儿，然后出去在街上边走边哭。

更多时候，芒格是以幽默化解压力。刚到加州不久，他离了婚，开着一辆破烂的黄色旁蒂克汽车，看起来穷困潦倒。他儿子问他："爸爸，这辆车太破了，简直是破铜烂铁，你为什么还要开？"他说："我要让来加州淘金的人大失所望。"后来，芒格遇到了第二位妻子南希。她平和、冷静、勤勉、节俭，在很多方面与芒格形成互补。两人共同生活到今天。

76 岁时，芒格回顾人生中的那些艰难时刻，他这样说："在遭遇令人难以接受的悲剧时，你不能因为摆脱不掉困扰而在生活中屡遭失败，让一件悲剧变成两件、三件。"他对曾经失败的婚姻也有了更成熟的看法："只要我从过去的错误中得到了教训，就不再念念不忘地后悔。"很多年以后，他还把婚姻和投资这两件事做比较，他说："生活就是一连串的机会成本，你要和你较容易找到的最好的人结婚。投资与此何其相似。"

逆向独立思维的投资智慧

中国人民大学国际货币研究所研究员　曲强

查理·芒格是股神沃伦·巴菲特的黄金搭档，伯克希尔·哈撒韦公司的副主席。他和巴菲特联手创造了有史以来最牛的投资纪录——伯克希尔公司股票价格从 19 美元涨到 30 万美元，年均复合收益 20.3%。

芒格的成功，主要得益于他性格中许多人性的闪光点，以及始终恪守的价格理念。

首先，芒格是一个完全靠智慧取得成功的人，在他的字典里，权钱交易、潜规则、商业欺诈、造假等手段都是不存在的。芒格用简单的方式生活，参与公平竞争，不抄近路。

芒格的性格和智慧的独特性体现在方方面面，比如，他习惯于使用逆向思维思考问题，比起研究如何在股市上获得成功，他更倾向于分析大多数人投资失败的原因。另外，芒格能够成功的另一个原因是高度理性，他要求自己在最短时间之内弄清楚一个复杂商业活动的本质。正是这样的理性，让他的眼光敏锐而独到。同时，芒格强调"未雨绸缪，富有耐心"，认为投资者面对市场中时刻涌现的新的投资机会，应当抵制诱惑。这一点，和中国当下流行的股市、股权投资逻辑其实正好相反。芒格有句名言："赚大钱的诀窍不在于买进卖出……而在于等待。"而当下另一个中国名人则借用了他的意思，让大家做"时间的朋友"。

芒格还始终恪守价值投资理念。比如，他认为，投资对象可以分为三类：可以投资、不能投资以及太难理解的投资对象。投资的话，应该首先将超出自己能力范围的投资对象直接剔除，别整那些玄的、搞不明白的，集中分析那些"简单且可以理解的投资标的"。之后，投资者要对投资对象的所有关联因素进行全面分析和观察，比如，劳动力、供应商、技术变革的冲击、竞争优势和弱点、定价能力、库存和现金、资产状态、商誉、产品……以此来判断这家企业是否稳定持久。

芒格建议，一定要比较清楚东西的价值和支付的价格。比如，他不认为那些价格被低估的股票就是黄金坑，反而应该关注那些自己能把握的、大概率能成为伟大企业的公司。他尤其不过分强调公司的实体资产，而是更多考虑自由的现金流情况以及公司的商誉。

此外，芒格尤其强调在投资过后还要进行后续考察，并通过分析，将人生经历和认知技能相结合，最终形成一种投资"感觉"。

芒格的这些特点，对他的搭档巴菲特也产生过巨大影响，甚至更新、改造了巴菲特的投资理念。比如巴菲特的老师、投资学祖师爷格雷厄姆历来主张只投资"廉价股"，巴菲特过去一直将此奉为准则，早年也的确从低价收购美国运通和华盛顿邮报等公司的交易中赚了大钱。但是，芒格觉得，时代已经变了，格雷厄姆当年说的"廉价股"已经基本消失了。在他的敦促下，巴菲特从只买"便宜货"的老路转向买优质企业的新思维。

总的来说，发扬人性的优点，逆向独立思维，敢于打破常规和权威的思路是芒格给我们带来的最大启示。

20 ADVANCED
COURSES
OF BUSINESS
THINKING

17

乔治·索罗斯

乔治·索罗斯：直击要害，放手一搏

文 / 张勉

　　他是一位投资大师，也是一位备受争议的人物。有人认为他冷酷无情，也有人盛赞他充满智慧，他就是乔治·索罗斯。

　　近半个世纪以来，投资界风云人物潮起潮落，其中只有两个人屹立不倒：一个是沃伦·巴菲特，他的长期价值投资理论尽人皆知；另一个就是在全球资本市场翻手为云、覆手为雨的索罗斯。

　　有趣的是，他们生于同年同月，都是 1930 年 8 月出生，索罗斯比巴菲特大 18 天。按照时髦的星座学推断，狮子座的索罗斯和处女座的巴菲特走上了完全不同的投资道路。当然这只是玩笑，但事实上，相比起踏实保守的巴菲特，索罗斯的确更加复杂，更加令人琢磨不定。

　　他就像一个大冒险家，一生毁誉参半。他的生活和职业充满了争议。有些人将他神化，爱戴他、尊敬他、崇拜他，有些人恶意诋毁他，将他妖魔化，视他为撕咬金融市场的饿狼，甚至是威胁国家安全的人。英国《金融时报》对索罗斯有一句评语："这位犹太人很容易被人认为是那种躲在幕后操纵一切的国际金融家。"在他将 180 亿美元捐给名下"开放社会基金会"开始，他就成了众矢之的，连他的祖国匈牙利也在驱逐他。2018 年，匈牙利总理欧尔班·维克托获得连任后持续向他施压，使索罗斯基金会被迫迁往德国柏林，此前还强行关闭了索罗斯支持的欧洲中央大学，动用国家资金对索罗斯发起广告海报攻击。而俄罗斯也禁止索罗斯基金会在其境内开展活动。甚至在索罗斯的第二祖国美国，也有人持续反对他。2017 年 9 月，6 万名美国人签名向总统特朗普请愿，希望白宫能够认定索罗斯为恐怖分子，"剥夺其全部财产和资产"。他也确实和很多国家的政权更迭有错综复杂的关系。比如，他曾募集大量资金试图阻止小布什连任，2003 年的格鲁吉亚"玫瑰革命"，2004 年的乌克兰"橙色革命"，土耳其国会修宪，埃及穆巴拉克下台，2013 年乌克兰的动荡等，他也都发挥了重要作用。

但是，即使再恨索罗斯的人，也得承认，他似乎拥有控制市场的超级能力！某种商品或货币的市场价格会随着他的言论上升或下跌；他绝对精明，能够捕捉到一切经济泡沫；他以平均每年 32％的综合成长率令华尔街同行望尘莫及。如果有人在 1969 年索罗斯创立量子基金时投资了 1000 美元，那么到 2000 年，这位投资者可以赚 400 万美元。

同时，他又是一个不折不扣的理想主义者，一边攫取财富，一边通过基金会慷慨解囊，投入大量资金，只为实现社会梦想。

超强定力：冷血战神的武器

巴菲特有句名言：贪婪和恐惧总是伴随我们左右。而索罗斯的成功之道，就是反其道而行之，战胜贪婪和恐惧。作为投资战场上的"冷血战神"，索罗斯最重要的武器就是——超强的判断力加定力。

索罗斯是做空大师。他创造了很多金融衍生品，真正把做空变成了一种赚钱利器。直到今天，他做空英镑的历史还让人难忘，与英格兰银行的对攻惊心动魄。

1992 年，索罗斯狙击英镑的那场著名战役在 9 月 16 日"黑色星期三"打响。索罗斯表现出超乎常人的冷静。我们先看看这段历史：

当天下午 5 点 30 分。此刻，椭圆形桌子后面，乔治·索罗斯将整个身子深陷在高背皮椅里，从 33 层的巨大玻璃窗往外俯瞰，映入眼帘的中央公园周围的场景让人惊叹：正值下班高峰，车水马龙，人来人往，繁华异常……他蓦地感到一阵难以名状的兴奋。

乔治·索罗斯即将要下一笔金融史上大的赌注。他的心应该狂跳不已，他应该在地板上来回踱步，他应该神情紧张地厉声呵斥战战兢兢的下属们，但是，那不是索罗斯的作风。此刻，索罗斯的思绪在飞驰。但他只是平静地坐着。每当要进行风险很大的投资时，他总要问自己这样的问题：我这样做对吗？我会一败涂地吗？

办公室的一面墙上贴着一条醒目的标语："我生来一贫如洗，但绝不能死时仍旧贫困潦倒。"这句话便是索罗斯的人生准则。每逢大战之前，这句话总是会给他鼓舞。

事实上，1992 年的这一战，的确让索罗斯"一举成名天下知"。

而索罗斯能发动这场狙击战，是有两个条件的。一是在过去的 200 年里，英镑一直是世界的关键货币，是英国强大的标志。英镑与黄金挂钩，其地位类似于今天的美元。但第一次世界大战，加上 1929 年的股市崩盘，很大程度上削弱了英国的力量，英国只能对英镑采取浮动制，放弃了金本位，后果是英镑的价格每天都在波动。

另外还有一点：1979 年，欧洲汇率机制建立，这是旨在建立统一欧洲货币这个宏大项目的第一步。人们希望，通过统一欧洲货币稳定欧洲经济，削弱投机者的力量。说白了就是"抱团"，加入欧洲汇率机制的国家，要把自己的货币和那时最强劲的德国马克定死在一个很小的汇率波动范围内，其实也就是整个欧洲要涨一起涨，要跌一起跌。但索罗斯打赌，这是不可能的，欧洲汇率机制不可能维持一个统一的立场。虽然 1694 年成立的英格兰银行是史上第一个央行，也是全球金融资产最多的金融机构之一，但当时英国经济下行，德国经济上行，德国马克在升值，英镑在贬值。英镑要紧盯马克，就意味着一个下行经济货币要跟着上行经济货币来运行。索罗斯认为，这里有做空的最大空间，因为英镑的走向违反了经济规律。

后来，索罗斯说，从 1989 年 11 月柏林墙倒塌那一刻开始，他就意识到要发生什么事情了，他甚至不需要看到现实发展，在他的头脑中，他已经想象到了。他的天才就在于，他会比其他人更早地看到市场发展趋势。他预见到这场风暴的来临，并毫不怀疑自己会从中获得巨额利润。

1992 年 6 月开始，英国当时的首相约翰·梅杰、财政部长拉蒙特、英格兰银行开始四处活动，不停地放出各种新闻，而索罗斯只是稳稳地坐在他紧邻中央公园的办公室里。9 月 15 日，他下了 100 亿美元的赌注做空英镑，然后享受了一份简单的晚餐，晚餐后，他就睡觉去了。16 日，就是决定索罗斯命运的一天，他打赢了这场战争，英镑暴跌后被迫退出欧洲汇率体系，后来这一天被称作"黑色星期三"。

总体算下来，索罗斯在这一仗中挣了将近 20 亿美元，其中 10 亿来自直接狙击英镑，另外 10 亿是从意大利和瑞典货币以及东京股市的混乱中获得的。

也可能有人会说，100 年里可能只有一个"黑色星期三"，索罗斯大赚是无可复制的。但很快，索罗斯就告诉人们，他的赚钱武器是头脑，而绝非运气。

1997 年，他袭击泰铢，甚至引发了亚洲金融危机。马来西亚总理将索罗斯的攻击，上升到了政治高度。禁止他入境，并且向 IMF 和世界银行抗议，"对冲基金的交易是不道德的"。这一场大战，索罗斯的依据依旧是他对经济基本面的判断，在东南亚一片歌舞升平的时候，他认准了这些国家已出现经济过热，存在严重的资产泡沫，所以他押注以泰铢为代表的东南亚国家货币大幅度贬值。这一次，索罗斯又赢了。

正如索罗斯所说，他并不制造泡沫，他只是认清了泡沫，并加剧了泡沫的破裂而已。这整套操作，是个组合拳，判断力和定力缺一不可。

索罗斯对市场中的金子有高度的敏感，他总能找到那些预示着大事件即将发生的神秘信号，一旦找到这种信号，他就会紧盯不放，直到获得成功。而在现实中，普通投资者看对做不对的情况却很常见。因为不自信、不冷静，市场的一点风吹草动立刻会让我们怀疑自己的判断。

不过话说回来，真要自信到索罗斯那种程度也不容易，他是个小时候就认为自己像神一样的人。成年之后，他的冷静，也是做到了极致，不论投资大小、成败都不会如坐针毡，"胸有激雷而面如平湖"就是这种境界吧。

全阵出击：敢于重仓不保守

索罗斯制胜的第二个武器是对市场判断正确的时候，能最大限度地利用好这个机会。这其实和强大的自信是相辅相成的。正是因为自信，在必要的时候，索罗斯才敢重仓出击，敢于全力以赴。

大部分的投资经理，一旦增长达到 30%，就会变得保守起来。但索罗斯敢继续朝着 100% 的方向努力。索罗斯教会他手下的投资经理很重要的一课：当你对市场判断正确的时候，要最大限度地利用好这个机会。

后来成为他重要助手的德鲁肯米勒刚为量子基金工作不久，就做了美元对德国马克的空头，他对自己的判断很有信心。索罗斯到办公室，和他讨论这桩交易，问他："你有多大仓位？""10 亿美元。"德鲁肯米勒回答。"你管这个叫仓位？"索罗斯嘲笑道。他指示德鲁肯米勒将仓位翻番，量子基金因此大赚。

德鲁肯米勒回忆起当年狙击英镑时的情景，他说了一通做空英镑的理由，信心满满，最后说，那么我们就逐步做空吧。索罗斯听完后觉得非常不解，这么看好为什么要逐步建立头寸？后面的事情我们都知道了——索罗斯全力出击！

索罗斯不止一次地指出，对于投资者来说，最大的错误不是太胆大，而是太保守。当他认为某个投资是正确的时候，他最喜欢的一个问题就是"为什么投这么少"。

这就是索罗斯的风格：直击要害，放手一搏。投资的世界，是一个相对公平的市场，无论你的背景、学历、知识结构等，你都可以在这样一个市场中搏杀。然而，这个资本市场也是残酷的，最终只有强者能活下来。索罗斯作为金融大鳄，靠的不是他的出生背景，更不是外在条件。他能有今天的成就，在于他强大的内心。在投资的世界中，他是真正的强者。

劫后余生：胆量来自经历

我们有必要了解一下索罗斯的经历。1930 年，他出生在布达佩斯一个犹太中产家庭。少年时代给他留下的最深印象，是 1944 年"二战"后期，索罗斯一家躲避纳粹追捕的大冒险。父亲为他们一家总共安排了 11 个藏身的地方。对于父亲，索罗斯非常引以为傲，在那种不正常的情形下，父亲教会了他两条重要的生存原则：一、可以冒险；二、冒险的时候不要孤注一掷。后来，在索罗斯的职业生涯中，他经常做出冒险之举，但他并不孤注一掷，而总是给自己留下东山再起的余地。

在他 17 岁只身到伦敦的时候，他的钱少得可怜，孤身一人，但是他仍努力在黑暗中寻找一丝光明。索罗斯坐在伦敦的咖啡馆里，对自己说："现在的你已经跌到谷底了，这样的感觉不是很棒吗？因为现在你只有一条路可走，那就是往上走。"

不知道有多少人有过投资经历的？又有多少人有过这样的心理活动——不管你怎么做分析，画多少图，还是会觉得投资就像掷骰子，掷出一个好点数全凭运气？投资远比掷骰子要复杂得多。说到索罗斯的成功，靠的是勇气、智慧、冷静，他综合了这些特质，最终取得了今天的成功。

值得一提的是，索罗斯的犹太人身份至今还在带给他某种不安。2018 年以来，美国出现了针对索罗斯的阴谋论指控。一些共和党政客在没有证据的情况下，指责索罗斯为前往美国边境的中美洲移民提供资金，甚至特朗普也做出了这样的暗示，这也显示了反犹太主义正在欧洲和美国扩散。而就在 3 年前，索罗斯与匈牙利总理欧尔班·维克托发生冲突。当时，大批中东移民涌入中欧。欧尔班在采访中称索罗斯"支持一切能削弱民族国家的事情"。索罗斯的照片被印到公共汽车的地板上，遭到践踏。如今他成为共和党的攻击靶子。一些竞选广告暗示他是控制"华盛顿权力杠杆的人"之一。埃默瑞大学研究纳粹大屠杀历史的利帕施塔特教授表示，索罗斯已成为 21 世纪的"罗斯柴尔德家族"，成为极端主义者针对的目标。在这种情况下，索罗斯始终是不安的，也始终保持勇气。

不带感情：投资赢家的根本法则

索罗斯依靠勇气、智慧、冷静的综合加持，在金融投资领域一骑绝尘。他的成就是常人难以望其项背的。1993 年，他成了历史上第一个年收入超过 10 亿美元的人。《金融世界》列出了那一年全世界挣钱最多的人，除索罗斯外，前 100 名中，还有 9 个人是为索罗斯基金工作的。

在这种光环的引导下，大量投资人在他身后亦步亦趋，希望能沾上一点他的魔力，能成为另一个索罗斯。但大部分人只看到了他的表面，所以也只能学到皮毛。

斯莱特告诉我们，索罗斯真正强大的地方，第一，不在赚钱之时，而在亏钱之时；第二，决胜金融，在金融之外。

很多知名的基金经理评价索罗斯时都说，索罗斯最令他们佩服的是"有认错的勇气"。在发生了最坏的结果之后，依然能够平静和理性地思考，这是一种非常优秀的品质，也是索罗斯超越大部分人的地方。

投资市场上永远充满不确定性，没有人只赚不赔，真正决定你能在这条路上走多远、走多快，看的恰恰是亏的时候。而对于那些经常打胜仗的人来讲，不偏执、不傲慢，对市场始终保有敬畏之心，就显得尤其可贵，这种人终将会从成功的投资者上升为伟大的投资家。索罗斯就是这样的人。

他曾说："对于其他人，犯错是羞耻之源。对我而言，认识到我的错误是我感到自豪的事。一旦我们意识到不完美是人之常情，那么就不会因犯错而感到羞耻，而只是因未能及时纠正错误而感到羞耻。"

索罗斯可以用相当快的速度修正自己的意见，一点也不会觉得难堪，因为他知道坚持错误的己见只会消耗自己。

有个叫吉恩·罗赞的交易员曾经与索罗斯就股市行情争论了整整一个下午，索罗斯明确表示，对后市非常不看好，并且还用一套深思熟虑的理论来解释原因。仅仅几天后，市场猛涨，屡创新高，事实证明索罗斯是错误的。罗赞担心索罗斯建立的头寸可能赔钱，于是问他是否有所损失。不料索罗斯却说："我们大赚了一票。因为我听了你的意见，立刻改变了主意，建立了很大的多头头寸。"

索罗斯与其他投资者的区别就在于，他在投资一开始常常假设自己建立的投资仓位可能有错，而不是像很多人一样，假设自己是正确的。实际上只有认识到自己可能犯错，才能够始终保持警觉，这就使得索罗斯总能比大多数人更为及时地发现错误并矫正错误。

索罗斯说过一句很有意思的话："我真正的快乐来自发现了一个错误。"可见作为一名投资家，他的心理不仅仅是刚性的强大，更是具有令人佩服的柔韧性。他自己对此也很引以为豪，在和年轻助手交流投资心得时，他宣称，他的成功"不是来自猜测正确，而是来自能够承认错误"。

1974 年的一天，索罗斯正和一位朋友在打网球，这时电话响了，电话是东京的经纪人打来的，他告诉索罗斯，尼克松深陷水门事件，最终会导致下台，而日本对尼克松的丑闻反应非常糟糕。索罗斯在日本股市有大量持仓，他必须决定是保持现状还是退出。他的网球伙伴注意到，索罗斯额头上出现了豆大的汗珠。随后，他当机立断，决定抛盘。

一个明智的投资者必须很冷静，尽管自己钟爱的股票突然下跌可能会让人难过，但是承认自己的错误会更有用。索罗斯曾经告诫他的助手们："如果坚持错误，你所做的只能是想着它，夜不能寐，而这个错误则会毫不客气地将你侵蚀殆尽。"

索罗斯是投资界的金句大王，在他的传记里，类似的警句随处可见，其中不少都值得抄写到小本子上，比如这句："如果投资很容易的话，那么可能人人都在做，实际上，这个工作要求有极大的自制力，最根本的一点就是不要带有感情。"

全球视野：具备学者的头脑

索罗斯"决胜金融，在金融之外"。这又体现在两个方面：一是他超越时代的全球视野。

索罗斯身材矮小，满头灰发，戴着厚厚的镜片，一只耳朵还挂着助听器，说话时带着浓重的匈牙利口音。这让他看上去更像一个欧洲大学里的教授，而不是金融市场的大鳄。

而实际上，索罗斯也的确具有学者的头脑，他让自己的思维和视野横跨欧美，后来更发展到纵横全球。宏观地把世界各地的事情联系在一起，在时间和空间上预测大事件对未来的影响，一直是索罗斯的拿手本领。

索罗斯进入投资这一行，是在 20 世纪 50 年代。那时的情形，同今天的贸易全球化相去甚远，要到很多年以后，美国投资者才认识到，原来还可以在地球的另一边赚钱。索罗斯是这方面的先驱，他走在了时代的前面。他的助手德鲁肯米勒曾说："索罗斯领先时代至少 35 年。"他自己也半是谦虚半是得意地回忆过："那时没有人知道欧洲证券的事情，所以我可以从对欧洲公司的一知半解中获益。"

那个时候的大多数美国交易员思想狭隘，既缺乏知识又缺乏勇气，他们只喜欢买卖美国公司的股票，因为他们可以叫出这些公司的名字。但索罗斯不是这样，他能说德语、法语等好几种欧洲语言。他在和同事们聊天的时候，总喜欢将话题从行业分析那样狭窄的领域转到"世界局势"，不止一个他的同事对索罗斯的传记作者说："他喜欢谈论大话题。"

索罗斯可以从 A 点发生的事情，马上推论到 B 点的结果。但别人很难理解其中的逻辑。大家公认他是最优秀的宏观投资者。比如说他决定狙击英镑、狙击泰铢，都是在这种思维方式下得出的结论。

管理庞大的投资基金，要取得良好的收益，对经济运行环境的宏观把握是十分必要的。只有站得高才能看得远，才能洞察市场中的变化，抓住趋势发展中的支点。比如在股票市场里寻找行情，索罗斯注重的就不是一个公司下一季度的收入等，而是更大范围内的社会、经济和政治因素。

虽然他的很多合作伙伴都得益于他的这种宏观思维，但大家也为此头疼不已，因为索罗斯不仅思考一些大问题，还喜欢用一些复杂的字眼，办公室的其他人有时候需要查字典才能弄明白这些字眼究竟是什么意思。

索罗斯很早就指出，人要具有国际视野，不能目光狭隘、局限一隅，你必须知道此地的一个事件是如何影响到其他地方的。套用一句老话就是：当其他人只看到一棵树的时候，他看到了整片森林。

善于交际：与金融界的领导者为伍

索罗斯能够"在金融之外，决胜金融"的第二个才能，可以总结为三个字：善交际。索罗斯最突出的一个特质，也是最能解释他投资才能的特质，就是他能与国际金融界的领导者们为伍。这类人不超过 2000 个，分散在世界各地。

"谈笑有鸿儒，往来无白丁"，说的就是索罗斯的朋友圈。他能在灿若繁星的众多朋友中找到合适的人，向他们了解世界各地的宏观经济发展趋势。

他曾经在一天里，和一国首脑共进早餐，然后和另一国首脑共进晚餐。当然，这些领导人不会在席间透露哪一天会贬值自己的货币，或者提高利率，尤其是不会对索罗斯透露。但索罗斯有个本领，能在近距离接触这些领导人的时候，感觉到别人不知道的事情，他能把谈话内容储存在自己的记忆库里，以备他用。

有不少人都认为，作为一名投资者，和政要们周旋是不得已而为之，投资人的正道是待在交易室里做分析，或者把全天的时间都用在和经纪人谈话上。可索罗斯不这样想。他明白待在交易室里的必要，但是他也看到了离开办公室的价值：不仅是与关键决策者吃饭，还可以留给自己思考的时间。

当然，不要说普通投资者了，就是大基金的经理，要请一个内阁总理来参加基金会的会议，那也几乎是难于上青天了。但索罗斯的这一才能并不仅仅是因为他手握巨额财富，得以进入权贵的交际圈，还是因为他的善于交际尤其重要的是，他有本事从与各种高层人士的交际中获取潜藏的、刻意隐瞒的信息，从其他国际金融权威人士发表的看法和他们的言谈中，辨别出市场的趋势、行动和节奏。

1972年，索罗斯的一位熟人不经意间说到，根据商务部的一份未公开的报告，美国日益依赖于外国的能源。于是，索罗斯果断购入大量石油设备、煤矿公司的股票。一年后，阿拉伯国家实行原油禁运，他获得了非常可观的利润。

而另一方面，在私人生活中，索罗斯多年来又刻意把自己的社交圈建立在工作之外，他很少会和基金经理，还有华尔街的那些人成为私人朋友。

1993年，他创建了"开放社会研究所"。索罗斯的人生哲学就是开放的社会，自由的思想。他喜欢认识不同的人，了解不同人的生活。

每年的新年前夕，索罗斯都会在纽约的公寓举办晚会，夏天则在他位于南安普顿的别墅里搞派对。对于索罗斯来说，这样的活动甚至比商业会议更加重要。他请的大都是政治家、哲学家、作家、诗人、艺术家，还有他的网球球友。他有意地把各个不同国家的文化精英聚在一块儿，大家在一起交流。索罗斯常常觉得商业人士很乏味，而和知识分子在一起的时候，特别是当他们不是美国人的时候，他就感到格外愉快。

这样的聚会看似和挣钱没有任何关系，但实际上，对索罗斯来说这绝非单纯的娱乐休闲。这样的活动，能让他的头脑积极地转动，让他学到很多东西。

在他进入日本市场前，他找专人学日语，向日本作家请教日本文学，还读了川端康成的《雪国》等好几本日本小说。再比如他到俄罗斯投资前，他和很多人聊托尔斯泰、契诃夫；到拉美之前，他会专门去认识拉美的艺术家，和他们谈马尔克斯。

特别值得说的是，他来中国之前，特意请中国学者给他上课，学唐诗宋词，了解中国文化中的儒释道。索罗斯得出的结论是，他最喜欢王阳明，因为王阳明是行动的哲学家。

"行动的哲学家"，也许这最符合索罗斯对自己的定位。

很多人对索罗斯充满了敬畏，这是自然的，因为他利用他的智慧和分析天赋，击败了几乎所有的同行。但是也有人表示怀疑，怎么有人能够通过看看公司报告、和人谈谈话、做些猜测就可以积累这么多财富？事实上，对索罗斯来说，积累财富也不是一件容易的事，在早年更是如此。当被问及职业生涯中最让他满意的一刻时，索罗斯曾说，从来没有这样的时刻，有的只是起起伏伏。

他说过，他真心希望别人了解他成功的原因，让公众知道他是如何思考、如何工作的。人们可以相信，索罗斯不是侥幸成功的，他可以被效仿。

内心强大：战胜挫折的关键

索罗斯成功的一个关键因素是敢于止损。那么，到底该如何正确理解止损？普通投资者怎么才能做到像索罗斯那样呢？

市场的不确定性和价格的波动性决定了止损常常会是错误的。事实上，在每次交易中，很多时候是搞不清该不该止损，如果止损对了也许会窃喜；止损错了，则不仅会有资金减少的痛苦，更会有一种被愚弄的痛苦，心灵上的打击才是投资者最难以承受的痛苦。

在心理学研究领域内，一般认为，人们在面对一个挫折时，其心路历程首先是不相信、怀疑，其次是相信了而在内心不肯承认，接下来是接受现实并感到痛苦，最后才是改变自己和释怀。对于大多数人来说，接受挫折绝不是一件容易的事情，往往需要在心里挣扎许久。这是自我保护的正常反应，无可厚非。然而，索罗斯的高明就在于他超越了这种正常反应，他做到了比一般人更快地承认，更快地放下，更快地改变。

投资很多时候是心理战。我们最需要向索罗斯学习的，是练就强大的内心。

索罗斯这个人物，角色之多面，思想之复杂，并非成功、财富这样简单的维度所能定位的。在中国经济界，对其思想和观点也相当重视。亚投行行长、时任中投公司监事长的金立群，曾在 2012 年专门撰文，这样评价他：

"索罗斯的思想和观点，在很大程度上折射出现代国际金融市场上的大玩家对于资本主义和自由竞争的复杂的看法。读懂他的书，明白他的思路，对于走出国门参与全球化竞争的中国人来说，是非常重要的一课。"

一个碰巧成了投资家的哲学家

文 / 张勉

在很多人看来，索罗斯这个名字就是对冲基金的代表。但实际上，索罗斯自己可不这么看。在他还是个孩子的时候，他就声称自己像神灵。这确实很奇葩，对不对？放在普通人身上，一定会觉得这个孩子有妄想症。实际上，小时候的索罗斯是个很正常的男孩，有不少朋友，热爱运动，行为举止和同龄男孩别无二致，唯一的区别就是有着强烈的救世主幻想。

长大以后，索罗斯的梦想是成为一名哲学家，因为他认为只有哲学家才能带给世界更长久的影响。他去华尔街淘金仅仅是为了赚到足够多的学费而已，没想到最终却一发不可收拾，成了对冲基金巨头。

即便如此，索罗斯依然自诩为哲学家，而不是金融家。这倒不是说索罗斯认为金融投机不道德——他从来没有为自己的投机行为辩解过，但赚钱这个事不能带给他满足感、成就感，甚至带来的快乐都很有限。对于金钱世界，索罗斯始终像一个匆匆过客，而不是永久的居住者。

索罗斯这一生，对他影响最大的是他在伦敦政治经济学院（LSE）求学的阶段。而对他影响最大的教授，则是哲学家卡尔·波普教授。波普教授 1951 年写的《开放社会及其敌人》成了索罗斯理性生活的基础。波普把自己的智慧传给了初出茅庐的索罗斯，他鼓励这个年轻人去认真思考世界是如何运行和发展的，激发他去构架宏大的哲学方案。

很多人都会问出这样的问题："人生的意义是什么？宇宙、人类是如何运行的？我又为什么会在这里？"一般情况下，人们只会用片刻时间思考一下这些问题，然后继续生活，去关注那些更为实际的问题：谋生、养家、吃饭、穿衣，只有哲学家才会持之以恒地思考这些问题，而索罗斯就梦想能成为这样的人。

索罗斯后来经常自嘲地说，他是个"失败的哲学家"。其实，在哲学这个领域，他也是成功的，因为他从这种哲学的思辨中，创立了关于投资市场如何运转的理论。

这就是让索罗斯远远超越了普通投资家的"反身理论"。索罗斯认为，大部分人对世界的运转缺乏了解，他们错误地认为世界是理性的，而在他看来，这个世界要比人们所认为的混乱得多。具体到投资市场，他的"反身理论"认为，金融市场和投资者的关系是这样的：投资者根据掌握的资讯和对市场的了解来做出判断，而他的行为又反过来影响甚至改变了市场原来可能出现的走势，二者不断地相互影响。最终带来的结果就是：人们的认知决定了股票的价格。而由于人们认知的多变、非理性，所以市场总是在不断变动中，充满了不确定。所以，最终赚钱的方法就在于从不确定性中找到变化的拐点。

这听起来很高深，如果非要简单概括的话，那就是一句话：认识改变现实，现实又改变认识。在索罗斯看来，这适用于投资市场，也适用于这个世界。

总之，能把从金融实践中提炼的理论上升到哲学的高度，形成自己的哲学体系，这在金融史上是史无前例的。要知道，就算是格雷厄姆、巴菲特这些大牛，其思想的影响力也只是在经济界和金融界，上升成哲学体系的，仅索罗斯一人。

从哲学的角度去思考股价的波动，这让索罗斯得以站在一个更高的位置去看市场全局，也让他成了最成功的对冲基金经理。对这一点，索罗斯自己不无谦虚地说过："凡是一个学金融的人，如果能够读哲学、读文学，肯定比纯粹学金融的学者更有出息。"

1979 年，索罗斯将他的基金公司命名为"量子基金"，以纪念德国物理学家海森堡发现的量子力学中的"测不准原理"。实际上他还有私心，他是想以此来告知世人，这一理论正好和他的金融理论，也和他的哲学思想吻合：世界是难以推断的。

1987 年，他写出了那本著名的《金融炼金术》，非常晦涩难懂。他的助手詹姆斯·马克斯说，对于很多人来说，这绝对是个催眠的好东西。事实上，索罗斯写这本书的目的并不是给大家提供挣钱的方法和诀窍，他写作的目的只有一个：向读者解释，他的金融理论如何成为更大的关于世界如何运行的通论中的一部分。但这本书实在太难读了。因此，索罗斯的目的根本就没有达到，这个艰深的理论甚至吓跑了他的一批追随者。

但索罗斯并不气馁，在《金融炼金术》之后，他又写了《走在股市曲线之前》《超越指数》《金融市场新范式》等书，认真地向世人解释他的理论，关于金融的理论，还有关于知识的理论、历史的理论。

可以看得出来，他是真的希望成为一名认真的哲学家，而不是一个有钱人。在他的朋友以及合伙人看来，金钱从来都不是索罗斯前进的动力。他的挚友拜伦·韦恩曾说："如果再赚 10 亿美元，也不会让索罗斯感到多么快乐，他赚到第一个 10 亿美元时，就没有很快乐。"

索罗斯永远不满足于做一个简单的、有钱有闲的人。其实 20 世纪 90 年代的许多富豪都是这样的。他们不再渴望拥有悠闲的生活，不知疲倦地工作反倒成了象征他们身份的一个重要部分。而索罗斯又加了一条，那就是对智慧生活的追求。

索罗斯说："你每天都去上班。我只有在必要的时候才会去，但在那一天我确实做了一些事情。你每天都去上班，每天对你来说就没有不同的地方，你不会意识到，什么才是特别的一天。"

他还说过："最让我烦恼的就是越来越多的人为了成功而崇拜成功，而不去尊重所谓的内在价值——过去称为'道德'或'对真理的追求'。"

把活下去看得高于一切

中国人民大学国际货币研究所研究员　曲强

在世界金融领域，可能没有一个人像金融大鳄索罗斯这样如此饱受争议。他一生运作投机资金，在金融市场上兴风作浪、翻江倒海，刮去了许多国家的财富，长期稳坐对冲基金的头把交椅。另外，他对经济的深刻洞察和庞大的慈善事业又让他声名远扬。

索罗斯曾经是一名犹太难民的孩子，幼年时躲过了"二战"浩劫的他，有着强烈的生存本能，在投资中也把活下去看得高于一切。

索罗斯曾经在伦敦政治经济学院主修哲学，但是，他的务实主义作风让他随后开始学习和从事经济金融。他对经济学中习以为常的完美市场、自由竞争和完美信息假说有着很大的不满，更倾心于卡尔·波普的哲学思想。后者认为，"完美信息假说是不可能的，人类总是基于有限的信息做出决策"，也就是说，认知和现实之间是有矛盾的。这深刻影响了索罗斯。

基于这一思想，索罗斯提出了反身理论。他认为，市场参与者的思维和市场情形彼此无法独立，他们相互影响，投资者的认知还会随着参与程度的变化不断发生变化。也就是说，市场参与者无法掌握所有的信息，他们会基于有限的信息做出决策，而这些决策，会影响到由千千万万个市场参与者组成的市场。举个例子，如果有风声，某家银行出了问题，虽然银行本身可能并没有什么大事，但一部分人听信了这个消息，开始挤兑，这样的行为会引发更多人的挤兑，最终倒真有可能导致银行倒闭。

有了理论，索罗斯就开始应用，并最终成了这一理论最成功的执行者。最著名的，就是20世纪90年代两场由他主导的货币狙击战。1992年，索罗斯狙击英镑，令英镑疯狂贬值，直接导致英国退出欧洲汇率体系，他本人则从中获利20亿美元。

短短 6 年后，他再次出手，开始狙击过热的东南亚市场和泰铢。结果是，泰铢和泰国股市一路暴跌，他自己则大胜而归。与一国政府正面交锋，不仅需要敏锐的洞察力，还需要异于常人的勇气。如果当时各国政府成功自保，索罗斯很有可能万劫不复。这充分显示了索罗斯身上的赌徒气质。

索罗斯身上有两个特质十分出众：第一，看准了就敢重仓出击、全力豪赌。当年阻击英镑的时候，同伴德鲁肯说了一通坚定看空英镑的理由，最后说，我们就逐步做空吧。索罗斯觉得不解，这么看好，为什么要逐步做，应该全力出击。在看到一个大机会在面前，他敢于放手一搏，有很强的执行力。

第二，他勇于承认错误。当年，有朋友提示索罗斯美股有风险，但他不以为然，认定自己的判断，坚持做多美股，做空日本。结果，1987 年的美股黑色星期一让索罗斯受到重创。那一周，他的量子基金从赢利 60% 变成亏损 10%。对于任何人来说，这样的结果都足以击溃其信心。但索罗斯没有倒下，休整之后，他承认错误，迅速反手做空，那一年，基金还是实现了赢利。在发生了最坏的结果之后，依然能够平静和理性地思考。这种特质令索罗斯超越许多投资人。

索罗斯也有矛盾的一面，他很长时间以来都性格冷淡，信奉强者生存。他的所有成就，都源自他强大的内心。但另一方面，他又是伟大的慈善家。他喜欢政治，交际广泛却又性格孤僻。他的一生充满矛盾、充满个性，起于乱世而归于宁静。起于哲学，成于投资，而最后又归于哲学。所以，他的成功虽然难以复制，但其中的精髓却值得多多借鉴。

孙正义：一手烂牌也能打成首富

文 / 余驰疆

商界有这么一句话：会经营的人很多，会投资的人并不多。有一位商界投资大佬，却打破了这个规律。

1995 年，他投资雅虎，后来雅虎成为 20 世纪互联网的奇迹，门户网站的鼻祖；2000 年，他投资阿里巴巴，后来阿里巴巴在纽交所上市，他成为最大赢家；2003 年投资盛大；2007 年收购日本 vodafone；2015 年投资美国 OneWeb；2016 年收购英国 ARM，还有中国的新浪、网易、携程、滴滴，可以说，他投资了世界互联网的半壁江山……所以，有人说他不是在商量收购的谈判桌上，就是在去谈判的路上。

他就是孙正义。

要问孙正义有多厉害，我们得先看看他的朋友多厉害，比尔·盖茨、乔布斯、杨致远、马云，都是能和他把酒言欢的好兄弟。再来看看他的公司，在日本，几乎所有热门电视剧、综艺都能看到软银的广告，公司认知度长年排名日本前三。这个身材矮小、出身平凡、从小自卑的人，一步步走上了日本首富乃至全球首富的宝座。

有人如此描述孙正义：在他略显瘦弱的身躯中，蕴藏着巨大的热情和志向；在他如同连珠炮般的话语中，可以感受到一种男人的性感；他压倒一切的言行以及作为他能量源泉的决断力让所有人啧啧称赞。孙正义的出生可说手握一把烂牌，起点比很多人都低。但也正因为这样，他的成功才更有借鉴意义。魄力、理性思考、口才、人生规划，这四大法宝将孙正义送上了首富宝座。

2018 年 11 月 11 日，日本监管机构和东京证券交易所批准了日本软银集团旗下的移动电信业务分拆上市。这意味着孙正义执掌30多年的软银集团迎来了重大转型与变革。软银集团的日本电信业务实体为"软银公司"，12月19日首次公开发行，股票在东京证券交易所交易。软银集团通过此次子公司上市融资2.4万亿日元，成为日本有史以来最大规模的IPO。业务分拆后，软银集团转型成为全球最大的科技投资巨头。通过上市募资，孙正义的软银集团握有更多资金，将继续在全球科技行业大展宏图。

无可失去：做事有破釜沉舟的霸气

和许多成功的大佬一样，孙正义做事情也有破釜沉舟的霸气。他还不到17岁时，就一个人背井离乡去美国读书，连考日本名校东京大学的机会也不要了。

孙正义做事那么铤而走险，是因为他从小就觉得自己没什么可以失去的。他的祖父是从韩国到日本谋生的煤矿工，祖母是家道中落的养猪户，父亲是白手起家的商贩，一家人都是韩国国籍。孙正义读幼儿园时经常被同班同学欺负，人人都带着恶意地喊他"朝鲜人"，所以他一直都处在很压抑的状态。也正因为这样，孙正义从小就非常努力，给自己定的目标是成为日本第一的男人，他读书的时候就当学生会长，成绩也一直名列前茅，高中时得到机会到美国游学，从此改变了自己的人生方向。那一次游学回国后，孙正义意识到要想成为日本第一，就必须在比日本更好的国家学习，所以，他放弃考入东京大学的机会，一个人跑到美国读高中。

这种魄力，在以后孙正义的经商之路上也经常出现。当年孙正义刚开始进入软件销售行业，想买断日本第一的游戏公司的独家代理，对方要求付3000万日元的预付金。这时候孙正义的合伙人不干了，他觉得这件事太冒险，搞不好就破产了。他对孙正义说："你要付这钱，也可以，把我的500万日元的股份买过去，你就能自己做决定了。"

合伙人还特别不厚道，要求孙正义以原价3倍的价格，也就是1500万日元收购股份。这也就意味着，要想买到代理权，孙正义一共要付4500万日元。面对合伙人的不支持甚至为难，孙正义二话不说，拿出了自己全部积蓄，还到处借钱，买下了明显不合理的股份，也买到了游戏的代理权。别人都说他这么做太蠢了，他却说："这样的机会可不止 4500 万，而且，早早和意见不同的合伙人分开，也是好事。"

这个故事的结局是，孙正义靠着这个独家代理，两年内把游戏卖给了全日本 4600 多家电脑零售商店，在日本 IT 界打响了名气，被称为"电脑界的灰姑娘男孩"。

不走弯路：决策有靠谱的思考过程

世界上破釜沉舟的人那么多，怎么成功的人那么少？是不是只要肯冒险就能成功了？当然不是。如果我们仔细研究孙正义的故事，会发现他每个看似不靠谱的决定背后，都有十分靠谱的思考过程。在孙正义看来，人走弯路就是错的，是浪费时间和精力，而要想不走弯路，就得提前好好想清楚。比如他读大学的时候想去汉堡店打工，想从社会底层观察店铺的经营，但很快打消了这个念头，因为他觉得打工的时间效率太差了，还不如拿来投资自己。最后，孙正义决定把时间拿来搞发明，大二时就设计出了世界上第一台电子翻译机，最后卖给了夏普公司，赚到了人生中的第一桶金。

孙正义的创业过程也是很理性的。他从美国回到日本后，就有了创业的想法。他先注册了一个公司，既不生产东西也不提供服务，就是一个空壳公司。在公司里，他每天最重要的工作就是市场调查，搜集各行各业的信息，还列了一套行业选择标准，一共有 25 项。比如说，这个行业是否赚钱？是否有开展业务的价值？是否能在全世界扩展？他还给每一项要素都设定了一个指数和比例，还发明了一套公式去计算，给 40 个行业打分。每一个行业，孙正义都会搜集海量的资料，制作十年规划、损益表、资产负债表、资金流动表、人员计划以及市场拓展计划，等等，把行业分析做到了极致。

孙正义做这些调查的时候，老婆怀孕了，开销越来越大，家人都劝他好好去工作，不要再漫无目的地浪费时间了；还有一些朋友说他脑子有问题。面对这些质疑，孙正义都没有理会，最终花了一年多时间，确定了自己要进军的行业，那就是电脑软件销售。他的理由是，当时日本有数家电脑软件制作公司，还有数百家软件零售商店，可是制作公司和销售商店中间的批发商却非常不发达，而且从事批发不需要大批员工，适合青年创业。

所以说，那些看似靠运气的成功人士，其实背后都有非常缜密的前期规划；那些看起来乘风破浪的冒险家，其实心里都已经有了十分明确的航行路线。这种理性思考和调查，就是鲁莽者与成功者的差别。

口才了得：话术一套又一套

孙正义身上另一个成功者必备的要素就是口才。这个想必大家在生活中都有很多感触，无论是读书还是工作，那些口吐莲花、口才了得的人总能在群体中发光发热。逻辑好、会说话，已经成为成功者必须掌握的技能。扎克伯格等大佬在成功后都不停地锻炼自己的演讲能力，可见他们对口才的重视。

在这一方面，孙正义可以说是个天才。他在美国读书时参加加州大学伯克利分校的入学考试，对考官说："你们这卷子要是日语的话我肯定都会，所以你们得借我词典，我查词典就会耽误时间，你们就得延长我的考试时间。"最后，孙正义的要求被层层上报，一直到了州长那儿，最后还被允许了。就这样，孙正义成功延长了考试时间，最后考入名校。

有几个关于孙正义口才的故事可以作为与人交流、沟通的参考。在孙正义看来，我们说话，尤其是和大人物说话，最重要的就是不说谎、不露怯。他刚开始做软件销售时就去找日本著名的电脑商店新电机合作，见到新电机的社长时，社长问他各种专业问题和工作经验。孙正义的同伴劝孙正义要稍微伪装一下，美化一下自己，孙正义却说："大人物都是见多识广的，和这样的人沟通，说一些蹩脚的谎话一定会被识破，与其这样，倒不如坦诚相待。"孙正义对社长表示，自己很年轻，没经验，也没资本，但是有着十分详细的市场调查和饱满的工作热情。他还说："越是大的企业，越是要考虑未来的行业。"最后，他靠着真诚和激情打动了社长，促成了这段合作，打开了自己在软件销售终端的市场。

孙正义说话的第二大艺术就是台上、台下两套话。这可不是两面派，而是两套话术。这一点在他谈判时体现得十分明显。孙正义在 23 岁时创办软银，靠着软件销售挣了许多钱，用 14 年时间成功地让软银从小企业变成了上市公司。软银上市后，孙正义不断投资，雅虎、阿里巴巴等公司都是他投资的项目。同时，他也开始收购公司，以扩展自己的商业版图，主要是出版社和策展公司，目的是辅助自己的软件销售产业。比如 1996 年，孙正义要收购世界上最大的计算机展览公司 COMDEX 时，就采用了两种不同的话术。谈判时，他把对方的资料、数据分析得一丝不苟，完全用理性来进行讨价还价；但谈判休息时，他把 COMDEX 创始人叫出来，开始跟对方谈理想，谈收购后的计划与未来，并且表示自己只要一口价，要么接受，要么拒绝，接下来的谈判也不会讨价还价。最后下半场谈判开始，对方就完全被孙正义给牵制了，开出了 8 亿美元的价格，刚好符合孙正义的预期，收购顺利完成。

和大人物讲话时不卑不亢，和谈判对象沟通时软硬兼施，孙正义的说话艺术因此成为日本许多企业家模仿的标本。除此之外，孙正义还是个特别幽默的人，曾经有人问他怎么发际线越来越靠后了。他回答："不是我的发际线越来越靠后，而是我的人生越来越向前了。"也正是这种幽默，让孙正义在 IT 圈收获了许多朋友，也因此得到了很多机会，比如当年收购 COMDEX 就是听取了比尔·盖茨的意见。

设定目标：人生有一个五十年规划

孙正义最重要的成功法宝是人生规划。他的时间管理和扎克伯格那种一年一个小目标不太像，走的是宏大路线。19 岁时，他就给自己设定了"人生 50 年计划"，具体内容如下：20 多岁时开始在业界闯出名声，30 多岁时实现 1000 亿日元的资产规模，40 多岁时在 1 万亿、2 万亿规模上决胜负，50 多岁时完成自己的事业，60 多岁时将接力棒交给下一代人。

有了这个时间表，孙正义就一直提醒自己要不断突破，并且敢于在最后时刻冒险。他在 49 岁时遇到了一次机会，用 2 万亿日元收购沃达丰电信，当时，他就是想到了自己的 50 年计划，要在 50 岁之前完成 2 万亿的宏大目标，这才一鼓作气收购了沃达丰，创造了事业的新高度。

对于自己的人生计划，孙正义有个看法：真正成功的人都不会根据自己的实力安排计划，而是会让梦想推动行为，设定一个非常大的愿景，再决定用多少时间来实现这个愿景，接下来，再倒数回来，将自己的目标一步步具体化。像孙正义，他首先给自己设定了做日本第一的目标，再倒推回来选择行业，从软件销售做起，接着上市、收购、投资，一步步成为日本首富。他是真正印证了那句话：梦想有多大，舞台就有多大。

孙正义不仅有大的人生规划，还有非常严格的具体时间管理。他把 1 年划成 14 份，而非 12 个月。这样一来，他的"一个月"其实只有 26 天，每个月都可以多出 4 到 5 天的时间来确保完成计划。在心理上把目标和计划赶在前面完成，提高单位时间的效率，一年多出两个月。月计划和周计划也是同样道理。例如一周分为 9 份，那么孙正义的每天是 18.6 小时，一周多出两天。所以，他永远把工作做在前面，既保证了自己的效率，也能更从容地面对。

长期预测：看准长久的趋势

孙正义这个人是风险型投资者。他有一句名言："越是犹豫不决的时候，越要向前看。"在孙正义看来，预测两三年后的短期前景不确定性大，风险也更大，很多看似赚钱妥妥的项目其实都是纸老虎。那些二三十年后的未来反而更容易预测，更不容易出错。所以孙正义给投资者的第一个建议就是，学会去做中长期的投资。

比如孙正义投资雅虎，就是根据中长期预测进行的。孙正义收购 COMDEX，就是因为他分析了 90 年代的新兴市场，发现互联网会成为 21 世纪的最大赢家。他收购 COMDEX，就是为了搜罗更多的互联网信息，整合资源。他还为此收购了一家互联网杂志社，因为他看到比尔·盖茨定期翻阅这本杂志，认为这杂志中会有大量互联网明星企业的信息。

正是在和这本杂志的总经理聊天的过程中，孙正义听说了雅虎这个公司。1995年的一个晚上，在了解了雅虎的公司形态后，孙正义来到了位于硅谷的雅虎所在地，雅虎创始人杨致远和大卫·费罗都很重视和他的会面，还难得地穿上了西装。那个时候，杨致远和费罗都才27岁，半年前还是斯坦福大学的研究生，雅虎也才五六个员工。本来杨致远想请孙正义去法国餐厅一边吃一边聊，但孙正义说点个比萨就行，他想在最日常的氛围里观察创业者。

孙正义主要问了三个问题：你们对于互联网怎么看？你们的竞争对手是谁？你们10年后的愿景是什么？这三个问题是孙正义进行投资的黄金问题，而杨致远也回答得十分到位。最后，孙正义选择出资，并借钱给雅虎，让其进入日本市场。同时，孙正义还提出让软银的工作人员到美国雅虎学习，今后日本雅虎的开发也由软银负责。孙正义既投了钱又学了技术，一箭双雕。

就这样，1996年，孙正义出资100亿日元投资雅虎，获得了35%的股权，又花了两个月成立日本雅虎，成功进军互联网。后来我们都知道，雅虎成为世界第一的互联网公司，孙正义个人财产一度超越比尔·盖茨，排名世界第一。而在雅虎逐渐没落后，日本雅虎依然紧紧守住了本土老大的地位，孙正义的远见和经营能力令人佩服。

从孙正义投资雅虎的故事可以看到，投资者最重要的就是获取信息。在孙正义通过买软件获得财富后，他最先进军的就是出版界，虽然没有赚到什么钱，但他获得了许多前沿信息，为他的投资提供了出口。另外，他在投资时不仅考虑到金钱收益，还考虑到知识收益；不仅从创业者身上分红，还在创业者身上学习技能。这也是孙正义作为投资者别具一格的地方。

孙正义另一个成功投资案例就是阿里巴巴。可以说，在众多日本企业家中，孙正义是最早把目光投向中国的一批，1995年，他就投资了 Unitech Telecom 公司，正式进入中国的通信网络领域。当时日本许多企业家都带着"日本是世界第二经济大国"的自豪感，所以进入中国市场时在沟通、本土化上遇到了不少障碍。但是孙正义一开始就放低了自己的姿态，在中国市场投资全部亲力亲为，他对身边人说：
"如果没有中国市场，就永远做不了世界第一。"他让软银中国区的负责人挑选 IT
相关企业经营者，还要亲自和他们见面。光是这样的会面就有几百次，马云就是这
几百次里的一个。

　　孙正义第一次见到马云是在北京，他听马云陈述商业理念还没过半就决定投资
了。孙正义一旦投钱，就会对这个项目负责上心。很多人以为孙正义投资阿里巴巴
后就任由马云操作了，其实不然。在投资阿里后，孙正义给马云提供了不少意见和
规划，甚至还威胁过马云。比如在 2003 年，已经在 B2B 上取得成功的马云去东京
见孙正义，孙正义要求他往 C2C 发展。孙正义认为，一个电商企业，如果不能做到
与消费者之间的业务，那就不是巨大的成功。他甚至给了马云一个无比诱人的条件：
软银可以百分之百出资，赚钱了五五分成，赔钱了软银独自承担。他看马云还有犹
豫，就直接威胁投给其他人，最后逼着马云签署了备忘录。不久，马云设立了淘宝。
如今，阿里巴巴是孙正义回报率最高的投资。所以，对孙正义来说，每一项投资都
不是一次性买卖，而是需要长期关注的事业。

　　如今，孙正义高度关注科技行业。他认为，科技行业正处于另一个剧变和变革
时期，那些在自动化和人工智能等新技术领域进行重大投资的人将获得最大回报。
2016 年，软银成立"软银愿景基金"，目标是未来 10 年内创立全球最大的科技投
资机构之一。2017 年，软银与沙特联手完成了第一期 930 亿美元基金募集，使软银
愿景基金成为史上最大股权投资基金。这个基金的投资更关注未来成长迅速的初创
企业，覆盖了共享、无人驾驶、虚拟现实、癌症检测和基因诊断、人工智能机器人、
室内种植、物联网等多个热门的前沿科技领域。孙正义说，他的目标是"打造在各
个领域里拥有强大经营模式和技术的企业群"。

　　那么，如果投资失败怎么办？孙正义也给出了答案。他的投资里也不乏反面教
材，朝日电视台、金士顿、纳斯达克日本、青空银行，都是赔钱的投资。面对这些投资，
孙正义只有一条法则：走为上策。孙正义熟读《孙子兵法》，对撤退战有自己的见
地。他常说撤退时会被民众看不起，会被媒体看不起，甚至会被骂成窝囊废，但是
蜥蜴被切掉 30% 还能活，切掉 40% 就会死掉，如果经营者为了所谓的名声和理想，
错过了早早止损的时机，那么后果就是致命的。

强化责任：高效的员工管理

孙正义有高明的投资法，也有高明的管理法。

软银的员工管理非常高效，它在扩张过程中碰到的问题也是现在很多中小企业成长会碰到的，所以他的改革故事能带给人不少启发。

故事得从 1982 年的春天说起，也就是软银公司成立的第二年。那一年，软银给员工安排了体检，孙正义也参加了。没想到的是，体检结果显示他患上了慢性肝炎，再不治疗就会演化成肝硬化。孙正义瞒着员工一边工作一边治疗，但效果一般，最后他只能请来两位值得信任的业界经理人代管公司，自己住进了医院。

孙正义住了一年院，但也没闲着，大部分时间都拿来研究公司的财务报表。他认为，一个企业家必须对公司的财务报表彻底分析，才能总结过去，预想未来。在医院，他制订了一系列公司的改革计划，准备等身体彻底康复就实施。

公司为什么要改革呢？因为孙正义发现，随着公司的扩张，员工的积极性出现了懈怠。他刚创业时，员工经常加班，在公司过夜也是常有的事情。所有人都将公司的事业作为唯一的追求，大家都在拼命地工作。可是如今，公司新进了大量员工，虽然人数变多了，但每一个人的工作量变少了，大家也没有了拼死拼活的劲头。而且，员工总觉得在软银工作过就像是镀了层金，后路非常多，不少业务稍微熟练一点的员工很快就被挖走了。到最后，软银的批发部门竟然出现了生产力下降甚至亏损的情况。

所以，出院后不久，孙正义就开始了自己的改革计划。他把员工经手的每一个商品都进行了仔细检查，看哪一个是赢利的，哪一个是亏损的。他认为，对于软件流通批发行业，每一天都是决定胜负的关键，如果采用传统的按月计算工作量，根本没有用，只有每天做一次决算，才会产生效果。于是，孙正义舍弃了当时所有企业都采用的月度决算制度，独自开创了每日决算的制度。他还费尽心思打造了一款每日决算软件，让员工将每日的销售额及其他数据输入电脑，电脑会自动对数据进行图形化分析，然后将分析结果通过网络呈现给每一个员工，公司的业绩、盈亏和员工的表现，会以每天一次的频率出现在公司的内部网络里，每一个人都能看见。这样的做法避免了员工在工作上相互推诿，同时让每一个员工对公司的发展产生责任感。每日决算更是加强了员工工作的节奏和积极性。

同时，孙正义还有许多在当时开创性的激励机制，比如首次在日本引进持股激励机制，还有与销售额挂钩的绩效机制。这些在今天看来司空见惯的制度，在当时的日本可都是第一例。

关于激励机制，孙正义还有一句名言，也算得上是管理金句，他说："对待员工，我们必须将三件事明确化，首先是利益目标，其次是利益结果，最后才是通过激励机制的利益分配。"在孙正义看来，团结员工的最有效方式就是利益，所以公司必须公开信息，让员工知道公司的盈利情况和自己的利益获得情况，这样不仅能增强员工的积极性，还能强化他们的忠诚度。

通过孙正义这样的改革，软银公司内部的工作氛围焕然一新，一个常务董事因为工作出色还获得了 1.5 亿日元的奖金，更是激发了大家的工作热情。而孙正义的管理改革法，也成了日本商界的一大美谈。

乐善好施：以社会责任感赢得尊重

孙正义作为商人在日本甚至全世界获得那么多尊重，原因不是大家常说的聪明、励志、激情，而是他的社会责任感。平时，他做公益，乐善好施，帮助青年企业家，到了国家的关键时刻，他的行动比政府更加迅速有效。在日本福岛地震后，孙正义和团队迅速制定了社会稳定策略，他公司旗下的通信公司迅速恢复了手机网络，全国范围实行通信免费，给灾区提供了 100 亿日元的资助，承担福岛田村市所有灾民的转移费用。

这些还仅仅是孙正义在地震发生后短期内的工作，等到救灾基本稳定后，孙正义开始了更漫长的社会活动。他亲自拜访了全日本 17 个县的知事，提出成立自然能源协议会，投资建设太阳能发电站，向国民承诺建设 200 兆瓦以上的设施。当时，许多企业都对能源建设避而不谈，孙正义是为数不多站出来提出能源转型的企业家。他公开表示，自己要用行动推动政府作为。他说自己这是伸张正义。也正是孙正义在灾后及时、有效的表现，让他深受日本民众的爱戴，许多人把他称为日本商界的领袖。

现在，孙正义不仅仅是日本商界代表，更是日本社会的代表，他的商业价值、社会影响力都达到了顶峰。孙正义总结自己的人生，提出了一个孙氏法则，可以说就是他成功的秘诀。其中有这样两句。

第一句简称"一流攻守群"，这是孙正义自己总结的做人的五个要素。"一"就是做任何事都该成为第一；"流"是指不能违逆历史潮流；"攻守"是要懂得进退平衡；"群"是说绝不能靠单一的方式取得胜利，紧紧依靠一种经营模式的人是无法取得永久的繁荣的。

第二句话简称"顶情略七斗"，这是他总结自己的商业智慧。"顶"是说做生意不能从山脚开始，而应该站在山顶俯瞰全局；"情"是指要重视情报的重要性，就像他从 40 个行业里分析数据选择互联网一样；"略"是指要具有中长期的策略意识；"七"是指有七成把握的决定是最好的，如果只有五成把握就去做，那就太蠢了，如果等到有九成把握，那你马上就要错失良机了，孙正义投资阿里、雅虎，其实都是七成把握的状态；最后就是"斗"，做生意千万不要怕斗，一定要激起公司的斗志，否则很容易就失去竞争力。

孙正义的这些智慧，一部分来自他低起步的人生经历，一部分来自他看《船中八策》《孙子兵法》的收获，一部分来自他在美国读书的经历。可以说，孙正义身上体现出的，是东、西方经商理念精髓的融合。用他自己的话说，一个人只有看过世界，才能创造世界。所以，出身从来不是决定一个人成功与否的关键，眼界和高度才是最重要的因素。

日本第一智慧老爸

文 / 余驰疆

　　孙正义是在日韩国人，小时候因身份问题受尽了身边人的霸凌。有着这黑暗的童年，他是如何健康成长的呢？不得不说，他的父亲孙三宪起到了重要作用。孙正义的名字就是父亲起的，意思是"正义不可绝"。

　　孙正义的从商兴趣就来自父亲。孙家过去很穷，孙三宪为了维持生计，读完高中就出去做生意了。一开始卖鱼，后来开过咖啡馆、餐厅、游戏厅等等。孙正义的祖父是个很传统的人，总是要求孙正义规规矩矩的，这时候父亲就会站出来，鼓励孙正义去做自己喜欢的事情。父亲经常对孙正义说，人要与众不同才有价值。这句话让孙正义受益终身。

　　孙三宪在儿子的教育上是很有智慧的，他知道孙正义从小因为身份感到自卑，所以总是鼓励他："儿子，你是个天才！儿子，你是最棒的！"这些话总是出现在孙家父子的对话里。

　　但是，孙三宪的表扬是有条件的，他从来不会因为孙正义考试成绩好或者背书厉害表扬儿子，因为他觉得复制他人的成功，只能证明你也是平凡无奇的。孙三宪只有在孙正义想到一些别人没有想到的事情，或者对某一件事发表独特观点时才表扬儿子。比如儿子给新开的店起了个好名字，儿子给菜单定价提出了自己的观点，这些都会让孙三宪觉得很开心。

　　而且孙三宪不仅仅是口头表扬，他会把孙正义的想法当作重要建议看待。比如，孙家餐馆的宣传单上都是孙正义的画，虽然画得不好，但是这让孙正义感到自己被重视，就更加努力地进行创造性思考。有时候，孙三宪还会引导儿子思考，比如带儿子去看别的商店的运作，让儿子发现那家商店的宣传亮点，再让儿子说出来。每次孙正义说对了，孙三宪就会表扬他，带他去吃好吃的。

孙三宪对儿子的教育是很宽容的，总是以表扬为主。但他在一件事情上绝对不会听儿子的话，那就是改名字和加入日本国籍。小时候，孙正义在学校被欺负了，每次哭着回家，就求父亲加入日本国籍，但是每次孙三宪都会拒绝，有几次甚至还被吵烦了骂了孙正义。孙三宪之所以拒绝孙正义，是因为他觉得如果只是因为被人骂、被人欺负就改国籍，这就是一种逃避问题的做法，改了国籍后又被人骂、被人欺负怎么办？身份认同不是别人认定的，也不是政府规定的，应该是自己内心决定的。如果孙正义因为国籍问题痛苦，那证明他还不够强大，就应该让他变得强大起来。所以，后来孙正义要去美国，当时生病的父亲是第一个举手赞成的，他相信儿子在那样一个多民族的国家，能真正找到身份认同的意义。他只给孙正义提出了一个条件：必须每年回家一次，看望家人。

的确，在美国的经历让孙正义变得自信，他对自己身份的困惑也烟消云散了。后来，孙正义回日本创业，亲戚都劝他用个日本名字注册，不然一定会被日本商界排挤的。只有孙三宪支持孙正义用本名。孙三宪对儿子说："堂堂正正、不卑不亢地干活，一定会成功的。"

这句话坚定了孙正义用本名创业的决心，他对那些亲戚说："即使用本名会比一般的路艰难十倍，我也要首先维护自己做人的尊严。那些因为我的国籍、我的名字而远离我的人，今后我也一定会以他们为耻的。那些看不起我的人才是真正的可怜虫，因为他们看不到我的本质。"

孙正义经常会提到父亲对自己的影响。他说，父亲的教育，第一是以身作则。起早贪黑、踏实肯干都是他从父亲身上学来的。第二是自由发展。如果不是父亲总是让他自由地思考，总是鼓励他活出不一样的自己，他不可能成为一个敢于冒险的人。第三，当然是最重要的一点，父亲教会他感恩。要感恩家人，要感恩祖先，要活得自信。所以，孙正义常说："我之所以有勇气定下日本第一的目标，我之所以有能力打造日本第一的企业，是因为我有一个日本第一的父亲。"

在日本经济腾飞的时代，有一批企业家各具风格，而孙正义身上几乎集中了这些企业家的全部优点。比如说，孙正义除了做生意外，还喜欢看书，研究历史。他喜欢织田信长和坂本龙马，对这两人的诗词了如指掌；他还会研究中国的《孙子兵法》，他的管理学和投资学中有不少是《孙子兵法》里的哲学。而我们熟知的日本企业家松下幸之助、稻盛和夫、盛田昭夫，也都是《孙子兵法》的粉丝。可见，日本企业家的第一个特点，就是对东方哲学的深入研究，他们喜欢将传统哲学运用在现代商业里，最终成功地从西方统治的世界经济格局中脱颖而出。

日本企业家的另一个特点就是"抱团"。如果大家研究日本企业家之间的故事，会发现他们永远是交流大于竞争，协助大于使绊子。比如松下幸之助是孙正义的偶像，柳井正多次给孙正义当收购案军师，夏普专务董事佐佐木更是在孙正义住院期间给软银提供了许多帮助。日本企业家的这种抱团的特点，被称为护送船队式发展，其实就是"二战"后政府通过各种措施让所有企业不掉队，从而形成的互帮互助的特点。当然，这种特点在今天的日本也已经渐渐消失了，但不得不承认，企业家抱团给日本企业的整体崛起带来了巨大能量。

日本企业家还有一个特点就是节省，从他们开的车就能知道。孙正义、丰田章男开的都是雷克萨斯，柳井正则是没有一辆车，平时就开公司的一辆50万人民币的丰田车。你看平时孙正义投资几千万几个亿眼睛也不眨一下，买衣服却从来不肯多花钱。他去见杨致远、马云，穿的都是最简单的 T 恤，一两百块人民币而已。

在这些日本企业家看来，铺张浪费、搞形式主义是黑社会和暴发户的做法，真正的企业家就应该专注在提高生产力和创造力上。生活中的极简就是他们的至高追求。这的确是日本企业家成功的一大关键，也是值得中国企业家好好学习的品质。

有梦想的另类企业家

亚洲通讯社社长　徐静波

孙正义在日本，绝对是属于另类。

在保守的日本经济界与财界，孙正义不属于纯正的日本人，他的爷爷是在 1947 年乘坐一条破旧的小船从韩国漂洋过海来到日本的，孙正义属于在日韩国人第三代。因此，日本人从心底里，对他有些另眼相待。

孙正义的另类，不只是血统问题，还在于他的事业，他总能比别人先看到远方。孙正义创办的软银集团，它的市值已经超过了日本有几百年历史的老牌财阀集团。但是，在日本经济团体联合会开会时，孙正义往往找不到自己的位子，因为在这些老牌企业家眼里，软银集团还只是小学一年级。

孙正义被人视为另类，还在于他连续 7 年蝉联"日本首富"的荣誉，但是，他从来不张扬，除了公司的年度决算报告大会和新手机的开售仪式，平时就根本见不到孙正义的影子，不知道他在忙什么，情人节跟谁约会。

但是，孙正义一生做过一件令他颇感自豪的事。当年他申请加入日本国籍时，法务省以日本人姓氏中没有"孙"这一个姓为理由，坚持要求他改姓。孙正义说了一句很响亮的话："你不让我保持'孙'姓，我情愿不加入日本籍。"最后，日本法务省屈服，同意他保留原有的姓名加入日本国籍。

孙正义出生于 1957 年，作为生活在日本社会底层的韩国人，他从小有一种不屈不挠的精神。他最崇拜的历史人物有两个，一个是明治维新时期的革命家坂本龙马，还有一个就是孙中山。读高中的时候，孙正义就想着去美国留学。去美国之前，他读到了一本书，叫《犹太人的生意经》，作者是当时日本最走红的一位企业家，名叫"藤田田"。藤田田创办了遍布日本各地的美式快餐店——麦当劳。孙正义于是跑到藤田先生办公室求见。孙正义只问藤田先生一个问题："我去美国留学，学什么好？"藤田先生告诉他两个字："电脑。"

就因为这么一句话，孙正义的一生与电脑纠缠在了一起。

1980年，23岁的孙正义回到日本，创办了一家卖电脑软件的公司。公司刚成立时，只有两名员工，屋里有一个装苹果的塑料箱子，孙正义就是站在这个箱子上，饱含激情地对他的两个员工发表演讲："公司营业额5年要达到100亿日元，10年要达到500亿日元。"那两个员工以为看到了一个疯子，第二天，一个都没来上班，全吓跑了！

30年后，卖电脑软件的小公司已经发展成为日本最大的IT投资公司、第二大移动通信公司，拥有日本最大的门户网站"雅虎"，是阿里巴巴最大的股东，孙正义因此成了日本首富，个人资产达到了180亿美元。

孙正义说过一句话："因为你有梦想，你才会成功！"这句话对于我们所有投身于创业的年轻人来说，是最简单、但又最励志的一句话。

20 ADVANCED
COURSES
OF BUSINESS
THINKING

稻盛和夫

稻盛和夫：敬天爱人，大道至简

文 / 刘心印

    稻盛和夫，在亚洲乃至全球企业界都是神一般的存在，他创办了京瓷和 KDDI 两家世界五百强公司；78 岁的时候，应邀出山挽救破产重建的日本航空，仅用一年时间就使其扭亏为盈，并创下日航历史上的最高利润。他似乎有点石成金的本事。

    稻盛和夫从来不隐瞒自己的成功秘诀，总是愿意将其毕生智慧和经验对他人倾囊相授。他没有难懂的商业理论，说的都是最朴素的人生道理。他说，要成就事业，根源就在于每天默默无闻地努力工作。就是这种持续不断的、真正的拼命努力才能带来成功。说到底，所有的一切都归结于这一点。不管是从父母那里继承的事业，还是自己创办的事业，发展不顺利的原因就是当事人没有在自己的工作中付出不亚于任何人的努力。

    借用金庸武侠小说中的说法是，通常的成功学教的是武功招式，而稻盛和夫教的是内功心法。没有强大浑厚的内功根底，仅学招式是成不了一代宗师的，要么是仅会点花架子，不能实战，要么是走火入魔，终酿大祸。

    稻盛和夫非常重视道德的力量，用人时一看道德，二看勇气，三看才能。2005 年，稻盛和夫出版《活法》一书，总结了许多他的人生和经营智慧。他说："有才无德就难免误入歧途，世上这样的人为数不少，我所在的实业界也一样，有些人唯利是图，一切以自我为中心，结果干起了违法舞弊的勾当。有才能的人干坏事，这是为什么？有道是'才子为才所累'。有才智的人很容易迷信自己的才智而走错方向，他们可以发挥自己的才干而取得一时的成功，但只靠才干必然走向失败。"

稳定持续的成功依靠什么呢？稻盛和夫说："我的才能或许有限，但我拥有虽然单纯却非常有利的指针，那就是追求做人的正确的准则。作为人，是正确还是错误，是符合还是违反基本的伦理道德，我把这一条当作人生最重要的规范铭记在心，毕生坚守不渝。"

起点太低：改变自己的心态

年轻时候的稻盛和夫一点也没有展现出会成为商业奇才的迹象。他几乎干什么都不顺畅，希望屡屡落空，甚至也有过怨天尤人的时候，觉得：怎么就我这么倒霉呢？他先是在初中升学考试中失败，接着染上了肺结核。当时，肺结核是不治之症，他的两位叔叔、一位婶婶都因患肺结核去世，他和家人被称为"肺结核家属"。

不幸的是，稻盛和夫也感染了肺结核，小小年纪就要经历死亡的恐惧。好在肺结核终于治愈了，可考大学再次失利，他没有考上第一志愿，只上了一所地方大学。虽然大学期间成绩优异，但毕业的时候，恰逢经济大萧条，稻盛和夫长时间找不到工作。就连买彩票，都是前后号码都中奖，只有他的不中。稻盛和夫觉得自己似乎被命运捉弄了，一度想干脆加入黑社会，并且还真的去一个黑社会组织门口考察过。

最终，在一位大学教授的帮助下，稻盛和夫总算进了京都一家生产绝缘瓷瓶的工厂。进去以后才知道，这家企业非常破旧而且面临倒闭，工资迟发是常有的事，管理层还内斗不断。刚入职的一天傍晚，稻盛和夫去附近的一家副食店买菜，和老板聊了一会儿。老板说："在那样的公司，连媳妇都娶不着哟。"说得他心灰意冷。

过了半年，同期进厂的其他4名大学生都相继跳槽，稻盛和夫也想走，但没有走成。在不得不孤军奋战的情况下，他选择改变自己的心态，而这也使他迎来了人生的转机，开始了良性循环。稻盛和夫把被褥、锅、炭炉都搬进了研究室，从早到晚埋头于实验研究之中。意想不到的是，竟然获得了骄人的实验成果。于是，稻盛和夫更加努力，取得的成果也多了起来。最终，他带领团队离开公司，创办了自己的企业，也就是后来誉满天下的京瓷。

稻盛和夫的人生起点很低，但他没有怨天尤人。晚年，他讲过日本农政家二宫尊德的故事。尊德幼年就失去双亲，由叔父抚养。他晚上点油灯读书，被叔父斥责："农民要读什么书！学了也没用，还浪费油。"尊德就在村里公用的沼泽地里种菜，将收获的菜籽交给油坊换灯油。但还是遭到叔父斥责。尊德还是认为叔父讲得有理，连灯油也不用了，利用白天走路的时间看书。尊德发誓按照天道和道德来生活，稻盛和夫说其精髓就是诚实、拼命努力地工作，这种姿态可以感动天地。其实，稻盛和夫本人也是在实践这一道路。

面对绝望：极致渴望获得成功

稻盛和夫曾反复强调"心不想，事不成"以及"心不唤物，物不至"。听起来有点唯心，其实也是唯物的，极致的渴望才会带来极致的努力，才会最终走向成功。稻盛和夫常说，工作现场有神灵。比如，有时为攻克难关，千方百计反复试验仍不得要领，不断碰壁，山穷水尽。然而，当认为要绝望时，事情才刚刚开始。暂且让头脑冷一冷，再次回到现场，重新观察周围的情况。

拿制造现场来说，就要对产品、机械、材料、工具，以及各道工序，所有要素重新过滤，事无巨细，用真挚的、谦虚的目光一一审视。新型陶瓷产品的制作过程，是将粉末状态的金属氧化物加压成型，然后放进高温炉里烧制。虽然与一般陶瓷器相同，但因为是供电子工业所用，精度要求极高，不允许尺寸有些许偏差，也不允许变形或颜色不匀。

稻盛和夫刚刚创业时，曾在试做一个产品的过程中陷入困境。每当放在实验炉中烧制时，产品不是这边翘就是那边曲，好像烤鱿鱼一样，样子十分难看。经过反复试验观察，弄清了翘曲的原因。因为用压机加压时压力的差异，使产品上面和下面粉末的密度不同，这样烧制时产品就产生了翘曲。虽然搞清了这个机理，却解决不了问题，因为要做到上下粉末密度一致，极为困难。

多次改进，多次试验，仍然不行。产品究竟是如何翘曲的？稻盛和夫决定亲眼见证它的变化过程。他打开炉上的窥视孔仔细观察。反复观察了几次，产品都随着温度的升高卷曲起来，稻盛和夫忍不住在心中呼喊：拜托了，不翘起来行吗？

看着看着，稻盛和夫突然产生一种冲动，想把手伸进去，将产品用力压住，不让它弯曲。炉内是1000多摄氏度的高温，手当然伸不进去。但这个情急之下的反应，给了稻盛和夫灵感。他想到只要在产品上面用耐高温的重物压住，就能烧制出完全平整的合格品。

这件事被稻盛和夫总结为：答案永远在现场。他常对后辈说，一定要有超越常人的热情和解决问题的期待，要努力到神灵出手相助的地步，然后才能够"物应心愿"。

遭遇障碍：竭尽全力思考

京瓷集团生产一种感光硒鼓，这种硒鼓的技术难度非常大，在三年研发中，他们只成功了一次，无法批量生产。当时全世界的厂商都在做这项技术攻关，无一成功，稻盛和夫也一度想过放弃。

但不死心的稻盛和夫还是想再试一试。他给相关研究人员打气，要求他们无论何时，无论看到什么现象，都要认真观察，不放过任何细节。但是，某天晚上，当稻盛和夫来到现场，发现本应仔细观察的研究员却在打瞌睡。他听到的不是产品的声响，而是研究员的呼噜声。稻盛和夫立刻撤下了这名研究员，并且重组了整个研究班子，撤换了项目负责人，用了多名新人。从常识上讲，这样做风险很大，几乎是从头开始了。但结果却一举奏效，一年后批量生产获得成功。

稻盛和夫认为成败的关键在于是否对自己的工作有深切的期盼和一丝不苟观察现场的热情。他强调要"有意注意"，就是说，抱着明确的目的，认真地将意识和精神集中到对象身上。与之相反，听到声音，条件反射地转过头去，这是无意识的本能反应，叫作"无意注意"。

日本哲学家中村天风先生十分强调"有意注意"的重要性，他甚至说："人生如果不有意注意就没有价值。"这和苏格拉底的名言"未经审视的人生是不值得过的"异曲同工。稻盛和夫年轻的时候，因为繁忙，有时会站在走廊里和部下交谈。后来他发现，那种情况下的对答，后来往往成了问题，部下说某件事情确实和他讲过，而他却没有听到。经过几次这样的事情后，稻盛和夫一概取消了在走廊里听取部下报告的谈话方式。

有话要说，有事要谈，可以在房间里或者办公室一角进行，总之要在注意力能够集中的地方。做某件事时随意听取部下的报告，这类轻率的行为，被稻盛和夫严格禁止了。他说，所谓集中力，来自思考的强度、深度、大小程度。要想做成一件事，强烈的愿望、认真的思考是起点。这种愿望、思考强度及实现过程中的认真程度是一切成败的分水岭。

稻盛和夫观察过京都的很多企业，得出的结论是，只要足够认真，外行也可以把事情做好。比如半导体生产企业罗姆公司，社长在大学时就开始思考如何将碳膜电阻这一复杂的电子零部件进行量产简单化处理，并取得了相关的专利。毕业后，他靠这个专利创建了罗姆公司。村田制作所的社长原本从事的是用清水烧方式制作茶碗，后来真空管开始兴起，他受邀制作精密陶瓷电容，这就是村田制作所的起步。当时的社长们都是没有经验的外行，也没有先进的技术和丰富的专业技能，都是无经验、无技术、只有单一产品的公司，但靠着拼命努力，终于取得了成功。

成功之道：乐观地构想，悲观地计划

稻盛和夫有一个鲜明的特点，就是志存高远，他也鼓励同事和后辈尽可能把目标定得大一些、难一些。1959 年，稻盛和夫和 8 名同事一起辞职创业，当时他 27 岁，其余同事也都是 21 到 25 岁的年轻人，血气方刚。大家发誓，就算公司不能顺利运行，最终大家都失业了，也要支持稻盛和夫的技术开发。稻盛和夫也发誓，如果真有那么一天，他会立刻递交辞呈。说到激动处，稻盛和夫建议："为了不忘记今日的激动，我们一起按血手印起誓吧！"其他几个年轻人立即表示赞成，于是由其中一人写好了誓词："我们团结一致，成就一番利国利民的事业，在此以血印为证。"稻盛和夫带头签字，割破小手指按了血印。

每个人创业的理由和目标各不相同，而这些年轻人从一开始就把利国利民作为目标，也确实令人感动和钦佩。他们为公司起名"京都陶瓷"，在公司成立当晚举行的庆祝会上，稻盛和夫说："虽然现在我们是租了一个仓库进行创业，但不久我们一定会成为原町第一；成了原町第一，我们就会瞄准西京第一；接下来是京都第一、日本第一；成了日本第一，我们一定要做世界第一。"这家仅有28名员工的小公司，妄言要做世界第一，在当时看来，简直像痴人说梦。

在稻盛和夫上班的路上，有一家生产修理汽车用的扳手等工具的公司。当时汽车产业方兴未艾，这家企业也呈现出一派繁荣景象。早出晚归的稻盛和夫，常常能听到铁锤的声音，看到火花四溅和工人们忙碌的身影。稻盛和夫暗自觉得，仅仅超过这个邻居就不容易，何况京都还有许多了不起的大企业。但他还是一直在说："早晚我要成为世界第一。"起初，大家都当成耳边风，暗自嘀咕："他又开始了。"听了几十、上百次后，渐渐地，大家有点儿相信他了。

稻盛和夫说，要向史无前例的、谁也没有涉足过的事业发起挑战，不可避免地会遭到周围人的反对。但是如果在自己的心中具备"能够成功"的坚定信念，而且能够描绘实现理想时的景象，那么就应该大胆地将你的构想展开。

构想这东西不妨大胆得过点头，基于这样的乐观论，展开想象，将周围的乐观派集中起来，他们会让你的主意、点子产生飞跃。同时远离那些会给你泼冷水的人。

每当要开展新的、难度大的工作时，稻盛和夫总是不找那些头脑聪明却将聪明的头脑用于悲观分析的人商量，而是找一些理性不足、感性有余的人，因为他们总是对他的提案感兴趣。但是将构想转到具体计划时，情况就完全不同了。这时应该基于"悲观论"，设想各种可能出现的风险，进行仔细、慎重的分析，制订周密的计划。

然而，到了计划付诸实行的阶段，就要再次强调乐观论，坚定地采取行动。就是说：乐观构想、悲观计划、乐观实行，这是成就事业，变理想为现实必须具备的态度。

团结员工：以实现全体员工幸福为目标

1961 年，也就是稻盛和夫创业第三年的一天，入职一年的 11 名高中学历的员工，突然来找他提交了一份请愿书，内容是希望公司保证将来定期加薪和发奖金。带头的员工还说："如果不批准，我们就集体辞职。"

同样年轻气盛的稻盛和夫没有选择硬碰硬，而是沉下心来倾听他们的心声，因为大学刚毕业的时候，他也有过辞职的想法。因为公司不大，事实上，稻盛和夫知道这些人平常工作都很努力，加班到深夜是常有的事。尤其是为了让初中毕业的员工能按时下班去上高中夜校，这些高中毕业的员工承担了更多的工作。有时候，即使是星期天也得开工，不满的情绪就这样日积月累下来。

但是，刚刚创建的公司没有能力对他们的未来做出保障，可无论稻盛和夫怎么劝说，他们仍不退让，坚持说："如果不定好每年涨百分之几的工资和发几个月的奖金，我们就辞职。"后来，稻盛和夫听说，为了避免出现叛徒，他们连血手印都按了。在公司没有谈出进展，稻盛和夫就把他们带回了自己租的房子。稻盛和夫说："同意明年提个百分之几的薪金是很简单的事，但是如果没有实现，那我就成了骗子。我从不说不靠谱的话，你们不相信我说的也没办法。但是，你们既然连辞职的勇气都有，还怕被骗吗？"

在稻盛和夫的家里，他们谈了三天，终于一个一个被他说服了，最后只剩下一个人。那名员工说："这是男人的骨气。"仍然不肯退步。而同样血气方刚的稻盛和夫说："如果我背叛你，你可以杀了我。"最终，这名员工握着稻盛和夫的手哭了起来。

这次经历，让稻盛和夫思考了很多。他意识到，即便是一家小公司，也担负着员工和他们家人的期待，影响着他们的命运。最后，他提出了这样的经营理念："追求全体员工物质和精神两方面的幸福。"京瓷，从以实现稻盛和夫个人理想为目标的公司，转变为以实现全体员工幸福为目标的公司。

稻盛和夫善待员工的例子不胜枚举。他看到日本地价上涨，怕员工老了以后买不起墓地，就买了块地盖员工墓地，所有员工去世后都可以免费葬在这儿。他写了如下的墓志铭："吾辈自创业以来，为追求全体同人物、心两面之幸福，不安于小善，更践行大善，为此，日日刻苦奋斗。如此，吾辈之灵魂一点一点净化升华。生时积善，净化心灵，踏彼岸之地亦能得福，此吾志也！今值创业 20 周年之际，为供奉已去或将去幽冥境之同人之灵，在此圆福寺内清净之地建此同人之墓地。愿同人们灵魂皆悉成佛，于彼岸亦能幸福。亦望时而在此集合，如同生时，议论风发、交杯欢饮。"

1973 年，第一次石油危机发生，京瓷订单减少到原来的 1/10，稻盛和夫坚持不裁员。他说："如果能利用到员工的时候就把他们找来用，当他们没有利用价值的时候，就把他们赶到街上去，这是我们应该做的事吗？"他让 1/10 的人工作，其余的人打扫厂房、学习哲学。危机度过后，稻盛和夫给员工发奖金、加薪。京瓷公司的股价飙升，很快成为日本股价最高的企业。稻盛和夫说："我想这就是我们与员工齐心协力，共同克服萧条的结果。"

一无所有：用毫无私心打败对手

20 世纪 80 年代中期之前，日本的国有企业日本电信电话公社（以下简称电电公社）垄断了整个通信领域。为了引进"健全的市场竞争"，降低比国外高得离谱的通信费用，日本政府决定实行通信自由化，将电电公社民营化，变为 NTT。同时，允许新企业加入通信领域。这就相当于，现在咱们国家宣布在联通、移动、电信之外，开放私人企业加入竞争，竞争必然会导致资费下降。然而，要与曾经垄断通信事业的巨人 NTT 一决胜负，风险太大，当时日本没有一家企业敢于挺身而出。这样的话，名义上官办企业变民办，但公正的竞争仍然无从谈起，国民还是享受不到费用下降的好处。

"既然如此，就让我来试试吧。"稻盛和夫心里升起这一想法。但是，与 NNT 竞争是蚂蚁与巨象之战，京瓷处于绝对劣势。NNT 是一个年销售额 4 万亿日元、员工达 33 万的超大型企业，其通信基础设施遍布全日本。相比之下，京瓷虽然发展迅猛，但销售额只有 2200 亿日元，员工不到 11000 人，二者有着天壤之别。

而且行业不同，通信对于稻盛和夫而言完全是未知的领域。然而，一味地袖手旁观，竞争无法展开，国民降低费用的要求无从实现。这种情况下，明知自己是堂吉诃德，稻盛和夫还是决定试试身手。

虽然有了这个念头，但稻盛和夫并没有立即报名参与。因为他需要过了自己这一关，那就是反复拷问自己：在我的参与动机里有没有夹杂私心？为此，每晚临睡前，哪怕是喝了酒，稻盛和夫都要自问自答："你参与通信事业，真的是为了国民利益吗？没有夹杂为公司、为个人的私心吗？是不是想出风头，要引人注目呢？你的动机真的纯粹吗？没有一丝杂念吗？"

反复这样地自问自答，是因为稻盛和夫要确认自己是"动机至善、私心了无"。这样经过整整半年，终于确信自己心中没有一丝一毫的杂念，他开始着手设立 DDI 公司，也就是后来的 KDDI。

1984 年 6 月，新企业揭晓，还有其他两家参与竞争。舆论认为，三家企业中，稻盛和夫的企业条件最差，因为他们缺乏通信事业的经验和技术，通信光缆、天线等基础设施必须从零开始构筑。销售代理店的网络建设也得从零开始。

然而，在一无所有的情况下，DDI 很快在三家新加入的企业中争得第一。究其原因，稻盛和夫认为是他一直在企业贯彻"为国民尽力、毫无私心"的信念。他经常激励员工，"为了国民，我们一定要把长途话费降下去""人生只有一次，我们一定要把它变得更有意义"。正是这种单纯的志向和目标激励了员工，也感染了代理商和客户。

会不会有人质疑稻盛和夫是在唱高调呢？一定会的。但稻盛和夫用行动无可辩驳地证明了自己。在 DDI 创建不久，他就给了一般员工按面额认购股权的机会。因为，稻盛和夫看到，随着 DDI 不断成长发展，股票终将上市，到时就可以用资本收益的方式回报员工们的努力。

那么，稻盛和夫自己有多少股份呢？一股也没有。他创建了第二家世界五百强企业，而自己居然一股也没有，因为稻盛和夫认为，当时他哪怕持有一股，都将无法证明自己毫无私心，当有人说他归根结底还是为了自己赚钱时，他将难以反驳，而这样，DDI 前进的轨迹也将不同。放弃所有股权，是比创建一家成功的企业更难的事。毕竟在商言商，为自己谋利也不是什么见不得人的事情。但这，大概就是普通商人和稻盛和夫之间难以逾越的差距吧。

稻盛和夫后来还做过另一个让人难以理解的决定。早在 1986 年，稻盛和夫就确信手机市场前途无量，手机的普及将给国民生活带来莫大的方便，所以决定参与这方面的事业。但因为频率的关系，除老牌企业 NTT 之外，同一地区只允许一家公司营业，但当时除了稻盛和夫的 DDI，日本高速通信也参与竞争，这样，这两家新加入的企业就要把全国的服务区域一分为二。

从效益角度考虑，大家都想争取人口稠密的首都圈，因此双方很难达成协议。稻盛和夫提出抽签决定，但遭到政府管理部门的批评，认为这么重大的事情，抽签解决太儿戏了。但是，没完没了地僵持下去，不会有任何结果。考虑到如果双方都不肯让步，事情就无法开展下去，稻盛和夫决定把首都圈和中部圈这两个最大的市场让给对手，把剩下的区域留给自己。

在 DDI 的董事会上，大家都对稻盛和夫的决定表示反对："怎么把豆沙饼的馅儿都给了别人，自己只吃皮？"稻盛和夫用"损而后得""输而后赢"这样的话，好歹说服了其他人，他说，"有皮吃就不会饿死"，并鼓励大家把豆沙饼皮变成金皮。新事业就这样在不利条件下开始了。最终的结果，大家都已经知道了，稻盛和夫把 DDI 做成了世界五百强企业。

永续经营：靠阿米巴经营模式

不拿股份，主动让利于人，这些似乎都不是普通人能够学习的，境界实在太高。稻盛和夫有什么可供学习的具体的经营方法吗？有的，那就是他独特的阿米巴经营模式。

1964 年，京瓷成立 5 周年，公司初获成功，员工由成立时的 28 人发展到了 150 人。稻盛和夫心中逐渐有了一丝担忧和恐慌："京瓷是依靠着满腔热情迅速成长起来的，但是会不会很快失去开拓者的热忱，沦为一家随处可见毫无斗志的公司呢？"

团结一心一直是京瓷经营的基础，公司内部的关系不是经营者与员工的纵向关系，而是朝着同一个目标前进，共同实现梦想的横向的"伙伴"关系。这种关系赋予小企业以凝聚力和战斗力，因为如果大家四分五裂将一事无成。

如何在壮大企业的同时，避免大企业病？这成为稻盛和夫必须解决的问题。他说，10 个人或者 20 个人组成一个大家庭，就会产生强大的一体感。比如说，负责营销的人飞奔回来说："接到了订单！"大家都会像是自己的事情一样高兴。深夜，有人买了路边摊的乌冬面，一句"吃面喽"，整个工厂就沸腾起来。这就是小小的街道工厂特有的魅力。如果带着家人般的情怀来经营公司，员工和公司都会变得很幸福。

以此为目标，稻盛和夫认真思考如何才能最大限度地发挥个人的能力，让大家的工作充实而有意义。最终，他想到只要回到创业之初的状态就行了，把大家都变成经营者。把整个公司按照工序、产品类别分成若干个小组，下放权力，让它们像一个个小公司一样经营，并采取独立核算的方式来管理。

这些小集团并非一成不变，会随着各自环境的变化而变化，达到自我繁殖。稻盛和夫将这种组织称为阿米巴。虽然公司越变越大，但是如果秉承企业发展的目的，将其化整为零，并实现独立核算，这样如同中小企业者一样具有经营者意识的管理人员和员工就会竞相辈出。

不仅如此，阿米巴的成员都要明确自己所属阿米巴的目标，并为实现这一目标各司其职，这样，员工的个人能力也会提高，工作也变得更有意义。当然，这种管理模式也并非没有弊端，由于实行彻底的独立核算管理，各阿米巴都会拼命努力地提高收益，但是也会渐渐滋生自私自利的意识，造成公司内耗。因此，稻盛和夫在公司内部倡导"利他主义"，并没有薪资待遇上的奖惩机制，获得突出的业绩也不会有奖金，只会得到名誉和荣耀。

这种管理模式似乎过于理想主义，但稻盛和夫用现实证明了它的实用性。如今的京瓷仅日本国内的员工就超过 13000 名，阿米巴的数目也超过 3000 个，并且势头只增不减。在实践阿米巴经营的同时，为了使员工同心协力，稻盛和夫还经常开联谊会，和员工一起推杯换盏，往往喝到天亮。在这种联谊会上，大家畅谈自己工作中的烦恼、岗位上的困难，不管什么都可以倾诉。稻盛和夫认为这是加强阿米巴内部凝聚力的重要手段。他特别鼓励开联谊会，无论是在公司总部还是工厂，都特意保留一个专门用来开联谊会的房间。

这种联谊会很像我们的企业年会，大吃大喝到酩酊大醉的交流方式，恐怕是东方特有的企业文化。

稻盛和夫学艺

文 / 刘心印

稻盛和夫说，进入信息社会，认为"只要知道就自然会了"的人越来越多了。这种看法大错特错。"学会"和"知道"中间有一条鸿沟，只有靠现场的经验才能填补。

京瓷公司诞生不久，稻盛和夫去参加一个经营研讨会。讲师中有本田技研工业的创始人本田宗一郎的大名，他非常想听一听这位著名企业家的高见。研讨会借用某温泉旅馆，三天两夜，参会费达数万日元，当时是一笔不小的数目，遭到全公司的反对。但是稻盛和夫无论如何都想见见本田先生，听听他的讲话，于是不顾周围人的反对去参加了。

当天，参会者进入温泉，换好浴衣，在一个大房间坐下，等候本田先生到来。不一会儿，本田先生露面了，他从滨松工厂直接赶来，穿着油渍斑斑的工作服，一开口，就给了众人一个下马威："各位，你们究竟是干什么来的？据说是来学企业经营的。如果有闲工夫，不如赶快回公司干活去。泡泡温泉，吃吃喝喝，哪能学什么经营？我就是证据，我没向任何人学过经营，我这样的人不也能经营企业吗？所以，你们该做的事只有一件，立刻回公司上班去！"

本田宗一郎把大家训斥了一通，临了又挖苦道："花这么高的参会费，这样的傻瓜哪里去找？"众人默不作声，因为本田讲得太对了！看到这种情况，稻盛和夫非但没有抱怨被主办方欺骗了，反而更加为本田的魅力所倾倒，立刻回公司干活去了。从这个角度讲，他的钱并没有白花，学到了人生至关重要的知识。

本田教给我们的是：在榻榻米上练游泳未免太傻。榻榻米上学不会游泳，倒不如即刻跳入水中，用手脚划拉一阵再说。不在现场挥洒汗水，哪能学到什么经营？

只有亲身参与的体验才是最宝贵的财富。

很多人择业的时候挑三拣四，总是对自己的工作不满意。稻盛和夫说，如果有人对自己的工作怎么也喜欢不起来，那么姑且一心不乱，拼命投入工作再说。在这过程中，痛苦会生出喜悦。"喜欢"和"投入"是硬币的正反两面，两者之间是因果循环的关系：因为喜欢就会投入工作，在投入工作的过程中就会产生喜欢。所以开始时即使不太情愿，也要在心里反复自我安慰，"我正在干一件了不起的工作"，"从事这项职业是我的幸运"。这样的话，对工作的看法会自然地发生变化。

不管什么工作，只要拼命投入就会产生成果，从中会产生快乐和兴趣。一旦有了兴趣，就会来干劲，又会产生好的结果。在这种良性循环过程中，不知不觉，你就喜欢上了自己的工作。在你讨厌工作，觉得难以忍受时，还是要多加忍耐，要下决心朝前走，要发奋努力，这将改变你的人生。这时重要的是"战胜自己"，就是抑制自己的欲望，不能放松对自己的要求。做不到这一点，任何事情都做不成，自己的能力也不可能最大限度地发挥出来。

比如一个人学习认真，成绩得80分，另一个人头脑聪明，不用功也能得60分。后者评论前者："那家伙拼命死读书，成绩好有什么了不起？我要是认真起来，分数肯定比他高。"这种人工作以后，看到前者努力取得了成功，又会说："那家伙学生时代并不怎么样，我比他强多了。"贬低对方，吹捧自己。单看潜在能力，或许他说得不错，但对工作的态度、工作热情有天壤之别，两者的人生结果将发生逆转。

所谓"死读书"的那位，他有自制能力，面对想看的电影、想玩的游戏，他都能战胜自己，不让自己偷懒安逸，敢于从正面迎击困难。社会上的成功人士也是这样，他们能够克制自己的贪图享乐之心，专注于自己的工作。而那些懒惰、逃避困难的人，那些把勤奋的人看成傻瓜的人，对他们的认真态度冷眼相看的人，当然不会成功。

人真正的能力应该包括抑制欲望，全力投入工作的克己能力。诚实地、认真地、拼命地工作，这些话听起来平淡无奇，但就在这平凡的语言中隐藏着人生的真理。

"零奉献"精神造就经营之神

亚洲通讯社社长　徐静波

日本社会有"四大经营之神"的说法。这四位经营之神都是些什么人呢？第一位是松下幸之助，他创立了松下电器公司。第二位是盛田昭夫，他创立了索尼公司。第三位是本田宗一郎，他创立了本田汽车公司。第四位是稻盛和夫，他创立了京瓷公司。

这四位经营之神，前三位已经去世，唯有稻盛和夫年龄最小，还健在，不过今年也已经 87 岁高龄。

稻盛和夫先生是一位传奇人物，他出生在日本鹿儿岛县的一个小村庄，毕业于鹿儿岛大学工学部。27 岁开始创办京都陶瓷株式会社，从创办的那一年开始，年年做到赢利，没有出现过一次亏损。半个多世纪以来，公司从当初只有 3 名职工，发展到现在的 5 万名员工，并成为世界 500 强企业。

稻盛和夫的传奇不仅在此。52 岁时，他看到了互联网产业的未来，毅然创办了第二电信公司（KDDI），打破了原先国营的 NTT 公司垄断日本电信行业的局面。现在，KDDI 公司已经成为日本第三大电信公司，也进入了世界 500 强。

2010 年 1 月，日本航空公司因为经营陷入困境，不得不向东京地方法院递交了破产申请。这一消息轰动了全世界，因为日本航空公司不仅是日本最大的航空公司，而且也是世界第三大航空公司。

日本政府不愿意看到日本航空公司就此破产，决定请出一位优秀的企业家来拯救这一家公司。当时的日本首相鸠山由纪夫想到了稻盛和夫。年近 80 岁的稻盛和夫，早已经退居二线，在京都的一家寺院里出家念经。在接到日本政府的邀请后，他毫不犹豫地走出寺院，重新回归经营第一线，到这家跟自己原先的业务毫不相关的航空公司当上了董事长。

　　在稻盛和夫的亲自领导下，日本航空公司实施了一系列的"重建计划"，第二年就实现了扭亏为盈。2012年9月，日本航空公司在递交破产申请2年零7个月之后，宣布在东京证券交易所重新上市，充满自信地向世界宣布：我又回来了！

　　后来，我采访了稻盛和夫先生，问了他一个问题："日本航空公司为何能在这么短的时间里获得新生？"他说："除了金融机构免除了公司的债务，政府也提供了重建支援资金，还有广大的股东给予的理解和支持。如果一定要说到秘密的话，这其中的一个秘密，就是我没领取日本航空公司的一分钱工资，这种'零奉献'精神，给了全体员工很大的鼓励。"

　　我想，日本航空公司之所以能够做到凤凰涅槃，不只是稻盛和夫先生高超的经营手腕，更在于这一位经营之神的人格魅力！

　　读懂稻盛和夫，我们才能学会如何做企业。

20 ADVANCED
COURSES
OF BUSINESS
THINKING

20

柳井正

柳井正，失败大师的首富之路

文 / 余驰疆

　　我们经常说，失败是成功之母。把这个道理研究得最为透彻的大概就是日本迅销集团董事长、总裁兼首席执行官柳井正。他写过两本书：一本是《一胜九败》，谈论的是胜利背后的失败；另一本是《成功一日可以丢弃》，说的是如何抛弃过去的成功。仅仅从这两本书的书名中，就可以看出他对失败的重视。

　　当然，柳井正是成功者。或许对这个名字还有些陌生的人，也一定知道他的公司，也知道他公司的产品，甚至现在身上正穿着他公司出品的衣服。柳井正是优衣库的创始人，也是常年荣登《福布斯》榜的日本首富。可以说，在日本富豪榜上，首富之位基本上就是他和孙正义轮流。

　　在竞争激烈的快时尚领域，优衣库是唯一能和 ZARA、H&M、GAP 等大牌并驾齐驱的东方产品。截至 2018 年，集团在全球 19 个国家与地区拥有 3445 家门店，在日本服装行业处于绝对领先。从 2008 年至 2017 年，优衣库在日本市场的占有率由 6.2% 升至 12.9%，全球市场占有率在 2017 年达 1.1%，与 GAP、Adidas 持平。柳井正也因此被称为东方的"零售之王"。2018 年第三季度公布的财报显示，在平价服饰品牌普遍衰退的背景下，优衣库不仅前三季净利较去年同期提高 1/4，海外市场营收更超越日本市场，全年其利润可能达到有史以来最高。

　　柳井正说过，优衣库的企业理念是"通过创造新的价值来为社会做出贡献"，要以"Lifewear（服适人生）"的理念提供服装产品。而这种创新从原料供应商的筛选就开始了。他说，世界人口增长得这么快，仅用现有材料的话没办法应对。这

340

就需要供应商开发新的技术。目前，优衣库的 46 家主要原材料供应商，25 家在中国。中国也是优衣库的最大生产国和重要消费国。2017 年 9 月到 2018 年 2 月间，优衣库在中国新开分店 42 家，柳井正还计划到 2020 年将中国分店增至 1000 家。他在访问上海时表示，受益于中国的改革开放，迅销集团在中国市场取得了长足发展，十分看好中国经济的发展前景。

柳井正今日的辉煌，是用无数失败换来的。他不是学服装或者管理出身的，也不像孙正义那样从小就表现出惊人的商业天赋，甚至还曾被许多人看作是不着边际的败家子。从开第一家店到公司上市再到国际扩张，柳井正这一路可以说经受了不少教训，也因此得到了许多智慧。

在学习了很多人的成功之路后，不妨学一学柳井正的失败故事，也许能在失败中提炼出不一样的商业哲学。失败不可怕，可怕的是被失败压垮。

担负责任：走出失败的动力

孙正义的青少年时期，起步很低，但天分很高，人很勤奋。而柳井正恰恰相反，他起步还挺高，父亲是山口县当地有名的西服厂老板，家境殷实。可柳井正年轻时不是个努力的人，在东京读大学基本是在混，每天看电影、打麻将、去舞厅，毕业了也找不到工作，最后还是靠老爸的关系去了一家超市当店员。不过这工作也没做多久，他觉得太无聊了，干不到一年就辞职了。

辞职了没事干，柳井正就和父亲说自己要去美国留学，一边报班学英语一边谈恋爱，结果美国没去成，倒是年纪轻轻就结了婚，成了外人眼中的纨绔子弟。后来，柳井正干脆带着老婆回到老家，准备当个啃老族。

幸运的是，柳井正有个充满智慧的爸爸。当时，柳井正父亲的西装店正处在黄金期，年销售额有 1 亿多日元。看着家里蹲的儿子，父亲做了一个非常需要勇气和魄力的决定，把这家西装店交给儿子。在他看来，只有当一个人懂得责任的意义和重量时，才能真正学会用心去做事。

一开始，柳井正觉得经营一家店铺没什么，对着店员侃侃而谈自己的经营理念，用自己的理想主义教店员工作方法，结果6个店员走了5个，只剩下一个老员工和柳井正两人。这是柳井正人生中第一次遇到如此大的失败，他把自己的遭遇讲给父亲听，本来希望父亲出马或者指点迷津，没想到父亲什么也没说，而是把公司的账本和公章都交给了他。

柳井正后来觉得，父亲的这个做法实在是太伟大了，完全体现了一个父亲的担当和一个企业家的魄力。正是因为父亲的这种完全信任，让柳井正感受到了沉重的责任感，他开始有了一种"豁出去"的工作热情。

从那以后，柳井正带着仅剩的员工，开始了两人经营模式。包括进货、陈列、库存整理、接待客户、算账、打扫，全部都靠两人完成。柳井正几乎参与到了店铺管理、经营的每一个细节，甚至包括帮客人量尺寸、修剪裤脚。因为人少，他就必须干所有的活儿，反而让他得到了飞跃式的进步。

在这样的训练一两年后，柳井正可以看到对面走来一个人，就能马上说出他穿衣服的尺寸，知道他的胸围、腰围的大小。而父亲交给他的西装店，也慢慢走上了正轨。

这就是柳井正学到的第一课，那就是任何人都没有办法光靠着想法做事业，要想经营一家公司、一家店面甚至一个小摊位，都必须从每一个小环节做起，都必须掌握、熟知每一个流程，而这些都需要日积月累和系统的学习，不然就永远是海市蜃楼、天方夜谭。

2018年，柳井正的长子柳井一海、次子柳井康治分别被任命为公司董事，以加强创业家族的经营监督体制。虽然柳井正表示绝对没有让两个儿子成为领头人的意思，也否认了他们会继承自己的公司成为最高领导，但是他给儿子压担子的做法，倒是和他父亲的做法一脉相承。

善于学习：走出失败的关键

如果要说柳井正身上最好的一个特质，那就是对任何新鲜事物感兴趣、肯学习。

比如 20 世纪 80 年代，他去美国的大学生活协会的购物中心参观，发现协会的店里完全采用自助模式，学生进店像逛书店一样随性，而店员随时随地补货、整理的行为又给了学生一定的安全感和信任感。他很快想到自己的店面也可以做成这样，于是就有了打造一个"任何时候都能选到衣服的巨大仓库"的想法。这就是优衣库的由来。1984 年 6 月，第一家优衣库开张，柳井正的事业也成功地从西装店转型到了大众服装店。柳井正觉得，西装店的周期实在太长，要想做大太难，所以转型是必要的。

除了在美国大学里获得灵感，柳井正还去香港向佐丹奴的创始人黎智英学习服装生产链，拜访著名财经作家学习公司股票，这些对他日后的自产自销策略以及公司上市都提供了很大的帮助。我们今天看到的优衣库的生产、销售模式，基本上都是柳井正在 20 世纪八九十年代从世界各地学习、总结而来的，而这些先进的经验，也让优衣库很快在日本走红。

不过很快，柳井正就遇到了第二次失败。20 世纪 90 年代，优衣库遭遇了一次口碑滑铁卢。当时，有人反映优衣库的衣服洗一次就脱线了，要求退货的人也越来越多。为什么会造成这样的局面呢？因为当时，优衣库和其他服装品牌一样，基本上是自己设计，委托日本国内或者海外厂家制造的。而在工厂生产时，如果不派人严格跟踪监督，品质就绝对得不到保证。但如果真要派出这样的专门人员去中国、东南亚各地监督，那成本该多高，难度该多大啊！所以，当时日本所有的低价服装都对这些质量瑕疵睁一只眼闭一只眼，柳井正也不例外。

真正给柳井正敲响警钟的是一次偶然的机会。一天，他发现有的顾客为了不让人知道商品是从优衣库买来的，会特意把衣服边的标牌裁掉，因为对他们来说，优衣库就是低端的代名词，上不得台面。这件事对柳井正的打击很大，他这才下定决心改变现状。

他首先推出制度，允许顾客在购买后三个月内无理由退货。然后，他又开始实施一项计划，叫作"匠工程"。他召集了大批经验丰富的退休纺织工人，派到中国的工厂当教练和监督，同时，他又在日本本土招聘中国留学生，让他们回到中国管理工厂生产。这两拨人，一拨掌握日本技术，一拨掌握企业文化和两国语言，配合得相得益彰。于是，优衣库的服装质量有了很大的提高，很快就摆脱了低端的名号。其实，当时柳井正做这个决定在很多人看来是非常不明智的。因为在生产上提高了成本，导致优衣库的毛利润一直在行业里比较低，一件衣服的净利润甚至还不如 ZARA、H&M 的零头。可是，也正是因为对质量的严格把关，让优衣库从竞争激烈的日本服装界脱颖而出，成了走得最远、最久的快时尚品牌。

当然，在柳井正的经营生涯中，还有很多显而易见的失败。1995 年，他在纽约创立设计子公司，最后发现纽约和东京根本没有办法做到企划统一，于是宣告解散；1996 年，他收购了一家儿童服装品牌，没想到这个品牌有法律污点，差点让优衣库陷入困境；1997 年，他又设立了不少支线产品，没想到支线品牌反噬母品牌，导致双方市场份额都出现下滑。他的这些尝试最终都以失败告终，但也让他想明白了一件事：为什么很多事情主观设计很好，经营计划很周密，最后还是失败了呢？答案就是：缺乏实践的检验。

许多创业者最大的问题就是缺少实践。不少人是小团队拍脑瓜子就决定了想法和方案，还有人自说自话就决定了顾客需要什么，其实根本不了解市场的需求。所以在失败的 3 年后，柳井正花了大量力气在市场调研和前期准备上，他甚至花重金向顾客悬赏有价值的意见。就这样，经过了又一年的准备，1998 年，优衣库在东京原宿的店面开张，从装潢到管理再到服装陈列都是根据前期调查精心设计的，很快就受到了市场的肯定。

强化沟通：让员工都"长脑子"

在柳井正的经营之路上，另一个失败和人际关系有关。事实上，在优衣库刚开始迅速扩张的 90 年代中后期，柳井正的脾气非常差，只要能完成目标就不顾身边人的死活。他在公司内部经常骂人，其中有一句骂人的狠话是："不会游泳的人，就让他淹死好了。"那时候，他几乎是以独裁式的方式管理着公司，员工们把优衣库称为"黑工厂"，三年内，新员工离职率超过了 50%。

更重要的是，柳井正发现，他这样的管理模式导致公司的员工成了机械的手脚而没有了大脑，到最后伤害的是顾客。优衣库的店里发生过一件事，一位母亲带着孩子来到店里，说孩子突然生病了，想借用店里的电话打给丈夫。可是，店长以公司规定店里的电话不能打私人电话为由，拒绝了这位母亲的请求。几天后，优衣库的总部接到了孩子父亲的电话，对方臭骂了公司一顿。那个时期，类似这样的事还发生了好几次，每次都是因为员工不动脑子思考，死守所谓的规章制度造成的。

柳井正意识到，过于听话的员工就会变成傀儡，他们只会从规章制度上思考问题，而不会从一个人最基本的角度去思考，同时，一人说了算的经营会导致企业过早僵化。独裁经营在公司初创阶段，的确能够发挥最大的工作效率，但随着时间的推移，其官僚僵化的副作用也会逐渐呈现出来。经营上如果开始僵化，那就离玩完不远了。

员工的不断流失让柳井正吸取了教训，他在日常工作中做出了许多改变。比如，他开始向员工详细阐述自己的决定由来，他觉得自己平时说话过于言简意赅，口吻常常是命令式的，这让员工只能得到指令，而不能得到方法。柳井正开始学习自我表达，常常研究如何把自己的想法恰当地告诉对方。

他还会组织大家对领导的决定进行批判和反驳，他告诉员工，真正的好员工"不把社长的话当圣旨"那些重视表面文章、形式主义的公司，下属都不爱动脑子，社长说什么就是什么，拍马屁成风。所以，公司内部必须形成谁都可以自由发表意见、畅所欲言的氛围。同时，柳井正还推出了明星店长制度，奖励那些能随时在工作中发现问题、上报问题、解决问题的店长，让每个人都有了参与感。

更有意义的是，柳井正还在公司里聘用了许多残障人士，最后占到了全部员工的将近5%，大大高出了国家规定的1.8%。其实一开始，柳井正这个决定遭到了很多股东的反对，他们认为这会让优衣库的服务水平下降。但事实证明，有残障人士的店面在客户服务方面做得更好，因为整个商店都形成了"谁有困难大家帮"的团结互助的气氛，使大家更加留意观察身边的情况。

在柳井正这一系列政策的带动下，2003年，优衣库成为日本大学毕业生最想进入的公司之一。其员工的流动性也维持在了平稳、健康的水平。更重要的是，公司的氛围、员工的幸福指数都大大提高，整个企业都获得了新的内在动力。

无论是创业之初，还是扩张之时，他一直在犯错、试错。那么，错误可怕吗？柳井正也用实际行动告诉我们，错误其实一点也不可怕，甚至是通向正确的最直接的方法。柳井正有句名言：失败固然是一道伤口，但也蕴藏着下一步成功的希望胚芽，最关键的是，你能否意识到自己错了，能否及时抽身，能否在错误中学到正确的东西。的确，在错误中进步，是让人成长得最快的方式。

打知名度：大胆做极致的宣传

说起来奇怪，柳井正虽然是个常常犯错的老板，但他在一件事情上几乎没有失误过，那就是打广告。

这几年，优衣库的广告的确是大出风头。2016 年，优衣库在全球范围内发起"我们为什么穿衣服"的主题活动，设计了一系列精致的海报。通过不同年纪、不同职业的顾客之口讲述"人靠衣装"的重要性，其中一句"7 秒决定别人对你的第一印象"的文案还火了好一阵子。2017 年，优衣库又推出了一个热力衣的广告，告诉顾客，他们的热力衣的原材料就是我们日常生活中随处可见的气泡包装纸。他们还在韩国发起冬天取暖活动，给 50 万顾客发送了带有优衣库标志的气泡包装纸，顾客只要把它贴在窗户上，就能提高室内的取暖效率，同时节约了能源。这个营销方案，不仅让优衣库免费在 50 万个窗户上打了广告，还让韩国优衣库短期销售额提高了两倍。而根据这个活动推出的视频广告，还获得了 2017 年亚太广告节的金奖。

到了 2018 年，优衣库又让网球天王费德勒穿着他们的衣服比赛，和《芝麻街》《哆啦A梦》等知名卡通合作推出联名活动，又吸引了不少目光。在巴黎时装周上，优衣库展开了一项创举，举办史上首场大型装置艺术展览，力拼在这场国际时尚盛事中插旗。就在罗浮宫旁的杜乐丽花园内，现代美术馆高悬起两层楼高的布幕，写着"服适人生的艺术与科学"。柳井正到场致辞时说，要以高质感的基本款迎战瞬息万变的流行趋势，同时也要彻底与快时尚划清界限，"我们不是快时尚，我们要做的服装，正好和快时尚相反"。

可以说，在东方企业里，优衣库的广告宣传绝对是数一数二的。1984年，第一家优衣库店在日本广岛开张时，柳井正就已经是一个非常会运用广告的人了。当时，他在电视、电台做了大量预告广告，在商业街、学校附近散发了大量宣传单。他有一个理论，那就是一个新生的产品或者企业必须打广告，如果不做广告，就永远不可能让你的名字传出你的街区，更别说传到全市、全国了。从那时起，经过30多年的摸索，柳井正总结了一套自己打广告的哲学，这几乎成了优衣库全球市场营销的《圣经》。

柳井正的营销观点很丰富，首先就是他的广告极致理念。他经常对公司负责市场的员工说一句话："广告宣传，要么是0分，要么是100分，没有中间值。"在他看来，广告就必须做到极致，那些不痛不痒的半吊子的宣传就是在浪费钱。

那么，什么是极致的广告呢？柳井正认为，极致的广告分为两种，取决于你的宣传意图。第一种叫作到达式的广告，就是用于提高产品认知度，让顾客知道你的存在的广告。这种广告，别管三七二十一，吸引眼球就是最重要的事情。当然这种吸引眼球不是恶俗，而是透过广告把你的品牌优势最大化地表现出来。

1994年，优衣库想推出一款广告，目的是想在日本关东地区众多的快时尚品牌中脱颖而出。当时优衣库在市场上最有代表性的特点就是我们前面讲过的退换制度。于是，柳井正和他的团队就想了一个场景，一个家庭主妇在优衣库的收银机前，一边说"这件衣服我不喜欢，给我换一件"，一边把穿在身上的衣服当场脱了下来。广告出来后，公司内部看片，反对的声音非常强烈，大家认为保守的日本顾客是不会接受这样放肆的广告的。如果播出了，很可能会伤害到优衣库长久以来建立的品牌形象。但是柳井正认为，既然要打开知名度，就不应该在意其他。只要不犯法，不触及道德问题，就可以尝试。最后，他还是坚定地让这则广告登上了电视。

结果，广告播出后，引发了轩然大波。许多家庭主妇打电话过来投诉，说自己仿佛是看到了自己的影子，吃饭时看到广告非常不舒服，甚至想呕吐，许多妇女团体甚至到优衣库公司抗议。虽然广告造成了一定的社会争议，但是很快，柳井正发现优衣库成了大街小巷谈论的话题，大家都知道了优衣库随时退换的特点。这个广告算是成功了。在柳井正看来，如果今天你的宣传目的是要提高知名度，广告就必须带着点风险。这个就很像是一些流量明星刚出道时的操作，蹭红毯、炒绯闻、拍烂片，虽然会招来一些非议，但是能快速地打开市场，被大众认知，从而获得关注度。这就是相同的道理。

传递信息：让观众自己做判断

另一种广告类型是信息类广告。这种广告很像我们常说的促销广告或者是新品广告，最重要的用处是向大众传递产品的功能或者价值。我们看到电视上化妆品广告讲美白，超市里海报上讲低价，都可以说是信息类的广告。这类广告最大的特点就是直接，直接向大众介绍我的产品好在哪儿，你为什么值得买。

1999 年，优衣库推出了著名的摇粒绒服装，希望能在各大媒体播放广告，突出摇粒绒只要 1900 日元的信息。当时，优衣库的市场人员认为应该在电视上打广告，让明星大声喊出"摇粒绒只要 1900！"看起来又热闹又容易记。但柳井正不这么认为，他花了几个月时间分析了当时日本电视上众多的广告，发现市面上的信息类广告都有一个通病，那就是从来只知道说自己想说的事情。广告上喜欢使用过于夸张的声音，或者是让明星用十分怪异的表情，盲目地追求新鲜感，没有表现出对视听者的尊重和敬意，那么就不可能让你的顾客静下心来听你要说的话。

柳井正认为，做信息类的广告，不能把自己的意志强加给观众，而是要让观众根据各自的心智对广告内容进行判断。也就是说，不是单方面的信息传递，而是要让观众在看了广告之后有自我思考的过程，这样才能让信息的传递达到事半功倍的效果。

于是，柳井正重新选择了自己的广告合作方，在众多策划中挑选了一个与众不同的方案。这个方案来自一位名叫约翰·杰伊的策划人，他对柳井正说："我们应该尊重电视观众的感受，相信他们的智商和判断能力。所以，没有必要去拼命强调价格的高低，而是要优雅地展现自己的诉求。"他的方案是这样的，邀请音乐家、演员、学者和一般民众出演电视广告，请这些个性鲜明的人用淡定的语调来描述优衣库商品的特性，告诉大众摇粒绒是怎么回事。整个广告没有冲击的音乐，也没有对 1900 日元的重复强调，非常安静朴实。最后，这个广告没有任何修改地在电视上播出了，一开始效果一般，但渐渐地开始有一些杂志讨论广告里的人物。个性十足的讲述者和安静的气氛形成了反差，却无形中增强了广告的说服力，最后广告获得了消费者的肯定。那一年，优衣库的销售额上升了 60%。

如果说之前提到的退换广告是让优衣库成名，那么这个广告就是让优衣库获得品牌认同的关键。所以柳井正得出结论，越是需要传递信息的广告，越是不能聒噪，越要把信息藏在情感里面。这和到达式的广告是两种完全不同的策略。

柳井正做广告的这两则故事告诉我们，打广告前必须先知道自己的目的是什么，是想让消费者知道这品牌，还是想让他们了解产品？根据不同的宣传目的进行不一样的广告策划是成功的关键。

就像柳井正说的，广告要么是 0，要么是 100，千万不要想着既要让自己出名，又要传递产品信息。认准一个目标打广告，这才是明智的做法。

形象塑造：处处都是宣传

在柳井正的营销哲学里，还有一个重要的理论，叫作处处皆宣传。在他看来，只要是从公司里出去的文字、图片、视频，就都是宣传，甚至公司员工出去的形象也是一种宣传。

举一个简单的例子，柳井正对公司的招聘工作非常重视，但事实上，优衣库虽然很多招聘启事上写着招经理、董事，但优衣库最终招来的高管都是内部推荐的，很多招聘启事都只是做做样子。可即便如此，优衣库的每一份招聘启事都要经过重重策划、修改，最终才能确定。

为什么要这样呢？柳井正说："虽然我们通过招聘，经常遇上一些不靠谱的人，真正能用的人也很少，但是我们依然要重视这些启事，因为它让大家知道，优衣库在广泛诚挚地聘请能够成为经营者的人才。它起到了很好的宣传作用。"

再比如，柳井正还鼓励员工积极参与社会慈善活动。他就曾带着公司的董事们参加慈善运动会，目的就是向大众展现优衣库积极、阳光、健康的精神面貌。还有很多小的活动，比如之前提到的重金向顾客购买有价值的反馈意见，或者是在公司内部起用残障员工，都是对优衣库本身极好的宣传。就像柳井正说的，一个企业的宣传绝不是简单的广告，从你的员工站在顾客面前的那刻起，宣传就已经开始了。

说起处处是宣传这个点，还有一个小故事，讲的是柳井正如何靠广告把危机变成了转机。1999 年摇粒绒一上市，马上引起了消费者的哄抢，造成了店面断货和店堂的拥挤，导致顾客的消费体验大打折扣。柳井正得知这个消息后，二话不说，立马花重金在全日本最重要的几个报刊登了一则"致歉广告"，一面诚恳地向大众致歉，一面又在广告中加入了新一批服装上市的日期，竟然在取得顾客原谅的同时，又默默地给自己做了回广告。这是第一次有企业因为断货而在全国媒体上登广告，又一次成为营销界的成功案例。

总结起来，柳井正的宣传策略一是对症下药，二是如履薄冰。广告从来不是越多越好，做不痛不痒的广告还不如不做。广告也不是越吵越好，真正的好广告是会润物细无声地把企业理念传递给消费者的。在创业中遇到要做广告的问题时，不妨学着柳井正那样问问自己："我为什么做这个广告？这个想法够极致吗？我的顾客能听我把话说完吗？"如果你能在打广告前把这三个问题搞清楚，那么广告的效果应该就不会差了。

柳井正总结了创业者的十条守则，是这样的：

第一，刻苦工作；第二，唯一的评价者，是市场和顾客；第三，要有长远的观念和计划；第四，要有充足的准备和短期的目标；第五，要自己做决定；第六，要积极适应时代的变化；第七，必须重视日常事务；第八，设立比任何人都要高的工作标准；第九，要和员工成为伙伴；第十，你可以九败一胜，但不可以一蹶不振。

这些道理适合日本市场，也适合中国市场。正如柳井正所提出的全球化战略理念，现在是"Global is local, local is global（全球是本地的，本地是全球的）"的时代，全球化和本地化是一致的，商业必将跨越国界，接受不同国家、不同文化带来的差异，并在尊重个性的前提下实现共赢。

把自己省成首富

文 / 余驰疆

日本企业家都有非常节省的品质。柳井正也是把自己省成首富的。

柳井正没有车，有需要时就坐公司配的一辆 50 万人民币的丰田车。他每天的私人开销基本上就只有吃喝住行，几乎没有娱乐活动。很多人想不到，像柳井正这样一个大老板，竟然是个没有夜生活的人——从来不会去夜总会，也从来不会出去喝酒，12 点前绝对已经进入梦乡。这种作息和社交风格，在日本商界简直就是个怪胎。

据柳井正说，他每天早睡是有原因的。因为在他小时候，他的父亲是个彻头彻尾的狼爸，要求孩子成绩好、表现优，如果柳井正稍微有点失误，就会换来一顿臭骂。他的父亲又是那种把生命都拿来工作的人，每个晚上都要应酬，有时喝了酒回家就难免骂儿子两句。所以，为了避免和父亲晚上碰面，柳井正就早早睡觉，从此也就养成了早睡的习惯。现在想来，因为这个习惯，他还真是省了不少应酬钱。

生活中省也就算了，柳井正还把这种省钱的本事运用到了自己的产品里。他曾在《纽约时报》上刊登了一篇写给全球消费者的信，表达了自己要给全世界人民省钱的决心。他说优衣库未来的目标是要设计出高科技的保暖衣，制造能利用太阳能发热、给手机充电，还能检测体能指标的衣服，这样就能让每个人都成为太阳能发电机，节约电力。这脑洞，开得不是一般的大。

除了省钱，柳井正还要省的就是时间。他在公司里，被称为迅猛龙一样的男人，因为他的工作节奏实在是太快了。在优衣库的总部，没有明确的例会，柳井正走到哪里，就把会开到哪里，并且当场做出决策，立即执行。整个公司的氛围都是这样。柳井正把这种制度称为"One Table Meeting（一桌会议）"，意思是只要有桌子就能开会，在哪儿开完全无所谓。柳井正经常会和员工说："时间就是速度，速度就是生命！"他自己也是这样，30 多年来没有一天是完全休息的。

钱要省，时间要省，人力也要省。优衣库几十年来疯狂扩张，但总部人数却增加得很少。这是柳井正要求的，他对每年总部人数的变化都有严格把控。在他看来，公司就像一个国家，国力上去了，但还是希望政府机构是小机构。他说："一个公司如果精英太多，反而不容易做决策。"所以，一旦公司管理层出现懈怠的高管，柳井正马上就会进行惩治甚至辞退，绝对不会让这些人浪费公司的人力。

这样看来，"省"这个字倒真挺符合柳井正的个人形象的。优衣库在日本首先进行自产自销、顾客自助的经营模式，就是为了把钱从制造商、批发商和导购人员身上省下来，大大缩减成本后，低价卖给顾客。

柳井正做事情特别理性，又沉默寡言，看起来很冷血，他是不是一个特别闷、特别无聊的人呢？其实私底下，柳井正是个非常感性、温柔的人。他和爸爸的关系不是那么亲密，但在父亲的葬礼上，柳井正第一次在众人面前号啕大哭，发表了特别感人的悼词。他也是日本慈善捐款最多的企业家之一，日本大地震时一口气就捐了 10 亿日元。他对待女性更是非常绅士，他在自己的经营手册上特地写道，公司要消除男女差别。他说，有时候公司里优秀的女性和不那么优秀的男性结婚，结果是女性辞职回家带孩子，这种情况总让人特别遗憾。所以，柳井正在公司里特别组织了一些纯女职工团队，让女员工在工作时没有那么多顾忌，也让女性在公司有更多带领团队的经验。能够考虑到这个份上，柳井正的确可以说是非常贴心的妇女之友了。

其实优衣库的员工都说柳井正是表面冷漠、内心火热。有一个相关的小故事很有趣，和大家分享。优衣库刚开始扩张的时候，柳井正招了一名大学生来实习，这个大学生特别能干，深受柳井正器重。可是等到大学生毕业要正式工作了，找到了更好的机会，去了一家上市公司。从那时候起，柳井正就下定决心，一定要把公司打造成能留住这些人才的地方。十几年后，优衣库在东京证券所上市，柳井正又找到了当年的这个实习生，高薪把他请回公司，请他担任优衣库总务部的负责人。从件事可以看出，柳井正是个非常讲情谊、念旧的人，绝不是大家看起来的那么冷血。

生活中，柳井正喜欢看各种商业大佬的传记，尤其是松下幸之助和本田宗一郎。他表示，自己 70 岁时就要退休，至于公司由谁来掌舵，他说"谁有能力谁来"。但是许多人猜测，以柳井正喜欢工作的风格看，即便是他退休了，也会天天去公司待着的。

独一无二的柳井正

中国人民大学国际货币研究所研究员　曲强

柳井正是日本迅销集团的董事长、总裁兼首席执行官，该公司拥有日本著名品牌优衣库，相当于日本的 ZARA 或者 H&M。

柳井正有几个特点：首先是敢于挑战传统，敢于冒险。他是一个很叛逆的人，觉得不成长、不改变就和死了没两样。在日本泡沫经济时代，社会崇尚奢华，柳井正却反其道而行，选择进入平价服装市场，为客户提供性价比高、价廉物美的产品，让客户在大卖场中自由挑选，颠覆市场模式。优衣库一开业就非常轰动，顾客多到要分批入场。

1991 年，日本经济严重衰退，柳井正无法从银行获得贷款，只好通过上市融资。为了上市，他决定公司每年要新开 30 家店，做大规模。员工很吃惊，因为当时很多公司破产倒闭，这样的逆势扩张一旦失败，就只能关门。但柳井正很坚定，最终成功上市。

在做法上他也不走寻常路。优衣库一件衬衣一般是 100 到 200 元人民币，外套也不过三五百，但旗舰店往往矗立在每个城市最昂贵的地段，每家店单品不是特别多，备货却特别全，商品质量也很高。这一是靠设计，二是靠科技。比如他开发的摇粒绒服装和保温秋衣，都是爆款。

柳井正也勇于承认失败。日本有群体主义倾向，所有人都诚惶诚恐，生怕犯错误。柳井正也不是全能的经营之神，也难免犯错误，但他敢于承认错误并迅速掉头。他曾想走高端化路线没有成功，但一旦发现错误，他绝不会抱着侥幸心理"等等看"，而是迅速止血，避免伤口扩大。他继续走低价优质的路线，还大胆地把日本的服装生产线转移到中国，只把设计中心留在日本。

柳井正不但非常务实，而且执行力非常强。他在用人上不论资排辈，所以他的员工都非常年轻而有活力，多数只有 30 来岁。他说，自己不是要找仅仅领薪水过日子的人，而是要找有创业精神的经营者。并且他的重赏和严罚制度都非常严格。他说："我一定要让不会游泳的人沉下去。"而且，订了计划就坚决执行。某年他决定要开 30 家分店，关 40 家表现不好的分店。第二年再开 30 家，再关 40 家。他的开店、关店计划都非常公开，让店长们保持忧患意识。形成规模后，他还大胆放权，采用明星店长战略。比如每个月扩张 10 家分店，这种速度下，优秀的店长肯定不够用，分店如果任何事都要层层上报，肯定顾不过来。所以他设立了明星店长制度，采购等各种具体问题都由店长自主负责，直接向总部汇报，报酬也按照销售比例分红，简政放权，责权对等，效果非常好。

柳井正只花了 3 年时间，就让日本人接受了优衣库品牌，让他们相信便宜和好货是可以结合的。

优衣库的英文是 UNIQLO。它是将英文"独一无二"和"服装"这两个单词结合后创造出来的一个词。柳井正和他的品牌一样，真正做到了独一无二。